Laboratório de Gestão

Simulador Organizacional,
Jogo de Empresas
e Pesquisa Aplicada

ANTONIO CARLOS AIDAR SAUAIA
Livre-docente em Política de Negócios
e professor associado na FEA-USP.

Laboratório de Gestão

Simulador Organizacional, Jogo de Empresas e Pesquisa Aplicada

3ª edição revisada e atualizada

Copyright © Editora Manole Ltda., 2013, por meio de contrato com o autor.

Editor gestor: Walter Luiz Coutinho
Editora responsável: Ana Maria da Silva Hosaka
Produção editorial: Pamela Juliana de Oliveira, Marília Courbassier Paris
Editora de arte: Deborah Sayuri Takaishi
Projeto gráfico: Acqua Estúdio Gráfico Ltda.
Diagramação: Andressa Lira

Dados Internacionais de Catalogação na Publicação (CIP)
(Câmara Brasileira do Livro, SP, Brasil)

Sauaia, Antonio Carlos Aidar
Laboratório de gestão: simulador organizacional, jogo de empresas e pesquisa aplicada / Antonio Carlos Aidar Sauaia. 3.ed. rev. e atual. – Barueri, SP: Manole, 2013.

Vários colaboradores.
Bibliografia.
ISBN 978-85-204-3636-3

1. Jogos (Administração) 2. Administração de empresas 3. Pesquisa organizacional I. Título.

13-04945	CDD-658.4

Índices para catálogo sistemático:
1. Jogos de empresas: Técnicas: Administração   658.4

Todos os direitos reservados.
Nenhuma parte deste livro poderá ser reproduzida,
por qualquer processo, sem a permissão expressa
dos editores. É proibida a reprodução por xerox.
A Editora Manole é filiada à ABDR – Associação Brasileira de Direitos Reprográficos.

1ª edição – 2008
2ª edição – 2010
3ª edição – 2013

Editora Manole Ltda.
Av. Ceci, 672 – Tamboré
06460-120 – Barueri – SP – Brasil
Tel.: (11) 4196-6000 – Fax: (11) 4196-6021
www.manole.com.br
info@manole.com.br

Impresso no Brasil
Printed in Brazil

Antonio Carlos Aidar Sauaia

Livre-docente em Política de Negócios e professor associado no Departamento de Administração da Faculdade de Economia, Administração e Contabilidade da Universidade de São Paulo (FEA-USP).
Coordenador do projeto de pesquisas Simulab – Laboratórios de Gestão (www.simulab.com.br).
Linhas de pesquisa: simuladores organizacionais, aprendizagem vivencial, estudos comparados de economia e estratégia.
Doutor em Administração de Empresas e mestre em Controladoria e Contabilidade pela FEA-USP.
Engenheiro eletricista pela Escola Politécnica da Universidade de São Paulo.
Membro da Association for Business Simulation and Experiential Learning (ABSEL).
Especializações no exterior:
- *Colloquium on Participant Centered Learning* (CPCL) – Harvard Business School, Boston, EUA – Programa para docentes baseado no método do caso, segundo Harvard.
- *Faculty Development in International Business* (FDIB) – University of Columbia, Carolina do Sul, EUA – Programa de internacionalização de *curricula* para docentes.

Especializações no Brasil:
- Psicanálise e Psicologia Econômica. Pontifícia Universidade Católica (PUC-SP).
- Treinamento e Desenvolvimento. Instituto Pieron de Psicologia Aplicada, SP.

Sobre os colaboradores

Nesta 3ª edição, todos os colaboradores (bacharelandos na Faculdade de Economia, Administração e Contabilidade da Universidade de São Paulo – FEA-USP) atuaram em 2012 como gestores no Laboratório de Gestão I, na FEA-USP, no qual 25 empresas formaram dois setores de competição (vide orientação política das indústrias).

Diego Latorieri
Bacharelando em Administração de Empresas.
Diretor de marketing na empresa Lion S/A (Neoliberal).

Danny Jozsef
Bacharelando em Administração de Empresas.
Diretor de planejamento na empresa Metta S/A (Neoliberal).

Yudi Miaguchi
Bacharelando em Ciências Contábeis.
Diretor de produção na empresa Macrosoft S/A (Misto).

Melise Braga de Almeida
Bacharelanda em Ciências Contábeis.
Diretora de recursos humanos na empresa Lion S/A (Neoliberal).

Allan Komatsu Ferreira
Bacharelando em Administração de Empresas.
Diretor financeiro na empresa Tropical S/A (Neoliberal).

Renato Kazuo Nishikawa Tanaka
Bacharelando em Administração de Empresas.
Diretor presidente na empresa iLab S/A (Misto).

Sumário

Agradecimentos XI
Prefácio – Eugenio Mussak XIII
Apresentação XVII
Introdução XXVII

PARTE 1 – SIMULADOR ORGANIZACIONAL – ARTEFATO PARA A INTERDISCIPLINARIDADE E A MULTIDISCIPLINARIDADE

Introdução à Parte 1 3

1. **O Laboratório de Gestão como ambiente de aprendizagem** 9
   Aprendizagem vivencial 9
   As equipes de trabalho 10
   Gestão integrada 10
   Vivência: aprender fazendo 10
   Pesquisa: aprender investigando 11
   Estude o simulador! Entre no jogo! Mergulhe na pesquisa! 11
   Referências 11
   Educação gerencial poética e sustentável – *O jogo acabou?* (poema) 12

2. **Organização: metas, estrutura e áreas funcionais** 13
   Metas da organização 13
   Estrutura organizacional e áreas funcionais 18
   Planejamento 20
   Marketing 26
   Produção 29
   Recursos humanos 34
   Finanças 37
   Presidência 40
   Inteligência competitiva e sistemas de apoio à decisão 43
   Referências 44

3. **Formulário de decisões: roteiro para preenchimento** 47
   Variáveis de decisão 47
   Análises e justificativas 53

4. **Relatórios gerenciais (Simulador Industrial Simulab)** 55
   Demonstrativos operacionais 55
   Demonstrativos contábil-financeiros 58
5. **Ambiente econômico (Simulador Industrial)** 59
   Indústria 59
   Notícias e outras informações 59
   Valor das empresas 60
   Referências 61
6. **Processo decisório no jogo de empresas e criação de conhecimento (pesquisa aplicada)** 63
   Plano de gestão em quatro etapas 64
   Organizar: estrutura gerencial 66
   Dirigir: liderança e tomada de decisão 66
   Controlar: metas previstas *versus* metas realizadas 66
   Criação de conhecimento com a pesquisa aplicada 66
   Referências 68

PARTE 2 – PESQUISA APLICADA
   Introdução à Parte 2 71

7. ***Balanced Scorecard* (BSC): ferramenta de planejamento estratégico** .. 77
   Diego Latorieri e Antonio Carlos Aidar Sauaia
   Introdução 77
   BSC sob a ótica acadêmica 79
   Metamorfose do BSC 81
   O mapa estratégico 82
   Perspectiva financeira 82
   Perspectiva dos clientes 83
   Perspectiva dos processos internos 83
   Perspectiva de aprendizado e crescimento 84
   BSC sob a ótica das organizações 84
   Sustentabilidade, política e cidadania 87
   Problema de pesquisa e objetivo de estudo 89
   Método de pesquisa 89
   Instrumento de coleta de dados 90
   Descrição do experimento e coleta de dados 91
   Análise descritiva dos dados 93
   Discussão dos resultados 101
   Considerações finais 105
   Referências 109

8. **Teoria dos jogos: como as decisões dos agentes afetam o mercado** .. 113
   Danny Jozsef e Antonio Carlos Aidar Sauaia
   Introdução 113
   Estrutura da indústria e competição 114
   Montadoras asiáticas querem salvar a GM 116
   Recursos comuns em disputa 118
   Sustentabilidade e economia 119
   Política e economia 119
   Cidadania e economia 120
   Problema de pesquisa 121
   Método de pesquisa 122
   Instrumento de coleta de dados 122
   Descrição do experimento e análise descritiva dos dados 123
   Discussão dos resultados 129
   Considerações finais 132
   Referências 135

9. **Análise custo-volume-lucro no auxílio à tomada de decisão** 137
   Yudi Miaguchi e Antonio Carlos Aidar Sauaia
   Introdução 137
   Ponto de equilíbrio 138
   Casos práticos 142
   Sustentabilidade, política e cidadania 144
   Problema de pesquisa e objetivo do estudo 147
   Método de pesquisa 148
   Descrição do experimento e coleta de dados 149
   Análise descritiva dos dados 150
   Discussão dos resultados 160
   Considerações finais 168
   Referências 170

10. **Gestão sustentável de pessoas: mais renda ou mais emprego?** 173
    Melise Braga de Almeida e Antonio Carlos Aidar Sauaia
    Introdução 173
    Mão de obra e legislação trabalhista no Brasil 176
    Casos estudados: a indústria brasileira e uma empresa de calçados 177
    Sustentabilidade, política e cidadania 180
    Problema de pesquisa e objetivo 181
    Método de pesquisa e instrumentos de coleta de dados 182
    Análise descritiva dos dados 184
    Descrição do experimento e discussão dos resultados 192

Considerações finais 196
Referências 197

11. Orçamento empresarial: uma ferramenta de apoio à decisão 199
Allan Komatsu Ferreira e Antonio Carlos Aidar Sauaia

Introdução 199
Orçamento empresarial 200
Eletrosul: um caso de sucesso 205
Orçamento em pequenas e médias empresas do Vale do Paraíba:
um caso de fracasso 205
Sustentabilidade, política e cidadania 206
Problema de pesquisa e objetivo do estudo 207
Método de pesquisa 208
Descrição do experimento, coleta e análise descritiva dos dados 208
Discussão dos resultados 214
Considerações finais e contribuições 226
Referências 228

12. Criação de valor sustentável 231
Renato Kazuo Nishikawa Tanaka e Antonio Carlos Aidar Sauaia

Introdução 231
Evolução do conceito de desenvolvimento sustentável 232
Caminhos para o desenvolvimento sustentável de Ignacy Sachs 233
Segunda contradição fundamental do capitalismo 235
Criando valor sustentável: o modelo de Hart e Milstein 236
Índices de desenvolvimento sustentável 238
Criação do valor por meio da sustentabilidade: Korea Omyang 239
Sustentabilidade e empreendedorismo: *The Green Planet* 240
Cidadania e sustentabilidade empresarial: os padrões de consumo 242
Política e sustentabilidade: abordagem pluralista e transdisciplinar do
desenvolvimento sustentável e da democracia deliberativa 243
Problema de pesquisa 244
Objetivo do estudo 245
Método de pesquisa e instrumentos de coleta de dados 245
Descrição do experimento e coleta de dados 246
Análise dos dados e discussão dos resultados 252
Considerações finais 260
Referências 264

Índice remissivo 267

Agradecimentos

Dirijo meus costumeiros agradecimentos aos estudantes com os quais aprendo continuamente a prática conceitual dos modelos de gestão todas as vezes em que desenho, planejo, apoio ou conduzo os Laboratórios de Gestão, um dos métodos ativos Simulab.

Em 1986, tornei-me um "estudante profissional" ao ingressar na carreira acadêmica. Iniciei um processo de cumplicidade com os estudantes de graduação, de pós-graduação interessados na carreira acadêmica e com profissionais experientes, supervisores, gerentes e diretores, que retornaram à escola em busca do elo perdido, frequentando diversos programas de especialização. Tal processo jamais se encerrou, mas multiplicou-se em oportunidades inesperadas que continuam a mobilizar-me nesses 27 anos de atividades com educação gerencial e pesquisa.

Agradeço também aos colegas da Academia que me ajudaram a crescer com convites para conduzir cursos, oferecendo incentivos e críticas pelos resultados alcançados.

À Editora Manole, seus dirigentes e colaboradores, por acreditarem desde 2008 na sustentabilidade deste projeto que se renova nesta 3ª edição.

Prefácio

— Você ficou decepcionado com o resultado de sua pesquisa? Afinal, que tipo de cientista você quer ser, se sua pesquisa serve apenas para confirmar sua tese?

A pergunta-advertência acima me foi feita por uma professora de bioquímica quando eu era ainda um acadêmico do curso de medicina da Universidade Federal do Paraná e participava de um programa de incentivo a novos pesquisadores. Eu havia manifestado decepção ao perceber que a colônia de bactérias sobre as quais eu havia aspergido gotas de um concentrado de *Ilex paraguaiensis* – a conhecida erva-mate, muito ingerida no sul do Brasil como infusão, em forma de chá ou de chimarrão – havia crescido e se desenvolvido, em vez de definhar e morrer, como eu previa.

Tal previsão havia sido gestada em uma experiência anterior, realizada com cavalos de corrida, que melhoraram a performance nas pistas e tiveram sensível aumento em sua imunidade depois de ingerirem um infusão de chá-mate em vez de água pura. Meu cérebro ainda imaturo não levou em consideração que havia um erro de premissa: o aumento da resistência dos cavalos deveu-se ao incentivo metabólico do alcaloide ingerido, e não a um possível efeito antibacteriano do chá.

Apesar de minha formação original, não dediquei minha vida à arte de Asclepius, e sim a duas grandes paixões: primeiro à educação, que ocupou a maior parte de minhas horas produtivas, como professor e estudioso de novos meios de aprendizado e, segundo, à gestão, um amor tardio, mas sólido, como costumam ser as conquistas da maturidade. Atualmente dedico meu tempo a estes dois fabulosos campos tão necessários às sociedades modernas, como professor e consultor empresarial na área de desenvolvimento organizacional e humano.

E o que mais vejo, tanto nas organizações quanto nas salas de aula das escolas de negócios? A replicação de modelos, a utilização de falsas premissas, a certeza quase absoluta de que as situações se repetirão iguais e, portanto, poderão ser tratadas da mesma forma como já foram outras. Mas, definitivamente, cavalos e bactérias não são iguais.

Quando convidado a prefaciar a 3a edição desta obra do professor Antonio Carlos Aidar Sauaia, tratei, como não podia ser diferente, de me debruçar sobre o texto. E o que encontrei? Uma visão moderna de tudo o que acredito, tanto em termos de educação, quanto em termos de gestão.

Ao lê-lo, não só atualizei vários conceitos, como me identifiquei de imediato com sua filosofia. Por minha cabeça passaram conceitos antigos, muitos deles abandonados em nome da velocidade crescente do surgimento de novos conhecimentos, que acabaram por transformar a formação de novos profissionais em uma sequência monótona de aulas repetitivas, com ênfase à memorização em detrimento do entendimento e significação. Aqui eles estão resgatados e atualizados, fazendo-nos lembrar que o aprendizado é um processo dinâmico, próprio do ser humano, que, dotado de pensamento crítico, deseja aprender pela experimentação própria, pois assim o conhecimento é definitivamente apropriado e incorporado.

Lembrei de pronto de pensadores como John Dewey, Anísio Teixeira, Jean Piaget, Paulo Freire, David Kolb, Peter Drucker e até de Sócrates, talvez o primeiro grande educador que o ocidente conheceu, que insistia na qualidade excessivamente humana de aprender constantemente, desde que sua mente estivesse preparada para isso. A função da educação seria a de preparar a mente para o aprendizado, que, dessa forma, aconteceria naturalmente.

É aí que entra o Laboratório de Gestão, que, definitivamente, não é um livro comum. Livros comuns não têm propostas, têm repetições, baseiam-se em crenças pessoais de seu autor, e não em fatos comprovados pelo rigor científico, e, principalmente, ainda que possam entreter, não agregam valor real. Não é o caso deste livro, que tem no respeito à ciência seu paradigma, e na evolução desta, seu propósito.

Confesso que foi com alguma surpresa que eu, tendo sido formado nas ciências naturais, me deparei com a gestão como igualmente ciência, e das mais dinâmicas. Hoje encaro esse fato com naturalidade e alegria, e dedico meu trabalho a aprender constantemente e propor eventualmente novas abordagens, com respeito permanente às anteriores.

Neste sentido, o Laboratório de Gestão muito me ajudará doravante, tanto com professor, quanto como gestor e consultor de gestão. Seus princípios, que permitem errar para aprender, replicar os acertos, recuperar conhecimentos úteis e, principalmente, aplicar o aprendido para criar valor dinâmico, soam como música aos ouvidos deste educador.

Torço para que este texto chegue a todos, especialmente aos professores dos temas de gestão (ainda que os de outras áreas também se valeriam dele) e aos gestores de empresas, jovens executivos demandados por resultados de curto prazo e por estratégias sustentáveis, sem que haja conflito entre essas duas demandas, o que nem sempre é fácil.

O mundo atual é dotado de uma dinâmica nunca antes vista. Vivemos, mais do que uma era de mudanças, uma mudança de era, em que a tecnologia nos concede – e nos obriga a – uma velocidade de percepção, compreensão, aprendizado e adaptação inéditas. Qualquer material que nos ajude a conviver melhor com essas características, será muito bem vindo. Sorte nossa que ainda há pessoas com a seriedade do professor Antonio Sauaia, que há tantos anos investe na aproximação do melhor da academia com o melhor que o mundo empresarial pode oferecer: uma gestão inteligente e em permanente evolução.

Há anos saí do laboratório de bioquímica, e agora encontro o Laboratório de Gestão. E em ambos verifico os mesmos princípios, da observação cuidadosa, do respeito ao ambiente e aos protagonistas dos fenômenos, da seriedade acadêmica e da curiosidade jovial de quem se considera um eterno aprendiz, sem os quais não há ciência. Nem progresso.

Eugenio Mussak
Professor da Fundação Instituto de Administração (FIA)

Apresentação

A cada dois anos tem sido lançada uma nova edição do Laboratório de Gestão (abr/2008; abr/2010) em face da grande aceitação por parte de discentes, docentes, pesquisadores e profissionais, entusiastas deste método educacional. Elaboramos aqui a 3ª edição para o avanço da comunidade SimuLab. Não nos limitamos a revisar o texto da Parte 1, o que já seria um avanço das 1ª e 2ª edições esgotadas. Inovamos todo o repertório da Parte 2, com seis pesquisas inéditas produzidas pelos estudantes em 2012, evidências do novo enfoque vivencial em que se aprende fazendo pesquisa científica de cunho teórico-empírico. O ensino tradicional centrado no professor tornou-se ativo, vivencial e centrado no participante, que aprende fazendo. Este avanço atende às LDBs e à nova sociedade do conhecimento, na qual praticamos educação vivencial (aprendizagem com pesquisa de autoria).

O sucesso das edições anteriores baseia-se no avanço de uma comunidade brasileira de dirigentes, docentes, pesquisadores e estudantes que buscam métodos modernos de aprendizagem. O Laboratório de Gestão envolve estudantes e educadores que se surpreendem ao mesmo tempo em que aprendem durante as vivências cocriadoras.

Esta obra resultou de 27 anos de estudos, aprendizagem e aprimoramento nas Ciências Sociais Aplicadas com jogos de empresas e ACP (aprendizagem centrada no participante). Apesar de não ser extensa, é abrangente e permite aos professores explorarem de forma inter e multidisciplinar os temas afeitos às diversas funções organizacionais, e de forma transdisciplinar temas oriundos de outras áreas do saber – sustentabilidade, política e cidadania.

Mais um livro no mercado editorial poderia parecer supérfluo diante de tantas ofertas disponíveis. Entretanto, a contribuição desta obra segue inovadora, já que associa simuladores organizacionais, jogos de empresas e pesquisa aplicada, cunhando o moderno conceito de Laboratório de Gestão (Sauaia, 2008).

Pretende-se, assim, com esta abordagem suprir duas lacunas existentes nas áreas de Administração, Contabilidade e Economia das organizações:

- Das partes ao todo organizacional: recuperar o caráter sistêmico das organizações, perdido na subdivisão dos problemas organizacionais abordados em disciplinas especializadas. A vivência propiciada pelo jogo de empresas desafia os participantes a protagonizarem sua aprendizagem, recombinando de maneira sistêmica os fragmentos conceituais tratados isoladamente em livros didáticos e disciplinas teóricas;
- Do conhecimento memorizado ao conhecimento aplicado: desafiar os participantes no jogo de empresas a criarem criticamente conhecimento dinâmico mediante proposição e desenvolvimento de pesquisas teórico-empíricas, para aplicação de ferramentas e modelos de gestão em busca de resultados mensuráveis no desempenho do jogo de empresas e passíveis de replicação nas organizações reais.

O modelo atual de formação acadêmica na área de Ciências Sociais Aplicadas ainda sobrevaloriza em sala de aula e legitima no histórico escolar a simples memorização de conhecimentos. Com a abordagem aqui proposta, tal modelo passou a contar com um aliado. Esta obra associa às regras econômicas do simulador organizacional um conjunto de textos selecionados que representam uma fronteira do conhecimento crítico na área de estudos com simulações organizacionais e aprendizagem vivencial e apoia a formação de um gestor crítico, cujas competências gerenciais se orientam não apenas para o saber (conhecimentos), mas para o saber fazer (habilidades) e o saber ser (atitudes), como preconizaram McClelland (1973), Le Boterf (1995) e Zarifan (1999).

O livro está dividido em duas partes. A primeira apresenta uma introdução aos jogos de empresas, cujas limitações foram superadas. A combinação dos velhos jogos com as pesquisas inéditas cunhou o conceito de Laboratório de Gestão, tratado em profundidade no texto que entrega ao gestor uma breve revisão de modelos econômicos, geralmente adotados na abordagem teórica tradicional. Tais modelos são ilustrados com a ajuda de um simulador geral, cujo caso descreve uma empresa industrial que produz um bem de consumo durável e o comercializa no mercado doméstico. Essa ilustração, ou uma variação dela, é geralmente adotada como ponto de partida para o jogo de empresas – processo de tomada de decisão em grupo no qual a competição e a assimetria de informação fazem presente a incerteza.

O texto da Parte 1 desta 3ª edição descreve uma realidade organizacional de uma organização que produz e comercializa bens num mercado doméstico. As regras econômicas do simulador organizacional desafiam o gestor-aprendiz a criar significados próprios ao conhecimento memorizado.

A segunda parte reúne um conjunto de estudos inéditos, oriundos de pesquisa aplicada, que complementam de maneira prática os aspectos teóricos e conceituais tratados nos livros didáticos e revisados na primeira parte. Eles resultam de pesquisa realizada em 2012 no ambiente laboratorial por discentes sob orientação. Foram desenhadas, conduzidas e redigidas por estudantes (graduação e pós-graduação) que enfrentaram, no papel de gestores, desafios no jogo de empresas para criarem conhecimento crítico e significados dinâmicos durante a prática conceitual.

Classificadas por áreas funcionais (planejamento, marketing, produção, recursos humanos, finanças e presidência), tais leituras reúnem temas que abordam três aspectos indissociáveis da criação de valor nas organizações (Sauaia, 2006):

- A lógica econômica neoclássica, orientada para a otimização, que recomenda a utilização eficiente dos recursos escassos. As decisões tomadas na esfera dessa dimensão econômica geralmente são condicionadas por variáveis determinísticas, estando sua eficiência sob controle direto dos gestores.
- O raciocínio estratégico orientado para a superação dos oponentes, que admite alguma ociosidade no curto prazo e o decorrente custo de oportunidade como parte de ações estratégicas de longo prazo. As decisões tomadas na esfera dessa dimensão estratégica geralmente são condicionadas por variáveis probabilísticas, estando sua eficiência sujeita à incerteza do ambiente econômico das empresas (clientes, concorrentes, fornecedores, investidores, governo, sociedade e outros grupos de interesse).

- A evolução organizacional, orientada para a renovação das velhas rotinas organizacionais em processos de inovação oriundos da aprendizagem crítica.

As pesquisas acadêmicas reunidas na Parte 2 levaram em consideração os modelos teóricos selecionados para apoiar a tomada de decisão, os exemplos reais de sucesso e fracasso extraídos dos casos pesquisados e os indicadores de avanço baseados na temática da sustentabilidade (*triple bottom line*), da política e da cidadania. Uma vez que as teorias não são intrinsecamente boas, a principal contribuição das pesquisas é compartilhar o conhecimento crítico criado pelos gestores enquanto protagonizavam papéis gerenciais. Com baixo risco e alto envolvimento, razão e emoção produziram os relatos aqui reunidos.

Os novos textos da Parte 2 são atuais e tratam de temas da realidade organizacional contemporânea e dos desafios do cotidiano organizacional que gestores enfrentam para a criação de valor nas seis áreas funcionais abordadas pelo simulador geral aqui adotado. A obra é abrangente, pois contempla todas as áreas funcionais de uma organização: o planejamento da estratégia e sua implementação; o posicionamento estratégico apoiado pelo composto de marketing; a gestão eficiente da produção; a gestão de pessoas com qualidade de vida; a gestão dos recursos financeiros; e o papel da presidência, cujo desafio central na liderança é estabelecer um ritmo de crescimento, atendendo às expectativas dos diferentes *stakeholders*. Além dos clássicos temas inter e multidisciplinares das organizações, foram explorados temas transdisciplinares como a sustentabilidade, a política e a cidadania.

Sem ser obra extensa, tem profundidade em seu conteúdo e reúne ideias do estado da arte em laboratórios de gestão. Os textos produzidos foram revisados para maior clareza de linguagem e fluidez de leitura do público acadêmico e organizacional. As pesquisas da Parte 2 são exemplos a serem replicados nas organizações.

A legenda da orelha explicita o significado dos símbolos da capa. Eles expressam o abismo teoria-prática a ser superado com a ajuda do Laboratório de Gestão. A adoção deste método vivencial aproxima Academia e organizações, acolhendo, de um lado, graduandos que iniciam a carreira e, de outro, profissionais que retornam à Academia para se reciclarem enquanto buscam o elo perdido.

Trata-se de bibliografia básica da disciplina Laboratório de Gestão (graduação, mestrado, doutorado e especializações), útil para consulta em conjunto com as obras adotadas nas demais disciplinas dos programas de Administração, Contabilidade, Economia, Educação, Produção, Ciências da Computação, Controladoria e Sistemas de Informação, entre outros.

Ampliou-se o suporte tecnológico oferecido aos usuários desta obra. Estarão disponíveis no site Simulab (http://www.simulab.com.br/):

LABORATÓRIO DE GESTÃO COMO AMBIENTE DE EDUCAÇÃO GERENCIAL E PESQUISA

São três os pilares conceituais do laboratório de gestão que estruturam esse ambiente de educação e pesquisa, conforme ilustrado no Quadro A.1:

QUADRO A.1 – Desenho conceitual do laboratório de gestão.

OS TRÊS PILARES CONCEITUAIS	PROCESSOS DE APRENDIZAGEM	PRODUTOS
Simulador organizacional	Indivíduos assimilam regras econômicas	Modelo mental integrado pela lógica econômica
Jogo de empresas	Grupos vivenciam a tomada de decisão estratégica	Visão gerencial dinâmica, sistêmica e voltada à inovação
Pesquisa teórico-empírica	Indivíduos estudam um problema de gestão	Resenha; artigo de autoria; monografia; tese

O simulador organizacional (elemento tangível) é representado por um conjunto de regras econômicas descritas no caso empresarial. Dados qualitativos e quantitativos definem a situação inicial da empresa que deve ser estudada e compreendida sob a perspectiva mercadológica, operacional e financeira. Os participantes assimilam as regras para praticá-las no jogo de empresas, exercitando um modelo mental integrado.

O jogo de empresas (elemento intangível) constitui um processo de tomada de decisão em que grupos criteriosamente formados tomam decisões e competem por resultados objetivos. Apesar de todos começarem em situação idêntica, o entendimento assimétrico dos dados e os vieses cognitivos conduzem a resultados distintos em decorrência das competências assimétricas presentes nos grupos de competição. Os ciclos se repetem para construir uma visão gerencial dinâmica e sistêmica.

O simulador organizacional (elemento tangível) é representado por um conjunto de regras econômicas do caso empresarial. Dados qualitativos e quantitativos descrevem a situação inicial da empresa a ser estudada e compreendida sob as perspectivas mercadológica, operacional e financeira. Os participantes assimilam as regras ao praticá-las no jogo de empresas, exercitando um modelo mental sistêmico e dinâmico.

O jogo de empresas (elemento intangível) constitui um processo de tomada de decisão com baixo risco em que grupos criteriosamente formados competem por resultados objetivos. Apesar de a situação inicial ser idêntica aos grupos, o entendimento assimétrico dos dados e os vieses cognitivos conduzem a resultados distintos em decorrência das competências assimétricas presentes nos grupos de competição. Os ciclos se repetem e geram os dados primários para as pesquisas.

A pesquisa aplicada, teórica e empírica, é conduzida pelo participante em seu papel gerencial, do projeto ao relatório final (resumo, resenha, artigo ou monografia). Identifica-se um problema de gestão a ser equacionado por meio de um projeto que gere valor à empresa simulada. Na Parte 1 (dados secundários) examina-se uma ferramenta de gestão. Na Parte 2 o problema de pesquisa guia a coleta dos dados primários no jogo de empresas, quantitativos (relatórios trimestrais) e qualitativos (comportamento gerencial observado, questionado ou entrevistado). Os resultados da análise dos dados são discutidos com base na teoria da parte 1. Na parte 3 são destacadas a conclusão, as contribuições e limitações do estudo, evidências da aprendizagem que alertam para a boa gestão das empresas reais.

A proposta educacional aqui contida amplia de maneira importante a participação trivial em um jogo de empresas que pode resumir-se ao preenchimento mecânico de um formulário de decisões, físico ou eletrônico, e que muitas vezes o estudante realiza por obrigação curricular institucional, ou seja, para "cumprir tabela".

Ao convidar o gestor a eleger no jogo de empresas um modelo conceitual e aplicá-lo em seu papel gerencial para criar valor, amplia-se o desafio que o torna agente educacional na criação de conhecimento crítico, atribuindo novos significados numa aprendizagem responsável e adulta, da Pedagogia à Andragogia.

Combinando o conhecimento das regras econômicas do simulador (lógica econômica), à tomada de decisões sob incerteza proposta no jogo de empresas (raciocínio estratégico) e a pesquisa aplicada ao papel gerencial (projeto de inovação na forma de artigo científico), propicia-se uma aprendizagem significativa por meio da ação, vivenciada nas quatro etapas do ciclo de Kolb (1984).

Observa-se na Figura A.1 que no Laboratório de Gestão a aprendizagem vivencial (aprender fazendo) não se inicia de forma dedutiva na exposição da teoria, mas com a proposição de um problema não estruturado como o caso descrito nas regras econômicas do simulador organizacional (Parte 1). A vivência materializa-se com a tomada de uma decisão inicial (vivência concreta) cujos resultados são, a seguir, analisados e observados os desvios entre metas planejadas e realizadas (observação reflexiva). Fazendo-se uso de uma revisão conceitual, dos modelos da teoria e das premissas iniciais, busca-se uma compreensão dos resultados discutidos à luz das teorias (conceitualização abstrata). Revisam-se no plano os objetivos funcionais em face dos desvios, mantendo-se as políticas anteriores quando os resultados são desejados ou alterando-as ativamente diante de resultados inesperados (experimentação ativa). O ciclo que se completa inicia uma nova etapa de forma encadeada, construindo experiências vívidas em cada participante, criando conhecimentos dinâmicos e sistêmicos numa contínua aprendizagem vivencial: fazer e refletir, aproximando práticas e teorias.

FIGURA A.1 – Ciclo de aprendizagem vivencial.

Desde 1976 há diversas evidências em pesquisas realizadas pelo mundo, já replicadas no Brasil, em que não se encontrou correlação entre dois construtos estudados: "o conhecimento individual" (CI) de gestores e "o desempenho coletivo" (DC) alcançado pelas organizações em jogos de empresas (Sauaia, 2006). Os jogos de empresas têm revelado competências não captadas pelos métodos tradicionais.

Nesse ambiente de aprendizagem, o conhecimento acadêmico apreendido individualmente (tácito) e certificado pela IES é praticado coletiva e sistemicamente (explícito) para construir significados dinâmicos (tácitos), preparando o gestor para um desempenho superior (Quadro A.2). O exame deste dilema interessa à Academia, que educava pela simples apreensão de conhecimentos, mas que, estimulada pela demanda das novas gerações de aprendizes, preocupa-se em formar competências através das etapas da criação de conhecimentos. Schultz apud Forehand (2005) revisou a taxonomia de Bloom (1973) e propôs que os substantivos anteriores fossem permutados por verbos, para realçar a ideia de processo continuado na criação de conhecimentos de ordem superior (Quadro A.2).

QUADRO A.2 – Taxonomia de Bloom e o Laboratório de gestão.

ORDEM E COMPLEXIDADE DO PENSAMENTO	BLOOM (1956): substantivos	BLOOM E OUTROS (2000): verbos	LABORATÓRIO DE GESTÃO (1. simulador; 2. jogo; 3. pesquisa)
Superior	Avaliação	Criando	3. Pesquisa aplicada
	Síntese	Avaliando	3. Discutindo o plano
	Análise	Analisando	2. Prevendo x medindo
	Aplicação	Aplicando	2. Tomando decisões
	Compreensão	Compreendendo	1. Funções gerenciais
Inferior	Assimilação	Recordando	1. Regras do simulador

REFERÊNCIAS

BLOOM, B. S. Taxonomia de Objetivos Educacionais; Compêndio Primeiro: Domínio Cognitivo. Porto Alegre : Editora Globo, 1973

FOREHAND, M. Bloom's taxonomy: original and revised. In: OREY, M. (ed.). *Emerging perspectives on learning, teaching, and technology.* 2005. Disponível em: http://www4.edu-moodle.at/gwk/pluginfile.php/109/mod_resource/content/5/forehand. Acesso em: 27 mar. 2013.

KOLB, D. A. *Experiential learning: experience as the source of learning and development*. Englewood Cliffs: Prentice-Hall, 1984.
LE BOTERF, G. De la compétence: essai sur un attracteur étrange. In: FLEURY, M. T. L.; FLEURY, A. Construindo o conceito de competência. *RAC – Revista Brasileira de Administração*. Edição Especial, 2001, p. 183-196.
McCLELLAND, D.C. Testing for competence rather than intelligence. *American Psychologist*. January, 1973, p. 1-14. Disponível em: http://www.lichaoping.com/wpcontent/ap7301001.pdf. Acesso em: 27 mar. 2013.
SAUAIA, A. C. A. Jogos de empresas: tecnologia e aplicação. Dissertação (Mestrado em Controladoria e Contabilidade). Faculdade de Economia, Administração e Contabilidade, Universidade de São Paulo, São Paulo, 1990. 217p.

_____. Satisfação e aprendizagem em jogos de empresas: contribuições para a Educação Gerencial. Tese (Doutorado em Administração). Faculdade de Economia, Administração e Contabilidade, Universidade de São Paulo, São Paulo, 1995, 273p.

_____. Jogos de empresas: aprendizagem com satisfação. Revista de Administração da USP, São Paulo, v. 32, n. 3, jul-set/97.

_____. Satisfação e aprendizagem em Jogos de Empresas: contribuições para a educação gerencial. Tese (Doutorado em Administração). Faculdade de Economia, Administração e Contabilidade, Universidade de São Paulo, São Paulo, 1995, 273p.

_____. Jogos de empresas: aprendizagem com satisfação. Revista de Administração da USP, São Paulo, v.32, n.3, p.13-27, jul./set. 1997.

_____. Conhecimento *versus* desempenho das organizações: um estudo empírico com jogos de empresas. Anais do VII Seminários em Administração (Semead), FEA/USP – São Paulo: Universidade de São Paulo, 2003.

_____. Individual achievement versus team performance: an empirical study with business games. *Developments in business simulation an experiential learning*, v.31, p.154-9, 2004.

_____. *Gestão da estratégia: um guia prático*. Manual do participante. São Paulo: FEA/USP, 2005, 170p.

_____. Lógica econômica, raciocínio estratégico e evolução organizacional: além das regras do jogo de empresas. Tese (Livre-docência). Faculdade de Economia, Administração e Contabilidade da Universidade de São Paulo, São Paulo, 2006. 276p.

SAUAIA, A. C. A.; KALLÁS, D. Cooperate for profits or compete for market? Study of oligopolistic pricing with a business game. Developments in business simulation and experiential learning, v.30, 2003, p.232-42.

SAUAIA, A. C. A.; UMEDA, G. Individual achievement does not guarantee team performance: an evidence of organizational learning with business games. *Developments in business simulation and experiential learning*, v.32, 2005, p.266-72.

Introdução

Sucesso e fracasso são vividos diariamente no grande laboratório da vida organizacional, onde gestores de todas as áreas e em todos os níveis experimentam suas fórmulas já testadas no passado e que teriam produzido resultados passíveis de replicação. Com base na confiança de conquistas anteriores, nas equipes bem escolhidas e bem preparadas e fazendo uso das infalíveis regras de bolso, muitos se deparam com o inesperado. As organizações experimentam suas fórmulas de sucesso apostando milhões de dólares em reuniões telefônicas que duram menos de meia hora. As decisões adotadas são racionais? Essas organizações maximizam o retorno para os acionistas ou acabam focalizando os incentivos dos gestores? Os consumidores são os beneficiários das políticas dessas organizações?

Na Academia, talvez se ousasse oferecer respostas a essas questões. No ambiente das organizações, jamais saberemos os reais motivos que orientam a tomada de decisão, sem sentido para os críticos, sem alternativa para os que decidem. Por mais preparados que estejam os gestores, cada momento traz peculiaridades não mapeadas na fase anterior.

Os Laboratórios de Gestão (simulador organizacional, jogo de empresas e pesquisa aplicada) podem ser considerados, sem reservas, uma luz no fim do túnel, a qual se orienta na contramão da clássica abordagem acadêmica do conhecimento memorizado, mas sem sentido. Trazem proposta inovadora para apoiar uma aprendizagem sistêmica e antecipatória, que cria prontidão e imunização. Combinam a tomada de decisões no jogo de empresas ("matar a cobra") com a pesquisa aplicada ("mostrar a arma"), para tangibilizar o entendimento crítico da origem do valor para a organização.

Quatro são os princípios dos Laboratórios de Gestão:

- É permitido **acertar** para replicar o acerto;
- É permitido **errar** para aprender criticamente com o erro;
- É permitido **consultar** para recuperar o conhecimento útil por meio de pesquisas;
- É permitido **aplicar o conhecimento** para criar valor dinâmico e construir novo significado sistêmico dos modelos que descrevem o ambiente organizacional.

Muito mais que um mero jogo de empresas, em que a tomada de decisão pode limitar-se a um comportamento mecanizado, no Laboratório de Gestão (simulador organizacional, jogo de empresas e pesquisa aplicada) os participantes têm:

- 100% de liberdade para agir econômica e estrategicamente a partir de suas premissas e de seu grupo, fato nem sempre possível no ambiente das organizações;
- 101% de responsabilidade para interpretar os resultados e aprender com as consequências das decisões tomadas, prevenindo a repetição do insucesso e repercutindo o sucesso alcançado e seus desdobramentos.

Sejam bem-vindos os viajantes desta aventura gerencial que, apesar de planejada, molda-se por um roteiro flexível que vai sendo desenhado pelos indivíduos e seus grupos, por meio de leitura e investigação, reflexão, compartilhamento e experimentação. O mesmo pensamento milenar atribuído a Confúcio se aplica integralmente à proposta do Laboratório de Gestão para proporcionar uma aprendizagem significativa:

> Ouço e esqueço;
> vejo e recordo;
> faço e compreendo.

PARTE 1

Simulador Organizacional
Artefato para a interdisciplinaridade e a multidisciplinaridade

INTRODUÇÃO À PARTE I

1. ■ O Laboratório de Gestão como ambiente de aprendizagem
2. ■ Organização: metas, estrutura e áreas funcionais
3. ■ Formulário de decisões: roteiro para preenchimento
4. ■ Relatórios gerenciais (Simulador Industrial Simulab)
5. ■ Ambiente econômico (Simulador Industrial)
6. ■ Processo decisório no jogo de empresas e criação de conhecimento (pesquisa aplicada)

Introdução à Parte 1

A típica atividade no Laboratório de Gestão leva em conta três elementos que se encadeiam harmoniosamente para produzir uma aprendizagem significativa: o simulador organizacional, o jogo de empresas e a pesquisa aplicada (Quadro I.1).

QUADRO I.1 – Componentes do Laboratório de Gestão.

COMPONENTES	APRENDIZAGEM PRÁTICA ASSOCIADA
Simulador organizacional	Conhecimento das regras econômicas do simulador Revisão dos modelos de gestão; lógica econômica
Jogo de empresas	Formular, implementar e controlar a estratégia da empresa Praticar as ferramentas e os modelos funcionais de gestão Desenvolver habilidades na tomada de decisão sob incerteza
Pesquisa aplicada	Formular um problema e elaborar um relatório de pesquisa Analisar e discutir os resultados no jogo de empresas à luz das teorias adotadas; aplicar em empresas reais

SIMULADOR ORGANIZACIONAL

O simulador organizacional representa um instrumento didático constituído por um conjunto de regras econômicas a serem praticadas para exercitar teorias, conceitos e técnicas. Tem por finalidade propiciar a tomada de decisão e, em seguida, o exame dos resultados produzidos, dadas as condições iniciais das variáveis do simulador e as relações de causa e efeito sob teste, apoiando o jogo de empresas.

O simulador pode ser simples ou complexo e ter sua operação manual ou computadorizada. Por meio de ciclos repetitivos e sequenciais, dado um conjunto de valores atribuídos às variáveis de entrada, serão produzidos os resultados de saída em um determinado ciclo. As rodadas podem ser isoladas ou sequenciais; os simuladores, interativos ou não.

Quando o simulador opera de maneira interativa (ações de um grupo interferem nos resultados dos demais), diz-se que a incerteza se faz presente. Nesse caso, a simulação ganha um caráter de jogo (de empresas), em que se comparam as decisões tendo por base as análises econômicas conduzidas sob certeza e as apostas estratégicas estabelecidas sob incerteza. A combinação dos dois efeitos (econômico e estratégico) produz resultados positivos ou negativos, agregando valor e sinalizando o sucesso ou o fracasso por meio dos indicadores de desempenho. Os critérios de avaliação podem ser escolhidos caso a caso, tendo-se em vista os objetivos educacionais almejados com o simulador.

JOGO DE EMPRESAS

Na maioria das vezes, o jogo de empresas se inicia com a ajuda de uma exposição oral das regras econômicas do simulador, geralmente descritas em um manual do participante, cuja leitura amplamente recomendada é verificada de maneira objetiva por meio de testes escritos. Tanto melhor será um jogo de empresas quanto mais simples, claro e objetivo for o modelo econômico, visto que o tempo disponível e a complexidade dificultam a assimilação das regras do jogo. Os modelos simplificados têm sido preferidos quando o objetivo é a aprendizagem. Os modelos mais complexos podem ser muito úteis quando os modelos simplificados já foram praticados. Ademais, permitem a proposição de problemas de gestão para investigações com maior número de variáveis, replicando em parte os ambientes organizacionais. Nesse caso, denominam-se micromundos.

Tanto a apresentação das regras quanto sua simples leitura não bastam para assimilar os aspectos críticos do modelo, tampouco para compreender a dinâmica organizacional associada. Segue-se uma rodada-teste em que os grupos concorrentes formulam políticas de curto prazo (um ciclo de decisão do simulador) e examinam as consequências mercadológicas, operacionais e financeiras para a organização.

Tais resultados ampliam a base inicial de dados do manual e permitem a formulação de um plano de gestão, tendo em vista a evolução do exercício e a sustentabilidade da organização simulada.

FIGURA I.1 – Jogo de empresas.

PESQUISA APLICADA

No papel de gestor no jogo de empresas e tendo assumido a responsabilidade por uma das áreas funcionais, cada participante é convidado a eleger um problema gerencial e a investigá-lo profundamente, com o objetivo de identificar maneiras de aplicar teorias, modelos e conceitos, visando adicionar valor à sua empresa simulada (ver Parte 2 deste livro).

A pesquisa teórico-empírica pode apresentar caráter descritivo, ser um estudo de caso ou caracterizar-se como experimento (testes antes-depois).

Inúmeros temas foram propostos por graduandos e pós-graduandos, eventualmente temas relacionados aos trabalhos de conclusão. Essa atividade de pesquisa tem revelado talentosos pesquisadores na graduação que, por vezes, superam os pós-graduandos. Ela estimula a aprendizagem mais profunda, pois aguça a análise detalhada de resultados, o que contribui para evitar que a participação no jogo de empresas esteja sujeita ao efeito do "carona", que apenas preenche os formulários de decisão, sem dar contribuição real para o processo coletivo de aprendizagem.

Formado o grupo de gestão, os membros examinam os problemas funcionais e distribuem as áreas de responsabilidade (Quadro I.2 – coluna 1). A pesquisa em cada área funcional tomará por base uma das diversas ferramentas de gestão disponíveis na literatura especializada (Quadro I.2 – coluna 2). Cada gestor conduz em sua área funcional uma pesquisa para verificar em que medida a ferramenta escolhida apoia a estratégia da organização

(Quadro I.2 – coluna 3) visando à criação de valor na empresa e à consequente geração de lucro, medido por meio da TIR (taxa interna de retorno), que representa o retorno dos acionistas (Quadro I.2 – coluna 4).

QUADRO I.2 – Modelo conceitual da Pesquisa Organizacional.

1. ÁREAS FUNCIONAIS	2. FERRAMENTAS DE GESTÃO	3. ESTRATÉGIA GENÉRICA	4. INDICADOR DE DESEMPENHO
Planejamento	Ferramenta 1		
Produção	Ferramenta 2		
Marketing	Ferramenta 3	- Custo total mínimo	Taxa interna
		- Diferenciação	de retorno
Recursos humanos	Ferramenta 4	- Enfoque a um segmento	(TIR)
Finanças	Ferramenta 5		
Presidência	Ferramenta 6		

O Quadro I.3 resume os três componentes do Laboratório de Gestão.

QUADRO I.3 – Os três componentes do Laboratório de Gestão.

SIMULADOR ORGANIZACIONAL	JOGO DE EMPRESAS	PESQUISA APLICADA
Regras econômicas	Rodada-teste	Problema da pesquisa
Manual do participante	Formação dos grupos	associado à área funcional
	Distribuição de papéis gerenciais	Referencial teórico
- planejamento		Conceitos 1; 2; 3
- marketing	Plano em 4 etapas	Coleta e análise de dados
- produção	Implementação da estratégia	Relatórios do jogo de
- RH	Tomada de decisão	empresas; observação prática
- finanças	Controle da estratégia	Discussão dos resultados à luz
- presidência	Análise dos resultados	das teorias
Apresentação oral		Conclusão: transposição para
Teste individual de leitura das regras		as organizações

REFERÊNCIAS

CANCELLIER, E.; SAUAIA, A.C.A. A contribuição dos JE para os processos de seleção de pessoal. In: CONSELHO LATINO-AMERICANO DE ESCOLAS DE ADMINISTRAÇÃO (CLADEA). Lima: 2003.

HAZZOF, W.; SAUAIA, A.C.A. Aprendizagem de administração de materiais centrada no participante: um estudo comparativo. *Anais do XXIX Enanpad*, Brasília: 2005.

KALLÁS, D.; SAUAIA, A.C.A. Implementation and impacts of Balanced Scorecard: An experiment with business games. *Developments in Business Simulation and Experiential Learning*. Las Vegas: 2004.

MARQUES FILHO, P.A., PESSOA, S.M.P.; SAUAIA, A.C.A. Jogos de Empresas e a aprendizagem de gestão: uma aplicação de indicadores de desempenho de valor agregado. In: XI SIMPEP da Unesp. Bauru: 2004.

ROSS, D.; SAUAIA, A.C.A. Intercultural study teams: an internet-based joint project with Brazilian and United States students. In: WACRA–WORLD ASSOCIATION FOR CASE METHOD RESEARCH & APPLICATION. *21ˢᵗ International Conference*. Buenos Aires: 2004.

SAUAIA, A.C.A. Gestão simulada de negócios: uma visão estratégica de desempenho. *Anais da SLADE - Sociedade Latino Americana de Estratégia*. São Paulo: 1990.

_____. *Jogos de empresas: tecnologia e aplicação*. São Paulo, 1990. 217 p. Dissertação (Mestrado) FEA/USP.

_____. Jogos de empresas: aprendizagem vivencial. *Anais do Enanpad*. Florianópolis: 1990.

_____. Implantando políticas de marketing com a gestão simulada de negócios. *Anais do Enanpad*. Belo Horizonte: 1991.

_____. Planejamento de Negociações. *Anais do Enanpad*. Salvador: 1993.

_____. A questão ambiental proposta em um Laboratório de Gestão. In: II ENCONTRO DE GESTÃO EMPRESARIAL E MEIO AMBIENTE. São Paulo: 1993.

_____. Implementing marketing policies through a business management simulation. *Developments in Business Simulation and Experiential Learning*. San Diego: 1994.

SAUAIA, A.C.A., CASTRO JR, F.H.F. Is the Tobin's Q a good indicator of a companyís performance? *Anais da ABSEL – Association for Business Simulation and Experiential Learning*. Pensacola: 2002.

SAUAIA, A.C.A.; KALLÁS, David. Cooperate for profits or compete for market? Study of oligopolistic pricing with a business game. *Developments in Business Simulation and Experiential Learning*. Baltimore: 2002. Série Working Papers n.2, 2008.

_____. Cooperar pelos lucros ou competir pelo mercado? O conflito do oligopólio tratado em um jogo de empresas. *Anais do ANPAD*. Curitiba, 2004.

SAUAIA, A.C.A.; OLIVEIRA, Adriel R. Percepções do alunos sobre o PPGA da FEA/USP. *Anais do Enanpad*. Curitiba, 1994.

_____. Preferências de homens e mulheres que participaram de programas de aprendizagem com JE. *Anais do Enanpad*. São Paulo: 1995. Revista Eletrônica de Administração RS v.7 n.6 dez/01.

_____. *Satisfação e aprendizagem em JE: contribuições para a educação gerencial*. São Paulo: 1995. 271 p. Tese (Doutorado). FEA/USP.

_____. Discriminantes da satisfação em JE. In: CONSELHO LATINO-AMERICANO DE ESCOLAS DE ADMINISTRAÇÃO (CLADEA). Santiago: 1996.

_____. Jogos de empresas: aprendizagem com satisfação. *Revista de Administração da USP*, v. 32 n. 3, jul-set/97.

_____. Business games in Brazil: learning or satisfaction. *Anais da ABSEL – Association for Business Simulation and Experiential Learning*. Nova Orleans, 1998.

_____. Aprendizagem Vivencial com JE: novos modelos de educação gerencial. In: CONSELHO LATINO-AMERICANO DE ESCOLAS DE ADMINISTRAÇÃO (CLADEA). Santo Domingo: 1998.

_____. Business insights: theory and pratice with the aid of a business simulation. *Developments in Business Simulation and Experiential Learning*. Philadelphia: 1999.

_____. Cultures integration in mergers and acquisitions: Putting managers together in a business simulation. *Developments in Business Simulation and Experiential Learning*. Savannah: 2000.

_____. Evaluation of performance in business games: financial and non financial approaches. *Developments in Business Simulation and Experiential Learning*. San Diego: 2001.

SANVICENTE, A.Z.; SAUAIA, A.C.A.; TANABE, M. Managerial and cultural pre conditions for superior performance in a global setting: an experimental study with the aid of business games. *Developments in Business Simulation and Experiential Learning*. Savannah: 1993.

SAUAIA, A.C.A.; UMEDA, G.M. Conhecimento individual não garante desempenho coletivo: uma evidência da aprendizagem organizacional com JE. In: *VII Semead – Seminários em Administração – FEA/USP*, São Paulo, 2004.

_____. *Lógica Econômica, Raciocínio Estratégico e Evolução Organizacional: muito além das regras do jogo de empresas*. São Paulo: 2006.Tese (Livre-docência). FEA/USP.

_____. Conhecimento *versus* desempenho das organizações: um estudo empírico com JE. In.: *VI Semead – Seminários em Administração – FEA/USP*. São Paulo, mar/2003. I Clam Universo – Congresso Latino-Americano Multidisciplinar: Direito, Administração e Comércio Exterior. Olinda, ago/2003.

_____. Individual achievement *versus* team performance: an empirical study with business games. *Developments in Business Simulation and Experiential Learning*. Las Vegas, v. 30, 2004, p.210-4. Reprinted in The Bernie Keys Library, disponível em: http://www.absel.org.

_____. Conhecimento individual *versus* desempenho coletivo: Formulando e implementando estratégias com JE. *Anais da Slade – Soc. Latino-Americana de Estratégia*. Itapema: 2004.

SAUAIA, A.C.A.; ZIGIOTTI JUNIOR, Cláudio. Custeio ABC e competitividade: estudo de caso em um hospital de SP. In: PRIMEIRO SEMINÁRIO USP DE CONTABILIDADE, São Paulo: 2001.

WOLFE, J.; SAUAIA, A.C.A. The Tobin Q as a company performance indicator. *Developments in Business Simulation and Experiential Learning*. Baltimore: 2003.

1 2345678910 11 12

O Laboratório de Gestão como ambiente de aprendizagem

> Ouço e esqueço;
> Vejo e recordo;
> Faço e compreendo!
>
> CONFÚCIO

APRENDIZAGEM VIVENCIAL

Num Laboratório de Gestão, você testará os seus limites, tomando decisões organizacionais e conhecendo em seguida os resultados produzidos por elas. A aprendizagem prática ocorrerá de duas formas complementares:

- Testando seus conhecimentos por meio da gestão no jogo de empresas.
- Praticando os modelos da teoria em uma pesquisa aplicada desenvolvida individualmente pelos membros dos grupos concorrentes no jogo de empresas.

Ao contrário do que ocorre em aulas expositivas (Tabela 1.1), nas quais o professor desempenha o papel principal (enfoque no ensino), em um "jogo de empresas", o papel principal é desempenhado pelo participante (enfoque na aprendizagem).

TABELA 1.1 – Ensino x Aprendizagem.

MÉTODOS	TÉCNICAS	FOCO	ABORDAGEM
Ensino	Aulas expositivas	Expositor	Dedutiva
Aprendizagem	Jogos e vivências	Participante	Indutiva

AS EQUIPES DE TRABALHO

Os grupos criteriosamente divididos (gênero, formação acadêmica, experiência profissional ou outros temas de pesquisa) propiciam intensa troca de experiências entre seus membros e permitem explorar, na prática, diversidades e similaridades. Os membros deverão transformar o grupo numa equipe produtiva e integrada, capaz de entregar resultados tangíveis oriundos da sinergia (positiva ou negativa).

GESTÃO INTEGRADA
Gestão técnica

Com o apoio de teorias e de conceitos de Administração, Economia e Contabilidade, a gestão técnica da empresa simulada se dará por meio da maximização dos resultados gerais da estratégia que combinam os resultados parciais alcançados em cada uma das suas áreas funcionais. Apesar de necessária, a simples abordagem técnica não será suficiente para assegurar o melhor resultado organizacional.

Gestão comportamental

A gestão integrada se completa com a dimensão comportamental, na qual se coordena o trabalho, se transforma o grupo em equipe, distribuindo tarefas, negociando ideias, fazendo um bom uso do tempo, da liderança e do planejamento na tomada de decisão, ciente da racionalidade limitada a que está sujeito o gestor.

VIVÊNCIA: APRENDER FAZENDO

A combinação dos enfoques técnico e do comportamental para um bom desempenho de papéis faz deste Laboratório de Gestão uma experiência vivencial. Ela pode ajudar os participantes de três maneiras complementares:

- Evita os esquecimentos usuais dos que participam apenas ouvindo;
- Previne as vagas recordações dos que participam apenas vendo;
- Ajuda a compreender por meio da aplicação, análise e síntese na interação com colegas e internalização dos resultados, dos sucessos empolgantes e dos fragorosos fracassos, registrados de maneira indelével na memória emocional.

PESQUISA: APRENDER INVESTIGANDO

Nessa singular iniciação científica (aprendizagem com pesquisa), cada gestor identifica um problema de pesquisa em sua área. Investiga, com base em modelos conceituais, maneiras de adicionar valor à organização com projetos de inovação, aportando teorias e criando novos significados. O produto final da pesquisa se apresenta como um artigo científico formatado para publicação, conforme o roteiro: Monografia Racional Eletrônica (disponível em http://www.regis.ufpi.br).

ESTUDE O SIMULADOR! ENTRE NO JOGO! MERGULHE NA PESQUISA!

Quanto maior o desafio que se propuser a enfrentar no Laboratório de Gestão, tanto mais ricas serão a vivência e a pesquisa do participante. Seus envolvimentos racional e emocional na atividade são essenciais para o seu aproveitamento. Escolha e negocie o papel, "vista a camisa do time e vá fundo". Tudo o que você disser ou fizer poderá ser usado em seu próprio favor. Afinal, o papel principal é o seu!

Este Simulador Industrial Geral Simulab (www.simulab.com.br/portal) está descrito nas regras econômicas de seis áreas funcionais: planejamento, marketing, produção, recursos humanos, finanças e presidência. Ao final do texto de cada área funcional encontram-se as variáveis de decisão do simulador. Vale notar que um simulador representa a realidade complexa de maneira simplificada e, por isso, permite o estudo de problemas com poucas variáveis intervenientes.

Sob a conduta de mestres experientes, este simulador tem sido adaptado a inúmeras disciplinas de Administração, Contabilidade e Economia.

Para dinamizar uma boa disciplina de Laboratório de Gestão podem ser adotados este e outros simuladores, funcionais ou gerais, desde que tenham ajustados seus objetivos educacionais (graduação, mestrado e doutorado) ao perfil dos participantes, ao conteúdo da disciplina e aos temas de interesse (Sauaia, 2008; 2010).

REFERÊNCIAS

SAUAIA, A.C.A. *Gestão da estratégia: um guia prático. Manual do participante.* São Paulo: FEA/USP, 2007.

_____. *Laboratório de gestão: simulador organizacional, jogo de empresas e pesquisa aplicada.* 2.ed. Barueri: Manole, 2010.

Educação gerencial poética e sustentável
O jogo acabou?

Antonio Carlos Aidar Sauaia

O Jogo acabou?
Não basta saber!
Com o conhecimento
Há algo a fazer

Um caso intrincado
Descrito num texto
Foi apresentado
Só como pretexto

O grupo formado
Trouxe o desafio
Desorganizado
Está por um fio

Nos novos papéis
Residem conflitos
Com as teorias
Testamos os mitos

O tempo é escasso
Dados incompletos
De indagações
Estamos repletos

Qual é o problema?
É a questão-chave
Oportunidade, ou
Ameaça grave?

São muitas cabeças
Combinando dados
Na informação
Planos apoiados

O que vem primeiro?
O cenário externo
Descreve o tempero
Ao plano interno

Quais são os recursos?
Existem gargalos?
Tantas teorias
Vazando nos ralos

Cunhar uma hipótese
Rever três autores
Propor um problema
Testar os humores

Criar a estratégia
Na competição
Fazer e medir
Com sustentação

No indicador
Está o resultado
Maximizar TIR
E ser festejado

Não há perdedores
Neste ambiente
Praticar conceitos
Exercita a mente

O Jogo acabou?
Tremendo engano
Ele só começou
Revise seu plano

Não olhe pra fora
Pergunte por dentro
Qual é sua praia?
Qual é seu tormento?

Na próxima etapa
Com maturidade
A chance não escapa
Persiga a verdade

Seja na família
Seja na empresa
Viver vale a pena
Exige destreza

Encare um conflito
Questione um mito
Procure um amigo
O resto é contigo!

2

Organização: metas, estrutura e áreas funcionais

METAS DA ORGANIZAÇÃO

As organizações são orientadas para melhor aproveitamento dos recursos escassos e podem perseguir metas de duas naturezas:

- Orientação para resultados econômicos, com a finalidade de maximizar a riqueza de seus acionistas;
- Orientação para o bem-estar social e ambiental, apoiando as pessoas no resgate de sua dignidade como cidadãos. Mesmo essas organizações buscam maximizar sua riqueza para assegurar a sustentabilidade das metas sociais e ambientais.

O modelo econômico tradicional reconhece que uma decisão será lucrativa se produzir um dos resultados a seguir (McGuigan et al., 2004, p.7):

- Aumento de receita mais que de custos;
- Redução de alguns custos mais do que aumento de outros (para receita constante);
- Aumento de algumas receitas mais do que redução de outras (para custos constantes);
- Redução dos custos mais que da receita.

Apesar de simples, o modelo oferece ideias úteis para gerenciar a alocação eficiente dos recursos. Esse modelo limitado não leva em conta o fator tempo no processo de decisão nem o risco associado. Faz-se uso do modelo de maximização da riqueza do acionista para corrigir as imperfeições do modelo econômico usual.

A meta de maximização da riqueza dos acionistas indica que os gestores de uma organização devem maximizar o valor presente dos fluxos de caixa futuros esperados para os proprietários. De forma simplificada, pode-se considerar o fluxo de caixa como os lucros, para que o valor de uma ação seja igual ao valor presente de todos os lucros futuros esperados, descontados a uma taxa de retorno estabelecida. Os lucros podem permanecer na organização, reinvestidos em projetos, ou podem ser pagos aos acionistas na forma de dividendos.

O lucro, por sua vez, é igual à receita total (RT) menos os custos totais (CT). A receita é formada pela quantidade vendida (Q) multiplicada pelo preço unitário. Os custos são classificados em fixos (F) e variáveis (V), sendo estes o resultado da multiplicação do custo unitário variável pela quantidade ofertada (Q). Esse modelo integra as principais dimensões determinantes do valor de uma organização (Figura 2.1).

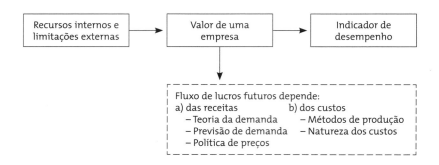

Fonte: Adaptada de McGuigan et al. (2004, p.9).

FIGURA 2.1 – Fatores determinantes do valor de uma empresa.

A avaliação por fluxo de lucros futuros, que tem um caráter contábil, difere conceitualmente da avaliação por fluxos de caixa futuros, que tem um caráter econômico. Os seguintes aspectos são considerados nesta última forma de avaliação:

- Inclui-se o custo de oportunidade do capital investido;
- Adotam-se métodos distintos para o cálculo da depreciação;
- Adotam-se métodos distintos para a avaliação dos estoques.

Maximizar a riqueza do acionista significa maximizar o valor presente dos fluxos futuros disponíveis aos proprietários, coerentemente com a maximização dos fluxos de lucros econômicos em lugar dos lucros contábeis.

Os gestores podem influenciar o valor, o momento no tempo e os riscos dos lucros esperados pela organização, observando e gerenciando diversos fatores. Os fatores relativos ao ambiente econômico estão fora do controle direto, mas têm impacto sobre as decisões econômicas e estratégicas. Portanto, tais fatores devem ser conhecidos e acompanhados, pois afetam as políticas da organização. As decisões econômicas podem ser facilmente enumeradas e os resultados estimados sem dificuldades nos seguintes casos:

- Nível ótimo de produção: capacidade de produção, horas normais, horas extras, turnos;
- Política de estoques otimizados, dados o padrão de vendas e os fatores de produção disponíveis;
- Escolhas entre meios alternativos para alcançar resultados desejáveis (comprar ou arrendar máquinas, obter capital próprio ou de terceiros para novos projetos).

O modo como as decisões são tomadas na prática, no entanto, diverge das recomendações dos economistas. Podem interferir nesse processo as limitações de competências a que estão sujeitos os gestores ou ainda seus interesses próprios, o que acaba por desviá-los das metas de otimização. Ao separar controle acionário da administração, a meta deixa de ser a otimização e passa a ser o atendimento simultâneo de um nível de satisfação aceitável de acionistas, gestores e outros *stakeholders*. A remuneração dos gestores passa a absorver parte dos lucros dos acionistas, o que estabelece o conflito de agência que se soma ao risco do próprio negócio e à sobrevivência no longo prazo. Os resultados desfavoráveis podem provocar demissão ou falência, enquanto os favoráveis podem levar ao sucesso e à geração de riqueza de forma sustentável.

Edward Altman (1997, p.401-431) desenvolveu uma fórmula para prever a tendência de uma organização falir, tomando por base a análise discriminante múltipla de 33 empresas fabricantes de produtos. Com o uso do Z de Altman, os investidores podem avaliar determinado negócio.

$$Z = 1{,}2x_1 + 1{,}4x_2 + 3{,}3x_3 + 0{,}6x_4 + 1{,}0x_5$$

Em que:

Z = índice total de saúde fiscal da organização ($-4 < Z < +8$);
x_1 = capital circulante dividido por ativo total;
x_2 = lucro retido dividido por ativo total;
x_3 = lucro antes de juros e impostos dividido por ativo total;
x_4 = valor de mercado do patrimônio líquido dividido pelo valor contábil da dívida total;
x_5 = valor das vendas dividido por ativo total.

Apesar de não ter um caráter gerencial, o índice Z sinaliza saúde organizacional, valores acima de 2,99 e problemas para valores abaixo de 1,81. Empresas cujo valor no índice Z estiver situado entre esses dois, encontram-se em situação duvidosa. Quanto mais próxima da falência estiver a organização, mais importante se torna esse indicador.

Para mensurar o sucesso organizacional de maneira mais ampla, a literatura especializada (Wheelen e Hunger, 1986, p. 29-33) oferece quatro famílias de indicadores financeiros cujo uso se faz necessário para um controle econômico da estratégia (Quadro 2.1).

QUADRO 2.1 – Índices financeiros.

ÍNDICES DE LIQUIDEZ	FÓRMULAS
Liquidez corrente	Ativo circulante/passivo circulante
Liquidez seca	(Ativo circulante-estoques)/passivo circulante
Estoques sobre capital circulante	Estoques/(ativo circulante – passivo circulante)
ÍNDICES DE RENTABILIDADE	**FÓRMULAS**
Margem líquida	Lucro líquido após IR/vendas líquidas
Margem bruta	(Vendas – custo do produto vendido)/vendas líquidas
Retorno sobre o investimento (ROI)	Lucro líquido após IR/ativo total
Retorno sobre o patrimônio líquido (ROE)	Lucro líquido após IR/patrimônio líquido
Lucro por ação (LPA)	(Lucro líquido após IR – dividendos preferenciais)/número médio de ações ordinárias em circulação
Produtividade dos ativos	(Receita bruta – impostos)/patrimônio líquido
ÍNDICES DE ATIVIDADE (OU GIRO)	**FÓRMULAS**
Giro do estoque	Vendas líquidas/estoques
Dias de estoque	Estoques/custo do produto vendido no período
Giro do capital circulante	Vendas líquidas/capital circulante líquido
Giro do ativo	Vendas/ativo total
Giro do imobilizado	Vendas/ativo fixo
Período médio de recebimento	Contas a receber/vendas anuais
Giro das contas a receber	Vendas anuais a crédito/contas a receber
Período médio de pagamentos	Contas a pagar/compras anuais
Giro do caixa	Caixa/vendas líquidas anuais
ÍNDICES DE ENDIVIDAMENTO (OU ALAVANCAGEM)	**FÓRMULAS**
Endividamento sobre o ativo	Passivo total/ativo total
Endividamento sobre o patrimônio líquido	Passivo total/patrimônio líquido
Endividamento de longo prazo sobre o patrimônio líquido	Passivo de longo prazo/patrimônio líquido
Passivo circulante sobre o patrimônio líquido	Passivo circulante/patrimônio líquido
OUTROS ÍNDICES	**FÓRMULAS**
Índice preço-lucro	Preço de mercado da ação/lucro por ação
Índice de pagamento de dividendos	Dividendos anuais por ação/lucros anuais por ação
Dividendos por ação ordinária	Dividendos anuais por ação/preço de mercado da ação
Fluxo de caixa por ação	(Lucro líquido + depreciação)/n° de ações em circulação

Fonte: Adaptado de Wheelen e Hunger (1986, p.29-33).

ESTRUTURA ORGANIZACIONAL E ÁREAS FUNCIONAIS

Grupo ou equipe? Quando o resultado final é maior que a simples soma dos esforços de cada área, está sendo criada uma sinergia positiva que agrega valor!

Composição da equipe

Os membros de cada grupo deverão atribuir a si papéis funcionais (diretores de planejamento, marketing, produção, recursos humanos, finanças e presidente). Fica a critério de cada equipe e seus integrantes o exercício específico das funções de seus respectivos cargos. Vale lembrar que a divisão do trabalho de Adam Smith (1991) proposta desde 1776 mostrou que pode tornar os processos mais eficazes!

A estrutura organizacional é geralmente definida por comunicação, autoridade e fluxo de tarefas. Trata-se de um arranjo formal de papéis e relacionamentos de pessoas que trabalham para atingir metas comuns, as quais são orientadas pela missão e pela visão. A cadeia de comando é geralmente descrita na forma gráfica de um organograma. Dentre uma grande variedade de possíveis combinações, a estrutura pode ser representada segundo as seguintes categorias (Wheelen e Hunger, 1986, p.110-133): simples, funcional, divisional, matricial e conglomerado.

Pequenas empresas operam segundo estrutura simples, sem diferenciação lateral de categorias de produtos ou serviços. A estrutura funcional divide o trabalho em subunidades associadas às funções de produção, finanças e vendas. Apoia-se na vantagem extraída dos especialistas quando estes lidam com processos complexos de produção ou vendas. Entretanto, demanda aporte de energia na coordenação das atividades. Estruturas funcionais muito verticalizadas na sua comunicação tornam-se inflexíveis ante mudanças ambientais, mas são eficazes quando operam em ambiente estável sem a exigência de previsibilidade.

A estrutura divisional exige um nível adicional de gestores para chefiar as divisões, localizados entre a alta gerência e os gerentes funcionais. As funções são formadas em torno dos produtos, dos clientes ou de territórios. Grupos organizacionais compostos por segmentos produto-mercado discretos ou independentes levaram à adoção das Unidades Estratégicas de Negócios (UEN), que podem ter qualquer tamanho ou estar em qualquer nível organizacional. Devem ter necessariamente: missão distinta, concorrentes declarados, foco mercadológico externo e controle das funções de seu negócio.

A estrutura matricial combina, no mesmo nível da corporação, as áreas funcionais e divisionais. Os colaboradores têm dois chefes diretos – um gerente de projeto e um gerente funcional – que costumam ser alocados em base temporária nas unidades de projetos. Essa estrutura é particularmente sujeita aos conflitos em torno das tarefas, da autoridade e alocação de recursos, mas muito útil quando o ambiente externo (tecnologia ou aspectos mercadológicos) é muito complexo e altamente mutável.

Os conglomerados representam uma variação da estrutura divisional organizada por produtos e representam uma combinação de organizações que operam diferentes produtos em diferentes mercados, mas que atuam conjuntamente sob o mesmo comando.

A cultura que se forma em torno da estrutura organizacional baseia-se em crenças, expectativas e valores compartilhados entre os membros e transmitidos de uma geração para outra. Criam-se normas e rotinas (regras de conduta) que descrevem comportamentos aceitáveis desde o topo até a base da organização. A cultura preenche funções importantes, como:

- Estabelecer um senso de identidade para os colaboradores;
- Gerar comprometimento dos empregados com algo maior que eles;
- Agregar estabilidade à organização como um sistema social;
- Operar para os empregados como um quadro de referência fora da organização e um guia para um comportamento apropriado.

Os recursos das organizações são fundamentais para a elaboração de uma estratégia, e geralmente são considerados em termos financeiros, físicos e humanos, dos sistemas organizacionais e das capacidades tecnológicas. Tais recursos devem ser auditados com frequência para identificar os pontos dinamicamente fortes e fracos. Deve-se buscar as contribuições de cada área funcional, incluindo a habilidade de formular, implementar e controlar os objetivos, as políticas, as estratégias e a capacidade analítica para criar e controlar um orçamento de metas a perseguir. Dentre as técnicas analíticas que podem ser aplicadas, mencionam-se: posicionamento de mercado, ciclo de vida do produto, orçamento de capital, alavancagem financeira, competência tecnológica, alavancagem operacional, análise da curva de experiência, análise de cargos e funções, sistemas de apoio a decisões.

Não se trata simplesmente de aplicar tais técnicas, tarefa trivial e mecânica que qualquer gestor pode tentar. Trata-se de extrair delas resultados superiores por meio do uso responsável, oportuno, coerente e consistente, agregando valor econômico sustentável com arte para aumentar a probabilidade de sucesso das apostas estratégicas.

PLANEJAMENTO

Antes de resolver um problema, leia-o!

O maior desafio que os gestores enfrentam é o da administração estratégica. Conduzir uma organização complexa em ambiente dinâmico e de mudanças rápidas requer os melhores julgamentos. As questões de administração estratégica são invariavelmente ambíguas e desestruturadas, e o modo como a administração responde a elas determina se a organização será bem-sucedida ou não. A administração estratégica envolve três níveis de análise:

- *Macroambiente*: forças político-legais, econômicas, sociais e tecnológicas;
- *Microambiente*: ameaças de entrada, poder de barganha dos compradores, poder de barganha dos fornecedores, intensidade da rivalidade entre concorrentes existentes;
- *Organização*: aspectos e variáveis internas da organização, tais como recursos da empresa (materiais e humanos), missão, visão e objetivos organizacionais.

A análise dos dois primeiros níveis permite caracterizar as ameaças e oportunidades observadas, dados externos à organização. O terceiro nível (organização) permite caracterizar os pontos fortes e fracos internos à empresa. O planejamento estratégico é uma importante ferramenta de gestão. Trata-se de uma técnica administrativa em que se procura ordenar as ideias das pessoas, de forma que se possa criar uma visão do caminho que se pretende seguir (estratégia).

Componentes do planejamento estratégico

- *Missão organizacional*: define o propósito fundamental e único que a organização tenta seguir; identifica seus produtos ou serviços, mercado e clientes. A declaração de missão vai além de definir seus produtos e clientes. Contém um esboço de seus valores e crenças que serão usados para atingir a missão;
- *Objetivos*: são os resultados qualitativos para os quais todas as atividades organizacionais são direcionadas;
- *Identificação de alternativas estratégicas*: o planejamento estratégico deve considerar variáveis que afetam a organização, interna e externamente, com base em quatro áreas de análise: fatores organizacionais internos, perfil da indústria, ambiente atual e futuro.

Modelo das cinco forças de Porter

O modelo de Michael Porter (2004) envolve a interação de cinco forças competitivas: 1. poder de negociação dos fornecedores, 2. poder de negociação dos compradores (clientes), 3. ameaça de produtos substitutos, 4. ameaça de entrada de novos participantes e 5. competição entre as empresas da indústria.

A ação exercida pelas forças competitivas determina a lucratividade da indústria, pois elas influenciam preço, custos e investimentos, fatores básicos para a rentabilidade.

A importância dos fatores de produção define a estrutura de uma indústria e também a intensidade das forças competitivas, que variam de uma indústria para outra, podendo modificar-se à medida que estas evoluem.

Essa análise permite a execução de um plano de ação que irá determinar o comportamento da empresa no ambiente competitivo, por meio de três posturas não excludentes:

- Busca de novo posicionamento, defendendo-se contra as forças competitivas ou descobrindo posições nas quais elas são mais fracas;
- Ação mais ofensiva que altera as causas das forças competitivas e influencia no equilíbrio destas;
- Antecipação das mudanças nos fatores subjacentes às forças, antes mesmo do reconhecimento dos concorrentes.

O entendimento da estrutura industrial amplia a capacidade competitiva da empresa, pois faz reconhecer que a competição se dá também com clientes e fornecedores pelo poder de negociação, atentando-se para a entrada de novos competidores e produtos substitutos na indústria.

Cadeia de valor

A cadeia de valor designa a série de atividades relacionadas e desenvolvidas pela empresa para satisfazer as necessidades dos clientes, desde as relações com os fornecedores e ciclos de produção e venda até a fase da distribuição para o consumidor final. Cada elo dessa cadeia de atividades está ligado ao elo seguinte. Essa abordagem popularizada por Porter (2004) permite decompor as atividades que formam a cadeia de valor em primárias e de suporte.

Uma empresa é composta por uma série de processos internos, portanto as vantagens competitivas dependem de cada processo. A cadeia de valor é um instrumento analítico para avaliar processos internos de uma empresa. Além de avaliar cada processo interno, temos também que nos preocupar em identificar e avaliar as correlações (elos) entre as atividades que compõem a empresa.

As atividades principais na cadeia de valor são:

- *Logística interna*: as atividades relacionadas com recebimento dos insumos, armazenagem, estocagem e transporte;
- *Operações*: manipulação da matéria-prima para sua transformação em produtos e serviços por meio dos processos internos da organização;
- *Logística externa*: é o canal de distribuição do produto;
- *Marketing e vendas*: oferecimento do produto aos compradores;
- *Serviços*: agregação de valor ao produto oferecido. Refere-se a qualquer tipo de serviço pós-vendas (assistência técnica, garantia ou manutenção, por exemplo).

As atividades de apoio na cadeia de valor são:

- *Infraestrutura da empresa*: inclui a gerência geral e a rede de relacionamentos da empresa, além de abranger a questão da qualidade do produto;

- *Gerência de RH*: afeta a vantagem competitiva em qualquer empresa, mediante seu papel na determinação das qualificações e motivação dos empregados e dos custos de contratação e treinamento;
- *Desenvolvimento de tecnologia*: todo o investimento realizado em tecnologia que estará diretamente associado à otimização do processo de produção e, ao final da cadeia de valores, ao próprio bem ou serviço;
- *Aquisição*: diz respeito a toda compra de insumos e fatores para a produção do bem que será vendido.

Depois de ordenar as ideias, são coordenadas ações para implementação do plano estratégico tal que, sem desperdício, caminhe-se na direção pretendida.

O estudo de estratégia das organizações pode ser conduzido sob a ótica de diferentes teorias. Pode-se analisar estratégia de acordo com a perspectiva matemática proposta pela teoria dos jogos, identificando-se a lógica das escolhas em situações que envolvem concorrência. Pode-se estudar estratégia sob a ótica da psicologia, examinando motivações e comportamentos dos indivíduos que tomam decisões em busca de resultados para as organizações. Pode-se ainda adotar a perspectiva organizacional, a da ciência política ou ainda a antropológica. A vantagem da abordagem econômica (Besanko et al., 2004, p.3-4) é que o analista deve ser explícito, em amplitude e profundidade, quanto aos elementos-chave do processo estudado, ao propor modelos que identifiquem com clareza:

- *Tomadores de decisões*: quem são os jogadores?
- *Metas a serem perseguidas*: lucros econômicos ou benefícios sociais?
- *Escolhas*: que ações e que variáveis estratégicas devem ser consideradas?
- *Relações de causa e efeito entre escolhas e resultados*: estão sujeitas à incerteza?

A modelagem econômica tem a propriedade de abstrair a complexidade enfrentada por indivíduos e firmas para entender as razões da lucratividade e do sucesso mercadológico. Mais que apenas observar e imitar o sucesso de firmas bem-sucedidas, com a perspectiva econômica busca-se identificar um conjunto de princípios subjacentes ao comportamento das empresas que apoie o gestor na formulação das escolhas que não podem esperar. Apesar de suas qualidades, a modelagem econômica se sujeita a inúmeras imperfeições em decorrência de erros de análise, dos fatores históricos, políticos e organizacionais. Nos problemas de estratégia, existem algumas características peculiares:

- Uma finalidade, distinta daquela dos problemas lógicos, é vencer um enfrentamento com determinados oponentes;
- Um conflito de vontades: não se pode satisfazer simultaneamente a todos;
- Imprevisibilidade nas ações e reações de oponentes inteligentes e criativos.

Não se trata de uma vitória utópica por todo o tempo. Pode ser estratégico postergar uma disputa diante de condições desfavoráveis. Mesmo Davi, ao decidir enfrentar Golias, não sabia se esta seria uma decisão acertada, senão depois de executá-la. O gestor oscila entre a certeza das decisões lógicas e a dúvida ou incerteza das decisões estratégicas, ante a finalidade de vencer os conflitos de vontade e gerar os resultados esperados (Quadro 2.2).

QUADRO 2.2 – Contraponto entre o raciocínio lógico e o estratégico.

RACIOCÍNIO LÓGICO SOB CERTEZA	RACIOCÍNIO ESTRATÉGICO SOB INCERTEZA
Enfatiza os aspectos internos	Enfatiza os aspectos externos e os oponentes
Otimização dos recursos até o limite, sem desperdícios	Desperdícios estratégicos são tolerados como reserva de recursos para ação flexível
Interesse por coisas já testadas	Inovações para uso imediato: efeito surpresa Pela estratégia, só se sabe o resultado *a posteriori*
Pela lógica, acerta-se ou se erra	Proteger seus pontos vulneráveis Localizar ponto vulnerável dos oponentes Informar-se sobre ações e intenções dos concorrentes Ter visão de futuro Avaliação realista (evitar "o meu é o melhor") Colocar-se no papel do oponente Ter criatividade própria ou captada Ter senso de oportunidade Vantagem competitiva com foco total

Fonte: Adaptado de Zaccarelli (2005, p.204-208).

Gestão da estratégia

Uma ferramenta que vem ganhando espaço entre as empresas orientadas para resultados é o *Balanced Scorecard* (BSC). Criado por Kaplan e Norton no início da década de 1990, o BSC é um conjunto de indicadores que proporciona aos gerentes uma visão rápida e abrangente de toda a empresa. O BSC inclui indicadores financeiros que mostram o resultado das ações do passado e os complementam com indicadores de atividades que impulsionam o desempenho financeiro para o futuro, tais como indicadores operacionais relacionados à satisfação dos clientes, aos processos internos e à capacidade da organização de aprender e melhorar.

O BSC fornece respostas a quatro questões básicas:

- Como parecemos para os acionistas? (perspectiva financeira);
- Como os clientes nos veem? (perspectiva do cliente);
- Em que devemos ser excelentes? (perspectiva interna);
- Seremos capazes de continuar melhorando e criando valor? (perspectiva de inovação e aprendizado).

Os indicadores quantitativos em cada uma das quatro perspectivas possibilitam a gestão objetiva e eficiente da estratégia. Tais indicadores visam atender aos grupos de interesses e perpetuar a organização.

Responsabilidades no jogo de empresas

Análise histórica, acompanhamento da conjuntura, da indústria, do consumidor e previsões e projeções.

Variáveis no jogo de empresas de monitoramento do ambiente

a) Índice Geral de Preços (IGP): indica a evolução do poder de compra da moeda; o índice diminui quando há deflação e aumenta quando há inflação;

b) Índice de Variação Estacional (IVE): indica o desenho da curva sazonal, associada às condições climáticas das estações do ano ou ao comportamento espontâneo do mercado consumidor em decorrência de datas comemorativas;

c) Índice de Atividade Econômica (IAE): indica o volume de Produção Interna (PIB), o comportamento da massa salarial paga e que irá tornar-se renda e, finalmente, consumo.

Teste seu conhecimento (Vide p.56-58):

PLANEJAMENTO

a) Os relatórios gerenciais referem-se a que período (quantos meses)?

b) Qual é a relação entre índice de preços e taxa anual de inflação?

c) Explique o significado do Índice de Variação Estacional.

d) Que indicação é fornecida pelo Índice de Atividade Econômica?

MARKETING

Mesmo que tenhamos um bom produto em quantidade para atender o mercado, mais importante é sabermos o que desejam os nossos clientes a cada momento!

As empresas de hoje devem urgente e criticamente repensar sua missão de negócio e estratégias de marketing. Em vez de operarem em um mercado formado por concorrentes fixos e desconhecidos e de consumidores com preferências estáveis, devem trabalhar em uma área de grande competição com concorrentes, avanços tecnológicos, novas legislações, políticas protecionistas rapidamente mutantes e diminuição da lealdade do consumidor.

Para Kotler (1996), marketing é um processo social e gerencial em que indivíduos e grupos obtêm o que necessitam e desejam pela criação, oferta e troca de produtos de valor. A estratégia deve ser transformada em programas para a tomada de decisões básicas sobre os gastos, o composto (os quatro Ps) e a alocação de esforços de marketing. A empresa deve decidir como dividir o orçamento total entre as várias ferramentas do composto de marketing, um dos conceitos-chave da moderna teoria de marketing, que a empresa usa para atingir seus objetivos no mercado-alvo.

A ferramenta clássica é chamada de "quatro Ps" do marketing:

- *Produto*: ferramenta mais básica do composto de marketing, que representa a oferta tangível da empresa para o mercado, incluindo qualidade, design, características e atributos, estilo, marca, embalagem, tamanhos, garantias, assistência técnica e devoluções;
- *Preço*: quantidade de dinheiro que os consumidores têm que pagar pelo produto. Inclui preços de lista, descontos, prestações, prazo de pagamento e condições de crédito. O preço deve ser compatível com o valor percebido da oferta ou os consumidores procurarão os concorrentes;
- *Praça (ou pontos de venda)*: envolve as várias atividades da empresa para tornar o produto acessível e disponível aos consumidores. Inclui canais, cobertura, sortimento, localizações, estoque e transporte;
- *Promoção*: trata das várias atividades da empresa relativas à comunicação de seus produtos ao mercado-alvo. Inclui promoção de vendas, propaganda, força de vendas, relações públicas, marketing direto e ações pela internet.

Uma das questões-chave no marketing é analisar e estimar ao longo do tempo a demanda por produtos, algo que varia constantemente segundo variáveis externas e internas à empresa.

A função abaixo ilustra a relação entre demanda e as variáveis independentes:

$$Qd = f(P_x, A_x, D_x, O_x, I, T, E, P_y, A_y, D_y, O_y, G, N, W, ...)$$

Em que:

Qd = quantidade demandada do produto x;
P_x = preço do produto x;
A_x = promoção do produto x;
D_x = design e qualidade do produto x;
O_x = pontos de distribuição do produto x;
I = nível de renda dos consumidores;
T = gosto e preferências dos consumidores;
E = expectativa de consumo futuro;
P_y = preço de produtos substitutos;
A_y = promoção de produtos substitutos;

D_y = design e qualidade de produtos substitutos;
O_y = pontos de distribuição de produtos substitutos;
G = política governamental;
N = número de habitantes em uma economia;
W = condições climáticas.

As variáveis endógenas P_x, A_x, D_x, O_x são variáveis controláveis (representam os quatro Ps da empresa). As demais variáveis exógenas não são controláveis, ou seja, estão fora do alcance da empresa. Um dos grandes desafios é prever a demanda da empresa. As análises envolvidas são:

- Haverá excesso de demanda (reprimida) ou de oferta (estoque de produtos)?
- Como mensurar a participação do mercado da empresa?
- O mercado como um todo está crescendo, estabilizado ou em declínio?
- Que política de preços adotar?

Os gastos com propaganda e comissões são variáveis-chave para a área de marketing. Conhecer como tais gastos influenciam a demanda é de suma importância para a empresa, além do investimento em P&D, que leva a produtos melhores e processos mais eficazes.

Responsabilidades no jogo de empresas

Administrar a demanda, estimulando-a quando estiver baixa e limitando-a quando for demasiada. Além disso, devem-se buscar: equilíbrio entre oferta e demanda, produto de qualidade adequada, imagem de empresa confiável e políticas orientadas para o mercado.

Variáveis de decisão no jogo de empresas

Apropriando-se do conceito de produto ampliado (elementos tangíveis + elementos intangíveis), os 4Ps tornam-se três. Assim se estabelece um posicionamento estratégico frente ao mercado (escolha do cliente) a partir de três ações: dimensionam-se os esforços no canal de comercialização (antes da venda: propaganda e distribuição; durante a venda: pontos de venda e atendimento; após a venda: assistência técnica); implementam-se melhorias tecnológicas, no produto tangível e no processo de fabricação.

Por fim, define-se uma política coerente de preços que fidelize o cliente.

Teste seu conhecimento:

MARKETING

a) Quais são as variáveis controláveis que afetam o mercado potencial?
b) Quais são as variáveis não controláveis que afetam o mercado potencial?
c) Qual é a faixa máxima do preço do produto?
d) A curva de rendimentos decrescentes se aplica a que variáveis mercadológicas?
e) Quais são os efeitos da variação do preço sobre a demanda, no tempo?
f) Quais são os efeitos da variação de marketing sobre a demanda, no tempo?
g) Quais são os efeitos da variação de P&D sobre a demanda, no tempo?
h) Qual é a diferença entre mercado potencial e volume de vendas?

PRODUÇÃO

Produzir, somente, não basta. Temos de fazê-lo com um mínimo de recursos e o máximo de resultados!

Para alcançar o êxito, as empresas precisam direcionar seus esforços para satisfazer seus clientes de forma completa. Num cenário competitivo, destacam-se as empresas que aplicam a filosofia de excelência operacional. Para tanto, é necessário que demonstrem competência em quatro dimensões: preço, qualidade, confiabilidade e flexibilidade.

No início da década de 1970, Eliyahu Goldratt, físico israelense, preocupou-se com as seguintes indagações:

- Qual é a meta da empresa?
- Por que os sócios ou acionistas investiram ou investem seu dinheiro na empresa?
- O que esperam receber em troca?

Goldratt e Cox (2003) concluíram que a meta da empresa é gerar riqueza para seus proprietários, ou seja, a meta da empresa é ganhar dinheiro.

Considerando-se que tudo na empresa é realizado por meio de processos, os quais são definidos como sequências de atividades, em todo processo, como numa corrente, sempre há um elo mais fraco que determina a resistência do conjunto. As restrições são os elos mais fracos do sistema produtivo.

As restrições podem ser internas – impedem maior produção, como as limitações de máquinas, equipamentos ou disponibilidade de funcionários – ou podem ser externas – impedem maior volume de vendas. Geralmente estão relacionadas com demanda, concorrência e preço de venda, entre outros aspectos.

A teoria das restrições (Goldratt e Cox, 2003) estabelece os seguintes passos:

1. Identificar a restrição: a restrição é interna, quando não há capacidade para produzir tudo o que o mercado está disposto a comprar. Assim, deve-se identificar qual dos recursos é mais escasso e constitui a restrição;
2. Explorar a restrição: significa aplicar seus recursos na produção do bem que melhor ganho apresenta na utilização dos recursos da restrição;
3. Subordinar o nível de atividade ao limite máximo da restrição;
4. Gerenciar a restrição: evitar qualquer perda de recursos da restrição;
5. Após eliminar essa restrição, surgirá uma nova, portanto volte ao passo 1.

Outra filosofia aplicável é a da excelência operacional, que está apoiada sobre três pilares básicos (Slack et al., 2002):

- Fazer as coisas certas na primeira vez;
- Rápida preparação das máquinas e das células de produção;
- Envolvimento das pessoas.

Tais pilares básicos levam a empresa ao contínuo aperfeiçoamento e à eliminação de desperdícios.

Uma abordagem muito utilizada é a análise custo-volume-lucro (CVL). Os gestores classificam os custos como fixos ou variáveis quando tomam decisões que afetam o volume de produção. Estudam os efeitos do volume de produção nas receitas, despesas e no resultado. A análise básica de

CVL calcula o ponto de equilíbrio como uma quantidade de unidades a produzir e vender. Ponto de equilíbrio é o nível de vendas no qual a receita se iguala às despesas, e, portanto, o lucro é zero (equilíbrio), conforme a fórmula a seguir:

$$\text{Ponto de equilíbrio} = \frac{\text{custos + despesas fixas}}{\text{margem de contribuição}}$$

$$\text{margem de contribuição} = \text{preço - custo variável unitário}$$

Esse ponto de equilíbrio é o contábil. Há o ponto de equilíbrio econômico que é obtido somando-se aos custos e às despesas fixas a rentabilidade exigida do patrimônio líquido, em termos monetários.

Outro conceito de interesse é a margem de contribuição, isto é, o preço unitário menos o custo variável unitário de uma unidade de produto. Dividindo-se o custo fixo pela margem de contribuição, encontramos a quantidade de equilíbrio.

A administração de estoques tem também sua importância para a produção. Há diversas técnicas para administrar eficientemente o estoque de uma empresa. As mais utilizadas são:

1. *Modelo de lote econômico*: quantidade ótima a ser pedida de itens estocados, que considera vários custos associados a estoques para depois determinar o tamanho do pedido que minimize o total desses custos;

$$\text{Lote econômico} = -\sqrt{2 \times S \times O/C}$$

Em que: S = consumo em unidades por período;
O = custo de pedido, por pedido;
C = custo de carregamento por unidade e por período.

2. *Sistema Just-in-time*: minimiza o investimento em estoques e os custos associados. Os materiais chegam à empresa exatamente no momento em que são necessários na produção;
3. *Sistema ABC*: dividem-se os estoques em três grupos: A, B e C. O grupo A representa os itens com o maior investimento em valor monetário; esse grupo compreende 20% dos itens estocados, mas representa 80% do investi-

mento em estoques. Os itens do grupo B representam o segundo maior volume de investimentos em estoques. O grupo C é formado por um grande número de itens (60%) que exigem investimento relativamente pequeno;
4. *Sistema de planejamento de necessidades de materiais (MRP)*: aplica conceitos do modelo de lote econômico e, com apoio de computador, simula as necessidades de materiais, a situação do estoque e o processo de fabricação de cada produto.

Conceito de oferta

Oferta é um conjunto de atributos tangíveis e intangíveis que proporciona benefícios reais ou percebidos com a finalidade de satisfazer as necessidades e os desejos do consumidor.

Níveis da oferta

Quando se planeja a oferta de um produto ao mercado, deve-se pensar em cinco níveis. Cada nível agrega mais valor para o cliente, e todos constituem uma hierarquia de valor.

- *Benefício central*: é o nível mais fundamental, trata-se do benefício ou serviço "fundamental" que o cliente está realmente comprando;
- *Genérico ou básico*: o profissional de marketing deve transformar o benefício central em um produto básico;
- *Esperado*: ao prepararmos um produto esperado, agregamos uma série de atributos e condições que os compradores normalmente esperam ao comprá-lo;
- *Ampliado*: nesse caso, excedemos as expectativas do cliente;
- *Potencial*: abrange todas as transformações a que o produto deve ser submetido no futuro. É nesse nível que as empresas procuram novas maneiras de satisfazer seus clientes e diferenciar a oferta de seus produtos e serviços.

Responsabilidades no jogo de empresas

Atender a área de vendas com agilidade e volume adequados. Buscar permanentemente: baixos custos diretos e indiretos, processos modernos e competitivos, capacidade adequada ao mercado, manutenção ajustada à produção.

Variáveis de decisão no jogo de empresas

Programar produção, dimensionar capacidade da planta, dimensionar estoques de matéria-prima e inovar o processo produtivo.

A área de produção tem como objetivos, no simulador, analisar e tomar decisões com relação à programação de produção, ao dimensionamento da capacidade da planta, dos estoques de matéria-prima e de produtos acabados, e à inovação no processo produtivo. Para tanto, é imprescindível conhecer a estrutura de custos da empresa e as maneiras de modificar tal estrutura, ajustando a produção às condições de mercado de maneira eficiente.

O Demonstrativo das Operações oferece informações importantes no auxílio à tomada de decisões de produção. Entendê-lo é fundamental. Ao compararmos o valor do mercado potencial (total de pedidos de minha empresa no período) com o valor das vendas no período, percebemos se a oferta de produtos (produção mais estoque de produtos acabados) atendeu à demanda. Geralmente, a oferta difere da demanda, o que implica algum tipo de ineficiência seja na falta, seja no excesso de produtos. Decorrem daí custos operacionais a serem minimizados na empresa. Estoques elevados implicam custos de estocagem proporcionais. A capacidade da planta fabril é apresentada ao final do período, incorporando a depreciação e eventual ampliação para o período seguinte.

Teste seu conhecimento:

PRODUÇÃO

a) Quais são, ao longo do tempo, os outros efeitos de P&D sobre a eficiência fabril?
b) Quais são os efeitos da variação da manutenção sobre a eficiência?
c) Como proceder à compra de equipamentos para aumentar a produção?
d) Como proceder à compra de matéria-prima para a produção?
e) Como programar a produção com base em recursos escassos?
f) Quais são as restrições para estocar matéria-prima?
g) Quais são as restrições para estocar produtos acabados?
h) Como controlar as despesas de administração?
i) Como controlar os custos diretos de fabricação?

RECURSOS HUMANOS

Há algo mais estratégico do que disponibilizar pessoal qualificado e motivado, criando uma adequada política de compensação?

A área de recursos humanos (RH) é muito sensível à mentalidade que predomina nas organizações, por isso ela é contingencial e situacional. Depende da cultura que existe em cada organização. Depende também da estrutura organizacional adotada. Mais ainda, depende das características do contexto ambiental, do negócio da organização, das características internas, das suas funções, dos processos e de outras variáveis importantes.

A área de RH produz profundos impactos nas pessoas e nas organizações. A maneira de lidar com as pessoas, de buscá-las no mercado, de integrá-las e orientá-las, de fazê-las trabalhar, de desenvolvê-las, de recompensá-las ou monitorá-las e controlá-las, ou seja, a qualidade da forma como as pessoas são geridas na organização é um aspecto crucial na competitividade organizacional. O ciclo da gestão de pessoas se fecha em cinco processos básicos, conforme mostra o Quadro 2.3.

QUADRO 2.3 – Ciclo de gestão de pessoas.

PROCESSO	OBJETIVO	ATIVIDADES ENVOLVIDAS
Provisão	Quem irá trabalhar na organização?	Pesquisa de mercado de RH Recrutamento e seleção de pessoas
Aplicação	O que as pessoas farão na organização?	Integração de pessoas Desenho de cargos Avaliação de desempenho
Manutenção	Como manter as pessoas trabalhando na organização?	Remuneração e benefícios Higiene e segurança do trabalho Relações sindicais
Desenvolvimento	Como preparar e desenvolver as pessoas?	Treinamento Desenvolvimento organizacional
Monitoramento	Como saber quem são e o que fazem as pessoas?	Banco de dados Controles e frequência Sistemas de informação

Fonte: Adaptado de Ulrich (1982).

Este quadro também se refere às políticas de recursos humanos com as quais a organização pretende lidar com seus membros e por intermédio deles atingir os objetivos organizacionais, permitindo condições para o alcance dos objetivos individuais. Cada organização desenvolve a política de recursos humanos mais adequada à sua filosofia e às suas necessidades.

Dave Ulrich (1982) propôs quatro tarefas principais para o RH, com base nas quais a empresa poderia atingir a excelência organizacional:

- Tornar-se um parceiro na execução de estratégias;
- Tornar-se um especialista na organização e na execução do trabalho;
- Tornar-se defensor dos funcionários;
- Tornar-se um agente de mudança contínua.

Cumprindo esse plano, qualquer um envolvido nas atividades de RH poderia ajudar a empresa a melhor servir de maneira concreta seus clientes e aumentar o valor para os acionistas.

Gerenciamento do clima

O clima organizacional refere-se ao ambiente interno que existe entre os participantes de uma empresa e está relacionado com o grau de motivação de seus participantes. Ele é a qualidade do ambiente organizacional percebida ou experimentada pelos participantes da empresa e influencia o seu comportamento. O clima trata especificamente das propriedades motivacionais da organização, ou seja, daqueles aspectos internos da empresa que levam ao surgimento de diferentes espécies de motivação nos seus participantes.

Os efeitos do clima sobre o desempenho ocorrem sobre:

- Clareza dos objetivos da organização;
- Clareza na identificação das prioridades de trabalho;
- Equilíbrio na dedicação ao trabalho;

- Integração com o pessoal de outras áreas;
- Eficiência nos serviços prestados;
- Atitudes dos superiores;
- Capacidade de orientação;
- Qualidade na comunicação;
- Ambiente de amizade e bom relacionamento;
- Conhecimento da empresa, do mercado e dos clientes (Vergara, 2000).

Responsabilidades no jogo de empresas

No simulador, a área de RH tomará decisões quanto aos regimes de trabalho (horas normais e extras), para cada turno de trabalho. Analisará também os efeitos de ativar e desativar turnos com relação a seleção, contratação e treinamento de pessoal ou rescisão contratual, férias e 13º salário proporcional. Tais efeitos geram uma despesa indireta para a empresa de $ 100.000. A área de RH deve trabalhar em sintonia com a área de produção, a fim de quantificar os custos e as despesas incorridas para cada mudança na programação da produção. É necessário zelar pela gestão de pessoas na organização de modo a proporcionar a elas um grupo motivado, eficiente e eficaz. Para isso, deve-se:

a) Estabelecer políticas de remuneração fixa e variável, contratação, treinamento e turnos;
b) Analisar custos dos regimes de trabalho da fábrica (horas extras ou turnos);
c) Cuidar da satisfação e do equilíbrio das relações interpessoais e da qualidade de vida no trabalho.

Variáveis de decisão no jogo de empresas

Estabelecer o regime de trabalho adequado e sustentável, estabelecer e gerenciar a remuneração quando for explicitada, examinar e sugerir os regimes de trabalho mais eficientes (1, 2 ou 3 turnos, com ou sem horas extras), influenciar os gestores da empresa, interagir com as demais empresas do setor e articular negociações quando houver interesse de promover negociações trabalhistas, entre outras.

Teste seu conhecimento:

RECURSOS HUMANOS

a) Estocar produtos acabados ou fazer horas extraordinárias?
b) Quais são os modelos organizacionais que podem ser adotados pelos grupos?
c) Qual estilo de liderança é apropriado: autocrático, democrático, consensual, liberal?
d) Como administrar os conflitos interpessoais: argumentação ou força?
e) Aumentar a renda do trabalhador empregado com horas extras ou contratar novos turnos para distribuir renda e gerar impacto social mais abrangente?

FINANÇAS

Quais projetos posso conseguir para defender-me dos custos de oportunidade?

Na gestão de uma empresa, o administrador financeiro precisa encontrar respostas para três tipos de perguntas importantes:

1. Como podem ser levantados os recursos para os investimentos escolhidos? *(Essa é a decisão de financiamento).*
2. Que investimentos em longo prazo a empresa deve fazer? *(Essa é a decisão de investimento).*
3. Como a empresa deve gerir suas atividades financeiras no dia a dia assegurando uma boa política de dividendos? *(Esta é a decisão de financiamento em curto prazo, a administração do capital de giro e distribuição de lucros).*

O gestor financeiro toma muitas decisões com relação a investimentos: aumento da planta, abertura de um novo turno, lançamento de uma melhoria no produto/serviço e aquisição de insumos. A gestão financeira oferece algumas ferramentas para avaliação de investimentos e as mais utilizadas são: período de retorno do investimento (*payback* – simples e descontado), taxa interna de retorno (TIR) e valor presente líquido (VPL).

O cálculo do *payback* mostra-se extremamente simples e fácil de realizar. Apesar disso, alguns autores apontam uma superioridade do VPL, baseada na utilização de todos os fluxos de caixa futuros do projeto, assegurando um desconto mais correto. A TIR, também conhecida como taxa de retorno do acionista, indica o fluxo de caixa do investidor: positivo, quando recebe os dividendos, e negativo, ao aportar capital adicional em chamadas de capital próprio.

Em quase todas as análises de investimentos o componente *risco* está presente. Mensurar o risco é um dos grandes desafios da moderna teoria de finanças. A ferramenta mais utilizada para análise de risco e retorno de um ativo é o *Capital Asset Pricing Model* (CAPM). O retorno esperado de um ativo é igual à taxa livre de risco mais alguma compensação pelo risco inerente do mercado.

Quanto à estrutura de capital, quando há imposto de renda a pagar, o valor da empresa é uma função crescente com o grau de endividamento, estando positivamente relacionado. Isso significa que as empresas devem ter uma estrutura de capital composta também por capital de terceiros. Na prática, as empresas escolhem níveis moderados de endividamento em razão de custos como: custos de falência, incentivo a aceitar projetos arriscados distribuição de fundos aos acionistas antes da falência e honorários de advogados.

A principal preocupação, nas finanças em curto prazo, está ligada às atividades operacionais e financeiras da empresa. Numa empresa de transformação, tais atividades podem envolver:

1. *Compra de matérias-primas:* quanto, quando e onde comprar?
2. *Pagamento de contas à vista:* tomar emprestado ou usar o saldo de caixa?
3. *Fabricação do produto:* que tecnologia de produção deve ser usada?

Essas atividades geram entradas e saídas de caixa. Tais fluxos de caixa podem não ser sincronizados, impondo incerteza. Este é o grande desafio da gestão do caixa no curto prazo.

Uma forma de analisar a saúde financeira da empresa é por meio da análise de demonstrações contábeis e financeiras. Com base nelas, pode-se calcular índices capazes de sinalizar algo a respeito de cinco áreas de desempenho financeiro:

1. *Solvência em curto prazo*: capacidade de pagamento de obrigações da empresa;
2. *Atividade*: capacidade de operar os investimentos em ativos, evitando ociosidade;
3. *Endividamento*: proporção na qual a empresa faz uso de recursos de terceiros;
4. *Rentabilidade*: resultados produzidos a partir do investimento inicial;
5. *Valor*: o valor da empresa percebido pelos grupos de interesses.

Responsabilidades no jogo de empresas

A área de finanças estará encarregada de administrar o caixa, atender aos orçamentos das demais áreas funcionais (planejamento, marketing, operações, recursos humanos, *chief executive officer* – CEO), fazer a projeção de resultados e caixa e obter recursos complementares na forma de capital próprio ou de terceiros. A cada período, a empresa será avaliada pelo indicador de rentabilidade de lucro líquido sobre o patrimônio líquido (ROE), que pode ser calculado com a ajuda da função de taxa interna de retorno (TIR). Os demonstrativos financeiros para análise e tomada de decisão compreendem: demonstrativo de lucros e perdas, demonstrativo de fluxo de caixa e balanço patrimonial, todos eles simplificados. Para o cálculo da TIR (Taxa Interna de Retorno), será utilizada a seguinte equação:

$$PLE_0 = \frac{D_1}{(1+i)^1} + \frac{D_2}{(1+i)^2} + \ldots + \frac{D_n + PLE_n}{(1+i)^n}$$

Em que: PLE_0 = Patrimônio Líquido Econômico Inicial (trimestre zero);
D_1 = Dividendos distribuídos no trimestre 1;
D_2 = Dividendos distribuídos no trimestre 2;
D_n = Dividendos distribuídos no trimestre n;
PLE_n = Patrimônio Líquido Econômico;
i = Taxa interna de retorno.

As fontes de financiamento da empresa simulada basicamente são a receita de vendas, as dívidas em curto prazo e o aporte de capital próprio (dividendos negativos). Os pagamentos de juros são automaticamente descontados e considerados uma despesa dedutível de imposto de renda. A contabilidade é realizada em regime de caixa, não havendo contas a pagar ou contas a receber.

As variáveis financeiras de decisão são:

- Quanto investir em equipamentos?
- Quanto comprar de matéria-prima?
- Quanto distribuir em dividendos?
- Outros gastos para a aquisição de informações, consultorias, boletins econômicos, entre outros.

Via de regra, o capital de curto prazo (caixa negativo) pode ser mais caro que o capital de longo prazo (aporte dos acionistas). Entretanto, um dos desafios da área de finanças é definir o saldo correto a manter em caixa. Vale lembrar que o custo de oportunidade de manter o caixa muito elevado pode prejudicar a rentabilidade do negócio.

Teste seu conhecimento:

FINANÇAS

a) Quais são os efeitos da distribuição de dividendos?
b) Como avaliar o efeito da depreciação sobre a capacidade de produção?
c) Como projetar o caixa do próximo trimestre?
d) Como gerenciar o nível do caixa, positivo ou negativo?
e) Como projetar o resultado do próximo trimestre?
f) É possível fazer um planejamento tributário?

PRESIDÊNCIA

Levando-se em consideração os interesses de diversos grupos (clientes, fornecedores, colaboradores, acionistas e governo), alcançar o melhor resultado econômico possível, medido segundo os indicadores de desempenho adotados.

O CEO é o responsável final pela administração estratégica de uma organização, pois é ele que gerencia o conflito entre as áreas diante dos recursos escassos, priorizando projetos que promovam as melhores sinergias. Compartilha as responsabilidades com o conselho de administração, os vice-presidentes, os administradores de linha e a assessoria. As decisões estratégicas, por sua natureza de risco e incerteza, caracterizam o jogo de estratégia em que mudanças rápidas e imprevisíveis podem transformar os planos bem concebidos.

Um dos grandes desafios do CEO é analisar mudanças e prever tendências. Embora nenhuma forma de previsão seja totalmente garantida, várias técnicas podem ser úteis:

1. *Análise de séries temporais*: examina efeitos de tendências (tais como o crescimento da população, as inovações tecnológicas e as mudanças na renda ou no número de fornecedores) sobre variáveis como custos, vendas, lucratividade e participação de mercado no longo prazo;
2. *Previsão por julgamento*: nesse tipo de previsão, uma empresa pode empregar seus próprios funcionários, clientes, fornecedores ou sindicato como fontes de informação qualitativa sobre tendências;
3. *Cenários múltiplos*: um cenário pode especificar as condições econômicas mais prováveis de ocorrer no futuro. Ao formular cenários, devem-se identificar as principais forças no macroambiente e no setor, avaliar as possíveis inter-relações e estimar a influência sobre eventos futuros;
4. *Técnica Delphi*: especialistas em determinados setores podem ser identificados e interrogados sobre a probabilidade de a tendência ocorrer ou não, ou seja, o objetivo é alcançar um consenso entre tais especialistas sobre uma tendência futura;
5. *Teoria dos jogos*: no final dos anos de 1970, os estudos sobre organização industrial (OI) foram revolucionados pela teoria dos jogos – a análise das escolhas racionais das firmas cujos resultados dependem umas das outras e que reconhecem tal dependência. Autores como Ghemawat (2000) acreditam que a teoria dos jogos não teve a mesma repercussão de organização industrial no campo da estratégia dos negócios e que isso se deveu, em grande parte, à inexistência de uma forte conexão com a realidade, o que poderia ser conseguido mediante a busca e a geração de evidências empíricas.

As organizações são fundadas com um propósito. Embora esse propósito possa mudar ao longo do tempo, é essencial que os *stakeholders* compreendam o motivo da existência das organizações, ou seja, sua *missão*. Enquanto a *missão* é a razão de existir da empresa, os *objetivos gerais* representam fins genéricos desejados, para os quais são orientados os esforços da empresa. Os *objetivos específicos* são versões mais restritas e frequentemente quantificadas dos objetivos gerais. Vários *stakeholders* terão objetivos gerais diferentes para a empresa. Cada *stakeholder* (acionista, gestor, funcionário, fornecedor, credor) enxerga a empresa sob uma perspectiva diferente e de acordo com seus próprios interesses. Em virtude da diversidade desses interesses, a alta administração enfrenta a difícil tarefa de tentar conciliar e satisfazer cada *stakeholder*, ao mesmo tempo perseguindo seu próprio conjunto de objetivos gerais.

A teoria dos jogos sugere que, mesmo quando o foco inicial da análise aponta para a competição no longo prazo, os jogos estratégicos devem ser resolvidos retrospectivamente, iniciando com benefícios de curto prazo. As hipóteses da teoria dos jogos sobre interações dos agentes são comparadas com as hipóteses que enfatizam as *evolucionárias* diferenças na eficiência e as *revolucionárias* diferenças entre estratégias.

Entre os aspectos que afetam a competição, encontram-se:

- Grau de concentração na indústria;
- Familiaridade mútua entre os vendedores;
- Interações repetidas;
- Papéis estratégicos consistentes;
- Complementaridade estratégica;
- Fontes de incertezas:
    a) estratégica;
    b) estrutural:
        – assimetria informacional;
        – informação incompleta;
        – informação imperfeita.

Responsabilidades no jogo de empresas

Liderar o grupo e coordenar as ações, administrar os conflitos e atender aos acionistas.

Variáveis de decisão no jogo de empresas

Distribuir os lucros acumulados (dividendos), negociar aportes de capital próprio e assegurar a continuidade ao negócio.

A competição se desenvolve em uma indústria com características preestabelecidas do produto e da tecnologia de produção: preços e capacidades podem variar, mas o produto e a tecnologia de produção evoluem de forma incremental.

Teste seu conhecimento:

PRESIDÊNCIA

a) Qual é o melhor posicionamento estratégico a adotar nesta indústria? Diferenciação, custo mínimo ou enfoque?

b) Faça uma lista das ferramentas analíticas (modelos conceituais) aplicáveis a cada área funcional e relacione com as variáveis do simulador. Por exemplo, ponto de equilíbrio (prod. e fin.), previsão de demanda (marketing), índices de desempenho e análise horizontal/vertical (fin.).

c) Como calcular o retorno sobre patrimônio líquido?

d) Qual é a necessidade de preparar um plano de gestão?

e) Para que serve a definição de missão?

f) Para que serve a definição de visão?

g) Para que serve o diagnóstico da situação atual?

h) Para que serve a definição de objetivos?

i) Para que serve a definição de políticas e estratégias?

j) Para que serve um orçamento de metas?

k) Para que período se deve elaborar um plano de gestão?

INTELIGÊNCIA COMPETITIVA E SISTEMAS DE APOIO À DECISÃO

Segundo McGee e Prusack (2001, p.120), um processo informacional proativo conduz à melhor tomada de decisão, estratégica ou operacional. É um processo sistemático que visa descobrir as forças que regem os negócios, reduzir o risco e conduzir o tomador de decisão a agir antecipadamente, bem como proteger o conhecimento gerado. Esse processo informacional é composto pelas etapas de coleta e busca ética de dados, informes e informações formais e informais (tanto do macroambiente como do ambiente competitivo e interno da empresa), análise de forma filtrada e integrada e respectiva disseminação.

Os executivos têm à sua disposição dois tipos de sistemas que os auxiliam no processo de tomada de decisão: o Sistema de Informações Gerenciais (SIG) e o Sistema de Apoio à Decisão (SAD) (Laudon e Laudon, 1996). Os SIG sumarizam e reportam as operações básicas da empresa. Outra característica é que as informações contidas nesse sistema são basicamente internas e servem para planejamento, controle e tomada de decisões. O SAD também é utilizado para esses fins, mas com um nível de análise mais aprofundado. Informações do meio externo, das empresas concorrentes, são também utilizadas no processo decisório.

As tecnologias de informação (TI) são muito úteis para apoiar o processo de inteligência competitiva: *groupware*, gestão eletrônica de documentos (GED), internet, intranet, extranet e sistemas de informação. Segundo Gomes e Braga (2001, p.45), "a tecnologia de informação apoia todas as etapas de um processo de inteligência competitiva, desde a fase de identificação das necessidades de informação, passando pela coleta, análise e disseminação, até a avaliação de produtos entregues".

A TI pode ser conceituada como recursos tecnológicos e computacionais para guarda, geração e uso da informação, e está caracterizada pelos seguintes componentes: *hardware* e seus dispositivos e periféricos; *softwares* e seus recursos; sistemas de telecomunicações; e gestão de dados e informações (Rezende e Pereira, 2002, p.8).

Para os autores, as principais tecnologias de informação aplicadas à geração de informações oportunas dos sistemas são: Executive Information System (EIS); Enterprise Resource Planning (ERP); Sistema de Apoio à Decisão (SAD); Sistemas Gerenciadores de Bancos de Dados (SGBD); Data Ware-house (DW); Inteligência Artificial (IA); Sistemas Especialistas (SE); Data Mining (DM); Database Marketing (DBM); recursos de internet; automação de escritórios; On-Line Analytic Processing (OLAP); On-Line Transaction Processing (OLTP), entre outras.

REFERÊNCIAS

ALTMAN, E. O modelo Z de falência: uma análise retrospectiva e prospectiva. *Revista Brasileira de Mercado de Capitais*, set/dez 1977, p.401-431.

BATEMAN, T. S.; SNELL, S.A. *Administração: criando vantagem competitiva*. São Paulo: Atlas, 1998.

BESANKO, D.; DRANOVE, D.; SHANLEY, M.; SCHAEFER, S. *Economics of strategy*. 3.ed. Wileys, 2004.

GHEMAWAT, P. *A estratégia e o cenário dos negócios: texto e casos*. Porto Alegre: Bookman, 2000.

GOLDRATT, E.; COX, J. *A Meta*. São Paulo: Nobel, 2003.

GOMES, E.; BRAGA, F. *Inteligência competitiva: como transformar informação em um negócio lucrativo*. Rio de Janeiro: Campus, 2001. 128p.

KAPLAN, R.S.; NORTON, D.P. The balance scorecard: measures that drive performance. *Harvard Business Review*, v.70, n.1, p.71-79, jan/fev 1992.

KOTLER, P. *Administração de marketing*. 4.ed. São Paulo: Atlas, 1996.

LAUDON, K.C.; LAUDON, J.P. *Management information systems*. Nova Jersey: Prentice-Hall, 1996.

McGEE J.; PRUSACK, L. *Gerenciamento estratégico da informação: aumente a competitividade e a eficiência de sua empresa utilizando a informação como ferramenta estratégica*. 4.ed. Rio de Janeiro: Campus, 2001. 268p.

McGUIGAN, J.; MOYER, R.C.; HARRIS, F.H.B. *Economia de empresas: aplicações, estratégias e táticas*. São Paulo: Pioneira Thomson Learning, 2004.

PORTER, M.E. *Vantagem competitiva*. 27.ed. Rio de Janeiro: Campus, 2004.

REZENDE, D. A.; PEREIRA, R. O. Sistemas de conhecimentos gerados pelos recursos da Tecnologia de Informação. In: SIMPÓSIO INTERNACIONAL SOBRE GESTÃO DO CONHECIMENTO, 2002, Curitiba. *Anais*. Curitiba: 2002. p.8

SLACK, N.; CHAMBERS, S.; JOHNSTON, R. *Administração da produção*. São Paulo: Atlas, 2002.

SMITH, A. *The wealth of nations*. Nova York: Prometheus, 1991.

VERGARA, S.C. *Gestão de pessoas*. São Paulo: Atlas, 2000.

ULRICH, D. *Campeões de recursos humanos*. São Paulo: Futura, 1982.

WHEELEN, T. L.; HUNGER, J. D. *Strategic Management and Business Policy*. Califórnia: Addison-Wesley, 1986.

ZACCARELLI, S.B. Equilíbrio entre Estratégia e Lógica. In: ALMEIDA, M.I.R.A.; BENNY K.I.C. (Orgs.). *Estratégia: direcionando negócios e organizações*. São Paulo: Atlas, 2005.

Formulário de decisões: roteiro para preenchimento

A gestão do Simulador Industrial avança a cada trimestre com o preenchimento e a entrega do Formulário de Decisões (Tabela 3.3, p.54), que será processado pelo facilitador. Os passos para realizar essa tarefa estão detalhados a seguir, apresentados em duas categorias:

- Variáveis de *decisão*;
- *Análise* e justificativas.

VARIÁVEIS DE DECISÃO

Passo 1: Identificação da empresa (decisão)

- Nome fantasia (de 1 até 16 caracteres);
- Nº 1 até *m* (atribuído pelo educador);
- Ano fiscal: JAS (trim 1); OND (trim 2); JFM (trim3); AMJ (trim 4).

Passo 2: Previsão de demanda (plenejamento e análise)

A previsão do volume de vendas desta empresa está sujeita à incerteza. Ela deve levar em consideração a demanda e a oferta:

- Fatores exógenos (variáveis não controláveis, mas monitoráveis): previsão de inflação (Índice Geral de Preços – IGP), sazonalidade (Índice de Variação Estacional – IVE), previsão da atividade econômica (Índice de Atividade Econômica – IAE) e as ações da concorrência;
- Fatores endógenos (variáveis controláveis): composto mercadológico que estimula a demanda por meio da política de comercialização (gastos em marketing); política tecnológica (gastos em pesquisa e desenvolvimento); política de preços.

Passo 3: Política de preços (variável de decisão)

- Preço mínimo de venda = custo variável unitário;
- Custo variável unitário (CVu) = mão de obra + matéria-prima (unitárias);
- Preço de mercado = CVu < preço < $9,00;
- Preço máximo = $9,00 (limite técnico do sistema, inadequado para produtos homogêneos);
- Efeito de modificações na variável preço: curto prazo.

Curto prazo = 1 trimestre
Médio prazo = 2 trimestres
Longo prazo = 3 ou mais trimestres

Passo 4: Esforços de marketing (variável de decisão)

- Gastos em marketing: propaganda + distribuição + pontos de venda + comissão de vendedores;
- Efeitos de modificações: curto prazo (70%) e médio prazo (30%);
- Os gastos em marketing são afetados pelo IGP.

Passo 5: Investimentos em P&D (variável de decisão)

- Os efeitos de gastos em P&D são divididos entre o produto (50%) e o processo (50%);

- Efeito de modificações na variável: curto prazo (20%), médio prazo (30%) e longo prazo (50%);
- Investimentos em P&D são afetados pelo IGP.

Passo 6: Manutenção da fábrica (variável de decisão)

- Gastos nessa conta estabilizam a eficiência dos custos diretos (mão de obra direta, MOD, + matéria-prima, MP), conforme volume produzido;
- A manutenção é afetada pela inflação num ritmo maior que o IGP.

Passo 7: Previsão de gastos com pessoal no período (análise)

- O custo unitário da mão de obra direta está sujeito a flutuações, podendo aumentar ou diminuir com:
- Volume de produção (economias de escala podem aumentar ou reduzir o custo da mão de obra direta);
- Investimentos na tecnologia do posto de trabalho:
    - Manutenção e P&D melhoram os custos diretos;
- IGP (gastos com mão de obra direta evoluem em ritmo menor que o Índice Geral de Preços: < IGP).

Programação de Produção no Modelo 1 (variável de decisão)
Obs.: regime inicial, até aviso em contrário

- 1º turno (MOD) – Volume que se pode produzir:
    - Horas normais = até 99,9% x capacidade instalada;
    - Horas extras = + 50% da capacidade instalada;
    Observação: adicional de 50% no valor unitário da mão de obra direta extraordinária.
- Custo de estocagem de produtos acabados:
    - $0,50 por unidade x estoque final em unidades.

TABELA 3.1 – Despesas indiretas de administração (Modelo 1 de operação):

MODELO 1 (REGIME INICIAL ATÉ AVISO EM CONTRÁRIO)			
Despesas Indiretas de Administração =	Custo fixo na operação	+	Custo semifixo
1º turno (até 99,9% da capacidade) =	$150.000	+	$0,32241 x C.P. px.Trim.
Horas extras			
(100 a 150% da capacidade) =	+ $50.000		

Legenda: – C.P.px.Trim.: Capacidade de produção para o próximo trimestre.
– Mão de obra aumenta 50% para as unidades produzidas no regime de horas extras.
– Custo de estocagem de produtos acabados = $0,50 por unidade de estoque final.

Programação de produção no Modelo 2 (variável de decisão): Obs.: ativação mediante negociação setorial ou anúncio de novas políticas econômicas

- 1º turno (MOD) – volume que pode produzir:
  - Horas normais = 99,9% x capacidade instalada;
  - Horas extras = 134,9% x capacidade instalada;
  - Observação: adicional de horas extras = 50%.
- 2º turno (MOD) – volume que pode produzir:
  - Horas normais = 199,9% x capacidade instalada;
  - Horas extras = 249,9% x capacidade instalada;
  - Observação: adicional de horas extras = 50%.
- 3º turno (MOD) – volume que pode produzir:
  - Horas normais = 300% x capacidade instalada.

TABELA 3.2 – Despesas indiretas de administração (Modelo 2 de operação):

MODELO 2 (MEDIANTE NEGOCIAÇÃO SETORIAL OU ANÚNCIO DE NOVAS POLÍTICAS)			
Despesas Indiretas de Administração	=	Custo fixo	+ Custo semifixo
1º turno (até 99,9% da capacidade)	=	$150.000	+ $0,32241 x C.P. px.Trim.
Horas extras (100 a 134,9%)	+	$25.000	
2º turno (até 135 a 199,9%)	+	$100.000	
Horas extras (200 a 249,9%)	+	$20.000	
3º turno (até 250 a 300%)	+	$105.000	

Legenda: – C.P.px.Trim.: Capacidade de produção para o próximo trimestre.

Despesas indiretas ao ativar e desativar turnos

- $ 100.000 na ativação de turnos (seleção, contratação e treinamento) e na desativação de turnos (rescisão contratual, férias e 13º salário).

Passo 8: Investimento (desinvestimento) em instalações e equipamentos (variável de decisão)

- Compra de fábrica e equipamentos (> IGP);
- Valor inicial do investimento = $ 20,00 por unidade adicional de capacidade adquirida. Exemplo:
  - Ao se investir $200.000, adquirem-se 10.000 unidades de produção.
- Incorre-se nessas despesas para gerenciar a ampliação de fábrica.

$$\text{Despesas com investimentos} = \frac{(\text{investimento})^2}{10.000.000}$$

- Encomenda-se no início e paga-se no final do trimestre corrente; ativa e opera no trimestre seguinte.
- Depreciação trimestral: 2,5% ao trimestre (física e contábil). A parcela depreciada de equipamentos deixa de produzir (exaustão) e é desmobilizada, o que reduz a capacidade para o próximo trimestre.

Passo 9: Aquisição de matéria-prima (variável de decisão)

- Reposição de matéria-prima (< IGP);
- Encomenda-se ao início do trimestre;
- Recebe e paga ao final do próprio trimestre;
- Custo de estocagem = 5% do valor do estoque inicial;
- Custo do pedido de compra da MP = $50.000 fixos x IGP.

Passo 10: Distribuição de dividendos (variável de decisão)

Aporte de capital junto aos acionistas mediante submissão de projeto de investimento a ser analisado.

A distribuição de dividendos segue a Lei das Sociedades Anônimas (+):

- Distribuição mínima anual de 25% do lucro líquido acumulado (a cada exercício fiscal – 4 trimestres – JAS; OND; JFM; AMJ);
- Distribuição de até 100% dos lucros acumulados (lucros históricos acumulados até o presente momento: $ 700.000);
- Capital de terceiros – fornecido automaticamente via caixa negativo (conta garantida). Deve ser acompanhado o grau de alavancagem financeira.

$$\text{Despesas financeiras} = \frac{(\text{déficit de caixa})^2}{15.000.000}$$

- Despesas financeiras debitadas somente ao final do trimestre devedor;
- Déficit ~ Custo financeiro aproximado:
    a) $100.000 ~ 0,7% a.t.
    b) $500.000 ~ 3,5% a.t.
    c) $1.000.000 ~ 7% a.t.

- Imposto de renda: pago ao final do trimestre:

LUCRO	ALÍQUOTA
Até $6250	22%
De $6251 até ...	48%

Obs.: Alíquotas em vigor no início, sujeitas à mudança.

Passo 11: Outras despesas do período (variável de decisão)

Constituídas por gastos extraordinários, a critério da equipe, para compra de informações. Outras receitas (despesas negativas) poderão advir de ganhos extraordinários em operações com outras empresas ou de prêmios a que fizerem jus.

ANÁLISES E JUSTIFICATIVAS

Registro dos fatos importantes ocorridos e das percepções da equipe sobre eles para acompanhamento da gestão e apoio às pesquisas em andamento.

Passo 12: Análise dos resultados (trimestre anterior)

Avaliam-se os resultados do trimestre encerrado, comparando-os com os previstos.

Passo 13: Justificativa das decisões (trimestre atual)

Razões (na forma de tópicos) que explicam as decisões tomadas neste trimestre e os eventuais redirecionamentos.

Passo 14: Data, hora da entrega e assinaturas

Preencher o formulário de decisão.

Passo 15: Entrega do formulário preenchido

Passo 16: Análise das notícias divulgadas

Constitui o primeiro passo na preparação para as decisões do próximo trimestre.

TABELA 3.3 – Modelo do Formulário de Decisões (Tipo 1)

IDENTIFICAÇÃO DA EMPRESA		
EMPRESA: ☐	NÚMERO: ☐	PERÍODO: ☐

Os campos de entrada de dados estão destacados. Os demais são campos de apoio.

1. RECEITA DE VENDAS (ENTRADAS DE CAIXA)	COMENTE OS RESULTADOS DO PERÍODO ANTERIOR
Previsão de vendas x preço unitário = receita prevista ($) _____ x ☐ = $_____	
2. DESEMBOLSOS (SAÍDAS DE CAIXA)	
2.1 Gastos em marketing (= IGP) (Propaganda + esforço de vendas) $ ☐	
2.2 Gastos em pesquisa e desenvolvimento (= IGP) (50% em produto + 50% em processo) $ ☐	
2.3 Gastos em manutenção da fábrica (>IGP) (Proporcional ao volume de produção) $ ☐	
2.4 Custo de mão de obra direta (<IGP) 2.4.1 Custo unitário x produção normal (n) $_____ x (n)_____ = $_____ . 2.4.2 Custo unitário x 1,5 x produção extra (e) $_____ x (e)_____ = $_____ . Total (n + e) = ☐ Custo total de mão de obra direta = $_____ .	**JUSTIFIQUE AS NOVAS DECISÕES DESTE PERÍODO**
2.5 Investimentos na fábrica (>IGP) (+) investe; (-) desinveste ($ 20,00 x novas máquinas) $ ☐	
2.6 Compra de matéria-prima (< IGP) (Recebe em 90 dias; paga contra entrega) $ ☐	
2.7 Distribuição de dividendos (+) ou aporte de capital (-) (limitada aos lucros retidos) $ ☐	Os diretores assinam: Data: Hora:
2.8 Outras despesas (+/-) Jornal _____ Informações _____ Multa/bônus _____ Outros _____ Total de outras despesas $ ☐	Presidente: Planejamento: Marketing: Produção: RH: Finanças:

☐ = dados de entrada no Simulador

1 2 3 **4** 5 6 7 8 9 10 11 12

Relatórios gerenciais (Simulador Industrial Simulab)

DEMONSTRATIVOS OPERACIONAIS

Dados públicos divulgados a todos os fabricantes:

- Identificação da empresa e do trimestre;
- Índices para monitorar e prever a conjuntura econômica;
- Informações sobre a indústria, aqui significando setor da economia. Pela associação do setor, são fornecidos preços, dividendos distribuídos, lucro líquido, volume efetivo de vendas em unidades físicas e a participação porcentual no mercado de todas as empresas concorrentes.

Dados reservados ao relatório de cada fabricante:

- Decisões da empresa neste trimestre: são fornecidos para controle os valores das decisões que foram efetivamente introduzidos no sistema com os ajustes necessários, quando for o caso;
- Demonstrativo das operações: operações realizadas e capacidade de produção para o próximo período atualizada com os investimentos.

TABELA 4.1 – Demonstrativos operacionais do Simulador Industrial Simulab

SIMULAB – Laboratório de gestão

Modelo 1   Empresa 1   ALFA SET S.A.   Período 0   Abr. Mai. Jun.

ÍNDICES DESTE TRIMESTRE (INICIAIS)		PREVISÕES PARA O PRÓXIMO TRIMESTRE	
Índice Geral de Preços	100	Taxa Anual de Inflação	2.0
Índice de Variação Estacional	100	Índice de Variação Estacional (trimestral)	95
Índice da Atividade Econômica	100	Índice da Atividade Econômica (trimestral)	102

Informações sobre a indústria

EMPRESA	PREÇOS	DIVIDENDOS	LUCRO LÍQUIDO	VOL. DE VENDAS (un)	PARTICIPAÇÃO (%)
1. ALFA SET S.A.	$ 6,40	$ 53.000	$ 168.283	438.879	16,66
2. BETA SET S.A.	$ 6,40	$ 53.000	$ 168.283	438.879	16,66
3. GAMA SET S.A.	$ 6,40	$ 53.000	$ 168.283	438.879	16,66
4. DELTA SET S.A.	$ 6,40	$ 53.000	$ 168.283	438.879	16,66
5. SIGMA SET S.A.	$ 6,40	$ 53.000	$ 168.283	438.879	16,66
6. ÔMEGA SET S.A.	$ 6,40	$ 53.000	$ 168.283	438.879	16,66

Decisões da empresa neste trimestre

Preço do produto	$ 6,40
Despesas em marketing	$ 240.000
Despesas em P&D	$ 150.000
Despesas em manutenção	$ 75.000
Volume de produção (programada no início do trimestre)	400.000 unidades
Investimento em equipamentos	$ 500.000
Compra de matéria-prima	$ 1.000.000
Dividendos distribuídos	$ 53.000
Outros gastos	$ 0

Demonstrativo das operações

Mercado potencial (total de pedidos da empresa no trimestre)	438.879 unidades
Volume de vendas (estoque inicial + produção no período)	438.879 unidades
Participação do mercado (percentual em unidades vendidas)	16,66%
Volume de produção efetiva neste trimestre	400.000 unidades
Estoque final de produtos acabados	51.000 unidades
Capacidade de produção para o próximo trimestre (por turno)	415.000 unidades

TABELA 4.2 – Demonstrativos financeiros do Simulador Industrial Simulab.

SIMULAB – Laboratório de gestão

Modelo 1　　　Empresa 1　　　ALFA SET S.A.　　　Período 0　　　Abr. Mai. Jun.

Demonstrativo de lucros e perdas (valores em $)

Receita de vendas		2.808.825
Despesas		2.488.329
Marketing	240.000	
Pesquisa e desenvolvimento	150.000	
Administração + outros gastos	278.000	
Manutenção	75.000	
Mão de obra (Custo unitário sem horas extras $ 1.4349)	573.983	
*Matéria-prima consumida (Custo unitário $ 1.5767)	630.675	
*Diminuição do estoque de produtos acabados	116.637	
*Depreciação (2,500%)	200.000	
Custo de estocagem de produtos acabados	25.500	
Custo de estocagem de matéria-prima	41.534	
Custo de pedido	50.000	
Custo de mudança de turno	0	
Despesas com investimentos	25.000	
Despesas financeiras	0	
Despesas gerais	82.000	
Lucro antes do imposto de renda		320.496
Imposto de renda (IR Cred. 0% – Sobretaxa 0%)		152.213
Lucro líquido após imposto de renda		168.283
Dividendos distribuídos		53.000
Acréscimo ao patrimônio líquido		115.283

Demonstrativo do fluxo de caixa (valores em $)

Receita de vendas		2.808.825
Desembolsos		3.246.230
Despesas de caixa	1.541.017	
Imposto de renda	152.213	
Dividendos distribuídos	53.000	
Investimentos	500.000	
Compra de matéria-prima	1.000.000	
Acréscimo de caixa		- 437.405

Balanço (valores em $)

Ativo líquido	
Caixa (pode operar positivo ou negativo)	1.047.000
Estoque de produtos acabados (valor do estoque)	153.000
Estoque de matéria-prima (saldo incluindo a compra)	1.200.000
Fábrica e equipamentos (valor reposição $ 8.300.000)	8.300.000
Patrimônio líquido (valor econômico $ 10.700.000)	10.700.000

*Despesas que não representam desembolso.

DEMONSTRATIVOS CONTÁBIL-FINANCEIROS

- *Demonstrativo de resultados do exercício (demonstrativo de lucros e perdas)*: apresenta a receita auferida no período, as despesas totalizadas (desembolsos ou não). Apuram-se o lucro bruto, o imposto de renda e o lucro líquido. Indica dividendos distribuídos, a partir dos lucros acumulados de períodos anteriores, e os lucros acumulados (suspensos) acrescidos ao patrimônio líquido e disponíveis para distribuição em períodos futuros. Adota-se o regime contábil de caixa;

- *Demonstrativo de fluxo de caixa*: apresenta o impacto dos desembolsos na posição inicial de caixa e exibe a posição final. Quando o caixa final for negativo, sobre ele incidirão as despesas financeiras. Adota-se o regime contábil de caixa;

- *Balanço patrimonial*: apresenta a relação de ativos (caixa, estoques e imobilizado) e o total do patrimônio líquido, que é representado pela soma algébrica de ativo e passivo (caixa negativo é o passivo de curto prazo). Fábrica e equipamentos são ativos sujeitos a reavaliação trimestral, afetada pelo índice de inflação, havendo nos balanços indicação de valores contábeis, de aquisição e valores de mercado, de reposição.

1 2 3 4 **5** 6 7 8 9 10 11 12

Ambiente econômico (Simulador Industrial)

INDÚSTRIA

A indústria formada por um conjunto pequeno de empresas concorrentes e homogêneas é considerada, ao início, um oligopólio. Poderá haver momentos de competição (Porter, 2004) e de cooperação (entre os integrantes de uma indústria).

NOTÍCIAS E OUTRAS INFORMAÇÕES

O informativo *O Vidente Econômico* poderá ser oferecido sem custo ou circular durante o programa, sob demanda. Neste caso, poderá ser adquirido a preço de banca (consulte o preço do número avulso) ou poderão ser feitas assinaturas anuais (consulte o preço dos números periódicos) com direito às edições trimestrais.

Foi anexado um número especial de *O Vidente Econômico* (ilustrativo) com informações importantes para se familiarizar com o ambiente de atuação da empresa.

Caso este informativo não esteja em circulação, poderá ser adotada outra mídia eletrônica de comunicação para divulgar notícias e informações de interesse da comunidade empresarial.

Assegure-se de procurar pela consultoria, que poderá ser de grande utilidade para esclarecer as dúvidas remanescentes. Os serviços são prestados sob sigilo a preços oficiais bastante módicos, baseados na tabela dos consultores do Brazol, em duas modalidades: 1 pergunta, 1 resposta; ou consultoria sistêmica por 5 minutos. Pequenos investimentos em consultoria poderão, alternativamente, gerar grandes lucros ou evitar prejuízos decorrentes das falhas de entendimento das regras econômicas.

VALOR DAS EMPRESAS

Em microeconomia, é comum adotar-se o critério de maximização de lucros para estabelecer o nível do retorno esperado (Pindyck e Rubinfeld, 1994, p.239). Trata-se de uma abordagem simplificadora que se baseia em critérios contábeis amplamente aceitos e praticados. Apesar disso, não se tem clareza de que as firmas conseguem efetivamente atingir tal meta de maximização. Pequenas empresas costumam guiar-se pelos lucros. Em grandes empresas, é pequeno o contato entre proprietários e gestores, tornando-se difícil o acompanhamento diário das decisões, o que pode desviar a empresa de sua meta de maximização. Podem-se focalizar metas de maximização de receitas para crescimento e intensificar o pagamento de dividendos aos acionistas. Pode-se ainda guiar-se por objetivos de curto prazo, como promoções próprias, à custa dos objetivos de longo prazo.

Além dos objetivos estáticos de maximização dos lucros, surgem os dinâmicos (marginais ou incrementais) de maximização da riqueza dos acionistas (McGuigan et al., 2004, p.11): programação do nível ótimo de produção, determinação de uma política de estoques otimizados em face de um padrão de vendas e instalações produtivas disponíveis e a escolha entre meios alternativos de produção para conseguir algum resultado desejável (comprar ou arrendar uma máquina ou quitar uma dívida para assumir outra). A separação entre controle acionário e administração traz aos gestores uma liberdade que tem sido vigiada pelos acionistas para assegurar foco nos objetivos de maximização de riqueza.

Apesar das inúmeras críticas quanto à forma de maximizar a riqueza, no curto ou longo prazo, a atenção deve recair, acima de tudo, na gestão da mudança, da concorrência, da tecnologia e da legislação, antecipando-se aos sinais do ambiente mesmo em períodos de relativa estabilidade e buscando oportunidades para realizar investimentos estratégicos. McGuigan et al. (2004, p.10) classificaram em duas categorias os fatores que afetam o valor das empresas (Quadro 5.1). Os externos devem ser monitorados, pois condicionam a tendência do ambiente das empresas e sinalizam sua evolução para geração de valor. Os internos permitem a formulação de políticas que promovam o uso eficiente dos fatores de produção, condicionadas pelo ambiente.

QUADRO 5.1 – Fatores que afetam o valor das empresas.

FATORES DO AMBIENTE ECONÔMICO
1. Nível da atividade econômica
2. Alíquotas e legislação do imposto de renda
3. Concorrência
4. Leis e regulamentação governamental
5. Sindicalização dos empregados
6. Condições para os negócios internacionais e taxas de câmbio
PRINCIPAIS DECISÕES SOB O CONTROLE DOS DIRIGENTES
1. Produtos e serviços oferecidos para venda
2. Tecnologia de produção
3. Marketing e rede de distribuição
4. Estratégias de investimento
5. Políticas de emprego e esquemas de remuneração (todos os níveis)
6. Forma jurídica da empresa: limitada ou sociedade anônima
7. Estrutura de capital – capital próprio *versus* capital de terceiros
8. Gerenciamento de capital de giro
9. Políticas de distribuição de lucros (dividendos)
10. Parcerias, fusões, cisões.

Fonte: Adaptado de McGuigan et al. (2004, p.10).

Por fim, destacam-se os paradigmas da microeconomia para maximização do valor presente líquido: mercados maduros; inexistência de informações assimétricas; custos conhecidos para renovação de contratos (McGuigan et al., 2004, p.19).

REFERÊNCIAS

McGUIGAN, J.; MOYER, R.C.; HARRIS, F.H.B. *Economia de empresas: aplicações, estratégicas e táticas*. São Paulo: Thomson Learning, 2004.
PINDYCK, R.S.; RUBINFELD, D.L. *Microeconomia*. São Paulo: Makron Books, 1994.
PORTER, M.E. *Vantagem competitiva*. 27.ed. Rio de Janeiro: Campus, 2004.

ANO 0 - EDIÇÃO ESPECIAL - PÃO SAULO, 01/JULHO/2010 - Preços no Brazol - Sob consulta
Editor: Antonio Carlos Aidar Sauaia

A HISTÓRIA DO PAÍS

Brazol, um país do hemisfério sul com 200 milhões de habitantes cadastrados pelo recém-concluído censo do ano de 2010 conseguiu nos últimos anos reconquistar o respeito junto à comunidade internacional. Seus representantes do legislativo, eleitos durante os quatro governos democráticos, sendo os dois últimos mais bem-sucedidos que os anteriores, assumiram como desafio a conquista da independência de fato. Os dois maiores objetivos sociais para o início deste novo século resumem-se em prover a totalidade da população com alimento produzido localmente e fixar, em suas cidades de origem, o homem do campo, evitando o êxodo rural observado com tanta frequência na segunda metade do século passado. Para isso introduziram uma série de reformas legislativas, algumas já implantadas e outras tramitando pelos gabinetes dos parlamentares, caminhos ainda muito longos, maiores do que os que seriam tolerados pela necessidade popular. A exemplo da integração ocorrida em 1992 na Comunidade Econômica Europeia (CEE), o continente americano adotou a partir do ano 2000 um padrão monetário único, o dólar norte-americano. A dolarização dessas economias trouxe, juntamente com um conjunto de outras medidas consistentes, uma perspectiva de estabilidade monetária aos países latino-americanos que conviviam com inflações muito elevadas. As barreiras alfandegárias foram rebaixadas, possibilitando um fluxo mais livre de mercadorias, produtos e serviços entre todas as nações deste continente. Vários de seus governantes e até mesmo seus cidadãos têm podido reviver um sonho antigo, a expectativa de um crescimento econômico planejado e sustentado, sem tantas surpresas como ocorria há dez anos atrás.

ASSINE O VIDENTE JÁ E GOZE!
Desconto especial de $100! Pague só $500!

A INDÚSTRIA DE BENS DURÁVEIS

Tecnologia, palavra-chave deste início de século, tem sido a responsável por uma revolução industrial envolvendo todos os setores da economia. A biotecnologia e a engenharia genética têm trazido ao setor primário (agropecuária) oportunidades outrora inimagináveis. A pesquisa e desenvolvimento em laboratórios de investigação científica avançaram de tal maneira que na última década que alguns experimentos já se tornaram realidade. Foi o caso da indústria de bens de consumo duráveis, que finalmente conseguiu alcançar índices bastante elevados de integração de produtos. Os investimentos em P&D que vêm sendo realizados pelos fabricantes nos últimos anos foram capazes de criar um produto revolucionário: o SET ou Sistema de Execução de Tarefas, aplicável tanto em residências como em escritórios. Este aparelho é capaz de lidar com tarefas corriqueiras operando como calculadora, aparelho de comunicação, relógio, agenda eletrônica e receptor de mensagens. Estão sendo estudadas novas funções como os cuidados pessoais de cabelos e barba, de massagem e aplicação de produtos para proteção da pele. Em um passado recente seria necessário cerca de dez outros bens para prover o consumidor de todos estes recursos, tanto no lar como no escritório.

A versatilidade deste produto consolidou-se em anos recentes quando foi oficialmente integrada a comunidade do Mercossol. Reconhecida a sua característica multiuso, isto é, a capacidade de substituir com vantagens os tradicionais bens de consumo duráveis, foram estabelecidas algumas normas para assegurar a continuidade de seu desenvolvimento. Para que este vultoso projeto se tornasse viável, foram necessários cinco anos de trabalhos de campo e de laboratórios de pesquisa e desenvolvimento. A indústria nacional organizou-se com um número de fabricantes relativamente estável. O mercado interno tem sido suprido, até agora, com produtos tecnicamente muito semelhantes entre si, que têm perdido competitividade, quando comparados com os produtos importados. Alguns dos representantes do setor cogitaram a possibilidade de ser criada uma associação dos fabricantes de SETs, entidade supraempresarial para coordenar as ações setoriais e recuperar competitividade. Isto só será possível após a resolução de algumas questões sindicais relacionadas à legislação trabalhista, antiga e ultrapassada, que carece de reformas urgentes. Desde a primeira metade do século passado vigoram, nas atividades industriais, as mesmas leis trabalhistas que vigiam no comércio e no setor de serviços. A indústria de bens de consumo não tem podido trabalhar em até três turnos, o que a impede de ofertar três vezes mais empregos. Para que isso possa ocorrer o setor terá de se articular e gerenciar com competência as despesas de administração, cujos elevados valores são apresentados abaixo e carecem de análise e interpretação:

ADMINISTRAÇÃO (DESPESAS INDIRETAS)

Modelo 2 (modelo de produção industrial em turnos de trabalho)
Primeiro Turno: (*) Horas normais (até 99,9% da capacidade instalada) = $ 150.000 (fixo) + $ 0,32241 x capacidade instalada (semi-fixo). Horas extras (até 134,9%) = mais $ 25.000 ao operar.
Segundo Turno: Horas normais (até 199,9%) = (*) + $125.000 ao operar. Horas extras (até 249,9%) = (*) + $ 145.000 ao operar.
Terceiro Turno: Horas normais (até 300%) = (*) + $250.000 ao operar. Horas extras (não é possível operar em horas extras).

Ativação e desativação de turnos:
$ 100.000 ao ativar: Seleção, contratação e treinamento de pessoal;
$ 100.000 ao desativar: Rescisão contratual, férias e 13º proporcionais.

1 2 3 4 5 **6** 7 8 9 10 11 12

Processo decisório no jogo de empresas e criação de conhecimento (pesquisa aplicada)

O ciclo de decisão gerencial pode seguir quatro passos (PODC):

PODC (Planejar, Organizar, Decidir e Controlar)

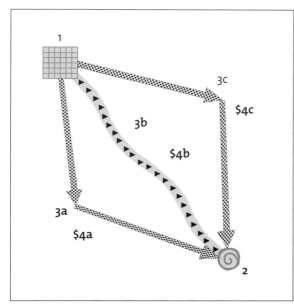

Plano de Gestão em 4 etapas

1. **Diagnóstico**
   - Onde estamos?
   - Análise SWOT.

2. **Objetivos**
   - Para onde iremos?
   - Aspectos qualitativos.

3. **Políticas e Estratégias**
   - Como iremos?
   - Alternativas a, b e c.

4. **Orçamento de Metas**
   - Quanto iremos alocar?
   - Orçamentos a, b e c.

Fonte: Adaptado de Sauaia e Sylos (2000).

FIGURA 6.1 – Ilustração das 4 etapas de um plano de gestão.

PLANO DE GESTÃO EM QUATRO ETAPAS (TABELA 6.1)

a) *Diagnóstico: onde estamos?*
   Aprender a história da empresa para identificar:
- Pontos fortes e fracos (organização);
- Oportunidades e ameaças (ambiente externo).

b) *Objetivos: para onde iremos?*
   Definição de objetivos qualitativos para cada área funcional.

c) *Políticas internas e estratégias externas: como iremos?*
   Meios e procedimentos para alcançar os objetivos estabelecidos.

d) *Orçamento: metas quantitativas.*
   Alocação dos recursos financeiros às áreas funcionais. Resultados.

Plano de Gestão – Empresa: _____ Nº _____
Missão: razão da existência da empresa _____
Visão: o que pretendemos nos tornar em dois anos?_____

1. Diagnóstico: onde estamos?
   Aprender a história da empresa para identificar:

ORGANIZAÇÃO	AMBIENTE
Pontos fortes	Oportunidades
Pontos fracos	Ameaças

2. Objetivos: para onde iremos?
   Definição de objetivos qualitativos (gerais ou para cada área funcional).

3. Políticas internas e estratégias externas: como iremos?
   Meios e procedimentos para alcançar os objetivos (gerais ou funcionais).

4. Orçamento de metas: quanto alocar de recursos em cada área funcional? Quais os melhores resultados esperados (retorno)?

Orçamento de decisões e resultados (Tabela 6.1). Preencher para o próximo período de gestão (4 trimestres – exercício fiscal).

TABELA 6.1 – Orçamento trimestral e acompanhamento da estratégia.

DECISÕES T01	PREVISTO	REAL	Δ%	RESULTADOS	PREVISTO	REAL	Δ%
Preço	$	$		M. potencial			
Desp. MKT	$	$		Vendas			
Desp. P&D	$	$		Produção			
Manutenção	$	$		Estoque PA			
Produção				Estoque MP			
Investimentos	$	$		Caixa	$	$	
Compra MP	$	$		Lucro líquido	$	$	
Dividendos	$	$		Retorno do PL			
Outras despesas	$	$					

DECISÕES T02	PREVISTO	REAL	Δ%	RESULTADOS	PREVISTO	REAL	Δ%
Preço	$	$		M. Potencial			
Desp. MKT	$	$		Vendas			
Desp. P&D	$	$		Produção			
Manutenção	$	$		Estoque PA			
Produção				Estoque MP			
Investimentos	$	$		Caixa	$	$	
Compra MP	$	$		Lucro líquido	$	$	
Dividendos	$	$		Retorno do PL			
Outras despesas	$	$					

DECISÕES T03	PREVISTO	REAL	Δ%	RESULTADOS	PREVISTO	REAL	Δ%
Preço	$	$		M. Potencial			
Desp. MKT	$	$		Vendas			
Desp. P&D	$	$		Produção			
Manutenção	$	$		Estoque PA			
Produção				Estoque MP			
Investimentos	$	$		Caixa	$	$	
Compra MP	$	$		Lucro líquido	$	$	
Dividendos	$	$		Retorno do PL			
Outras despesas	$	$					

DECISÕES T04	PREVISTO	REAL	Δ%	RESULTADOS	PREVISTO	REAL	Δ%
Preço	$	$		M. Potencial			
Desp. MKT	$	$		Vendas			
Desp. P&D	$	$		Produção			
Manutenção	$	$		Estoque PA			
Produção				Estoque MP			
Investimentos	$	$		Caixa	$	$	
Compra MP	$	$		Lucro líquido	$	$	
Dividendos	$	$		Retorno do PL			
Outras despesas	$	$					

Legenda: Δ%: variação em porcentagem; MP: matéria-prima.

ORGANIZAR: ESTRUTURA GERENCIAL

O grupo formado segundo critérios externos aproxima pessoas com potencial e competências distintas. Deve transformar-se em uma equipe de fato, onde cada membro exerce o papel que escolheu ou recebeu.

DIRIGIR: LIDERANÇA E TOMADA DE DECISÃO

A tomada de decisão irá ocorrer de acordo com a orientação estratégica definida no plano e colocada em prática pelos gestores. Mesmo um plano minuciosamente elaborado estará sujeito aos limites de dados incompletos. Sob incerteza sairá do papel na tentativa de conduzir a empresa na direção que melhor atenda ao cumprimento dos objetivos e aos interesses sustentáveis dos diferentes *stakeholders*.

CONTROLAR: METAS PREVISTAS *VERSUS* METAS REALIZADAS

Os resultados são confrontados com as metas previstas, estabelecidas no plano. Identificadas e mensuradas, as diferenças devem ser entendidas para minimizar os desvios nos próximos períodos de decisões.

CRIAÇÃO DE CONHECIMENTO COM A PESQUISA APLICADA

As regras econômicas do simulador delimitam o ambiente de prática gerencial e remetem o gestor-pesquisador a teorias, modelos, conceitos e técnicas assimilados nas disciplinas de conteúdos, os dados secundários para a pesquisa.

Na perspectiva de um papel gerencial o pesquisador e tomador de decisão se apropria dos dados primários coletados nos relatórios do jogo de empresas e na dinâmica organizacional sinalizada pelos agentes do setor onde atua (formuladores de política econômica do ambiente, clientes, fornecedores, concorrentes, governo e sociedade).

O gestor atento, que assimilou as regras do simulador e compreendeu a dinâmica das funções gerenciais, consegue identificar vários gargalos destruidores de valor. Enquanto toma decisão sob incerteza e aplica seu conhecimento em processos complexos, elege dentre os gargalos priorizados um que adota como seu problema de pesquisa e que atende dois objetivos:

- Propiciar aprendizagem prática por meio de pesquisa teórico-empírica.

- Criar valor sustentável por meio de intervenções assertivas no jogo de empresas.

O grupo de gestão (amontoado de pessoas) se transforma em equipe ao dividir os papéis para aumentar a eficiência no trabalho, como previu Adam Smith. Formula políticas e estratégias (plano), implementa ações gerenciais (tomada de decisão em ciclos repetitivos) e avalia os resultados comparando metas previstas e realizadas. A vivência no jogo de empresas não se basta, podendo fracassar em seu objetivo educacional.

A discussão dos resultados com base nas teorias exercita o pensamento crítico de ordem superior. Ao aplicar conhecimentos e avaliar os resultados, cada gestor interpreta sua efetiva contribuição e observa suas competências e incompetências, registradas na forma de um relatório científico (micropesquisa de 4 páginas; artigo com 16 páginas; dissertação ou tese com 200 páginas). A pesquisa aplicada, teórico-empírica, tangibiliza o processo intangível no jogo de empresas e permite o acesso recorrente ao conhecimento recriado, com significados sistêmicos e dinâmicos, o que completa a dinâmica do Laboratório de Gestão (Figura 6.2).

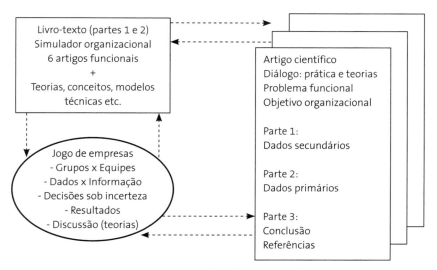

FIGURA 6.2 – Dinâmica do laboratório de gestão.

REFERÊNCIAS

SAUAIA, A. C. A. Plano empresarial em quatro etapas. *Caderno de Pesquisa em Administração*. São Paulo, v. 1, n. 11, 1º trimestre 2000.

_____. Gestão da estratégia: um guia prático. Manual do participante. São Paulo: FEA/USP, 2007.

_____. Laboratório de gestão: simulador organizacional, jogo de empresas e pesquisa aplicada. Barueri: Manole, 2008.

_____. Laboratório de gestão: simulador organizacional, jogo de empresas e pesquisa aplicada. 2ª. Ed. Barueri: Manole, 2010.

PARTE 2

Pesquisa Aplicada

Introdução à parte 2
- **7** — *Balanced Scorecard* (BSC): ferramenta de planejamento estratégico
- **8** — Teoria dos Jogos: como as decisões dos agentes afetam o mercado
- **9** — Análise custo-volume-lucro no auxílio à tomada de decisão
- **10** — Gestão sustentável de pessoas: mais renda ou mais emprego?
- **11** — Orçamento empresarial: uma ferramenta de apoio à decisão
- **12** — Criação de valor sustentável

Introdução à Parte 2

No papel de protagonistas em um dos cargos gerenciais, cada participante no jogo de empresas foi apoiado na produção de uma pesquisa aplicada (Sauaia, 2009a; 2009b). Nessa pesquisa revisitaram-se teorias, modelos, conceitos e técnicas. Selecionou-se uma ferramenta de gestão, funcional ou sistêmica, para aproveitar oportunidades e pontos fortes, neutralizar ameaças e pontos fracos, criando significados dinâmicos aos conteúdos estáticos memorizados nas demais disciplinas. Na tentativa de adicionar valor à empresa, cada estudante exercita o pensamento crítico na disciplina Laboratório de Gestão.

A estrutura da pesquisa aplicada tem sido semestralmente revisada. Em cada estudo foi realizada uma revisão de literatura sobre o modelo funcional selecionado pelo pesquisador. A seguir, o modelo foi ilustrado com dois casos reais de organizações que o adotaram em sua gestão, um de sucesso e outro de fracasso. Por fim inovou-se no ambiente do jogo de empresas ao se introduzirem temas transversais da atualidade: a sustentabilidade (econômica, social e ambiental), a política (o indivíduo que participa opina e influencia o coletivo em processos eleitorais) e a cidadania (dos códigos de conduta, individuais e coletivos).

Tendo em vista que nas aulas conceituais geralmente se adota o método expositivo, as teorias e os modelos acabam facilmente esquecidos. Por essa razão, ao início da disciplina Laboratório de Gestão são resgatados alguns dos principais modelos de gestão:

- Planejamento: BSC; SWOT; diamante de Porter; cadeia de valor; cinco forças competitivas; matriz de atratividade; Almeida e Fischmann; estratégias genéricas; dilema do prisioneiro.
- Marketing: previsão de demanda; 4P's; matriz BCG; C.R.M.; S.I.M.; segmentação; posicionamento; customização; ciclo de vida do produto; comportamento do consumidor; lançamento de novos produtos.
- Produção: teoria das restrições; lote econômico; ponto de equilíbrio; teoria das filas; TQM; Kanban; seis sigmas; Kaizen; pesquisa operacional; JIT; terceirização; células de produção; arranjos produtivos; *clusters*.
- Gestão de pessoas (RH): hierarquia de Maslow; gestão para competências; remuneração (fixa/variável); estimulação/motivação/liderança; meritocracia; Q.V.T.; avaliação 360°; gestão de performance; estrutura organizacional; *mentoring* & *coaching*
- Finanças: custo de capital; TIR; CAPM; EVA; WACC; derivativos; Dupont; análise de projetos; 5 C's do crédito; captar, investir e distribuir; capital de giro; orçamento; avaliação de empresas; planejamento e controle financeiro.
- Presidente: inovação; política e cidadania; governança; sustentabilidade; modelos de liderança; internacionalização; responsabilidade empresarial; desenvolvimento de novos negócios.

Os seis estudos da Parte 2 desta terceira edição foram selecionados entre os 150 artigos das duas turmas do período matutino produzidos de fevereiro a julho de 2012 em coautoria com graduandos de Administração e Contabilidade da FEA-USP/SP. Eles ilustram os temas de interesse dos próprios gestores. Trata-se de leitura prévia obrigatória a ser realizada pelo participante no laboratório de gestão, podendo ser gerado resumo ou resenha pessoal para verificação de entendimento do estudo e eventual replicação.

INTRODUÇÃO À PARTE 2 ■ 73

QUADRO I.1: Monografia Visual: mapa da monografia

ESTRUTURA DO ARTIGO	DESCRIÇÃO SUCINTA DO CONTEÚDO DE CADA ITEM DA ESTRUTURA	PÁGINAS
Sumário	Estrutura para acesso rápido aos conteúdos	1/2
Resumo (contendo 6 itens)	Problema e objetivo; referencial teórico; método de pesquisa; principal resultado; principal conclusão	1/2
Introdução – histórico do tema	Ambientação do tema no espaço (onde começou?) e no tempo (quando?)	1
Conceito 1 – Modelo de gestão funcional	Revisão de literatura acadêmica com citações completas (autor, ano, páginas)	1
Conceito 2 – Casos de sucesso/fracasso	Revisão de literatura empresarial com citações completas (autor, ano, páginas)	1
Conceito 3 – Sustentabilidade, política e cidadania	Revisão de literatura (acadêmica e empresarial); citações completas	1
Problema de pesquisa	Conflito ou dilema a examinar e gerenciar para criar valor	1/3
Método de pesquisa	Estudo de caso; experimento; testes de hipóteses (dados primários)	1/3
Instrumentos de coleta dados	Formulários; relatórios trimestrais; questionários; entrevistas	1/3
Descrição do experimento	Vivência em sala de aula; encadeamento semanal	2
Análise descritiva dos dados	Dados primários coletados/apresentados (quadros, tabelas, figuras etc.) e analisados	2
Discussão dos resultados	Discutir resultados da análise com base nas teorias da Parte I	2
Conclusões	Consequências para as empresas reais	2
Contribuições	Benefícios para as empresas reais	1
Limitações	Restrições de escopo e da base de dados do laboratório	1/2
Proposição para novos estudos	Avanços possíveis a explorar no futuro	1/2
Referências	Fontes consultadas Bibliográficas e eletrônicas – Normas ABNT (local: editora, ano)	1
	Total estimado	17

Fonte: Adaptado de Sauaia (1996 e 2007).

PLANEJAMENTO

O sucesso na gestão da estratégia organizacional depende da capacidade do gestor em reunir os principais projetos estratégicos, selecionar os indicadores de desempenho e comunicar os avanços da gestão. O objetivo desta pesquisa foi compreender de que modo a aplicação do Balanced *Scorecard* (BSC), como um modelo de estruturação e gestão do planejamento estratégico, contribuiu para que a empresa alcançasse determinados resultados no jogo de empresas.

MARKETING

A gestão mercadológica é regida por variáveis endógenas e exógenas. Estas são compostas pelos índices macroeconômicos (IGP – índice geral de preços – e IAE – índice de atividade econômica), pelo índice microeconômico (IVE – índice de variação estacional – sazonalidade), pelas decisões dos concorrentes e de outros envolvidos que afetam o desempenho das empresas (p. ex., fornecedores de matéria-prima, de mão de obra e o governo). Com a intenção de gerar insumos para uma gestão mais eficiente, o presente capítulo descreveu, sob a ótica da teoria dos jogos, as decisões da empresa Metta, que operou no laboratório de gestão.

PRODUÇÃO

Decisões embasadas nas teorias permitem à equipe analisar e criticar os resultados, ajustando as novas decisões para que proporcionem o desempenho almejado. Tal ideia no laboratório de gestão refere-se ao aprimoramento contínuo, pela prática do conhecimento e internalização por meio da vivência. Adotou-se, nesta pesquisa, o ponto de equilíbrio como ferramenta de auxílio à gestão, analisando sua relevância no âmbito gerencial, sua utilidade para o processo de decisão no jogo de empresas e sua contribuição para atingir objetivos e metas traçados.

GESTÃO DE PESSOAS

Lidar com a subjetividade humana nas interações organizacionais traz desafios complexos à área de gestão de pessoas. No nível estratégico da diretoria de RH, um dos fatores críticos de sucesso é a alocação dos talentos humanos em funções organizacionais que permitam aos gestores explorar melhor suas competências para gerar resultado superior. No nível operacional da produção, enquanto algumas empresas ajustam a produção estendendo a jornada de trabalho, o que eleva a renda do trabalhador empregado, mas gera sobrecarga, outras contratam trabalhadores, aumentam sua escala produtiva com riscos calculados e contribuem para reduzir a taxa de desemprego.

FINANÇAS

Em mercados competitivos e sujeitos à incerteza, um dos recursos para enfrentar as constantes mudanças do ambiente macroeconômico e do microeconômico são as ferramentas financeiras de planejamento. O objetivo deste estudo foi verificar a aplicabilidade da ferramenta orçamento empresarial para agilizar a tomada de decisões, agregando ao processo clareza e objetividade.

PRESIDÊNCIA

Cresce a consciência de que as futuras gerações podem estar sob ameaçadas pelas decisões não sustentáveis tomadas hoje nas organizações, contrapondo lucros econômicos e prejuízos socioambientais. No presente capítulo examinou-se a relação entre criação de valor (TIR – taxa interna de retorno) e sustentabilidade no laboratório de gestão.

Apesar dos avanços alcançados nesta edição, as anteriores (Quadro I.2) continuam despertando grande interesse de leitura, uma vez que a diversidade de temas tratados serve de inspiração aos novos participantes.

QUADRO I.2 – Pesquisas anteriores – leitura complementar

ÁREA	1ª EDIÇÃO (2008)	2ª EDIÇÃO (2010)
Planejamento	Plano empresarial em 4 etapas	A sexta força competitiva
Marketing	Demanda e composto de marketing	Previsão de demanda
Produção	Gestão de estoques	Teoria das restrições
Pessoas	O líder presente na gestão organizacional	Educação corporativa
Finanças	BSC na implementação e mensuração	Gestão do caixa
Presidência	Política de dividendos Análise econômica das estratégias genéricas	Implantando a estratégia planejada

Fonte: Adaptado de Sauaia (2008 e 2010).

REFERÊNCIAS

SAUAIA, A. C. A. Monografia Racional. *Anais do 1º. SEMEAD – Seminários em Administração*, vol. 01, Setembro, 1996, p. 276-94 PPGA/FEA/USP/SP.

_____. Monografia visual: mapa da monografia em 4 partes. *Anais do X SEMEAD – Seminários em Administração*, vol. 01, ago. 2007, PPGA/FEA/USP/SP.

_____. *Laboratório de gestão: simulador organizacional, jogo de empresas e pesquisa aplicada.* Barueri: Manole, 2008.

_____. Monografia Racional. *REGES – Revista Eletrônica de Gestão.* v.2 n.1 - jan/abr, 2009a. Disponível em: http://www.ufpi.br/reges/edicao_jan_2009.php. Acessado em: 2 out. 2009.

_____. Monografia Racional Eletrônica. *REGES – Revista Eletrônica de Gestão.* v.2, n.1 - jan/abr 2009b. Disponível em: http://www.ufpi.br/reges/edicao_jan_2009.php. Acessado em: 2 out. 2009.

_____. *Laboratório de gestão: simulador organizacional, jogo de empresas e pesquisa aplicada.* 2.ed. Barueri: Manole, 2010.

1 2 3 4 5 6 **7** 8 9 10 11 12

Balanced scorecard (BSC): ferramenta de planejamento estratégico

Diego Latorieri
Antonio Carlos Aidar Sauaia

O sucesso na gestão da estratégia organizacional depende da capacidade do gestor em reunir os principais projetos estratégicos, selecionar os indicadores de desempenho e comunicar os avanços da gestão. O objetivo desta pesquisa foi compreender de que modo a aplicação do *Balanced Scorecard* (BSC) como modelo de estruturação e gestão do planejamento estratégico contribuiu para que a empresa alcançasse determinados resultados no jogo de empresas. À luz do referencial teórico que versa sobre as origens, a estrutura, a evolução e as mudanças no uso do modelo do BSC, foram analisados os dados relativos ao desempenho da empresa Lion nas oito rodadas de múltiplas decisões. Na pesquisa, constatou-se que o raciocínio norteador da estratégia da empresa foi bem-sucedido graças à utilização do BSC, metodologia que também contribuiu fortemente para o sucesso na implementação e no gerenciamento da referida estratégia em grande parte do jogo. Conclui-se que o BSC pode agregar valor às empresas que o utilizarem como instrumento para tornar mais coesa e sistemática a revisão dos objetivos estratégicos, o que poderá conduzir a melhores resultados gerais.

INTRODUÇÃO

O conceito de estratégia e sua aplicação tem gênese no campo militar, sendo visto como a ciência dos movimentos e conhecimentos necessários para se sair vitorioso em uma batalha. O general chinês Sun Tzu, em seu livro a *A arte da guerra* (Tzu, 1997), alertou: "se você conhece o inimigo e conhece a si mesmo, não precisa temer o resultado de cem batalhas. Se você se conhece, mas não conhece o inimigo, para cada vitória ganha sofrerá também uma derrota".

Ao longo da História da humanidade, o tema da estratégia ganhou força e transpôs as fronteiras do campo militar, atingindo a esfera do mundo dos negócios. Negócios não são vistos como uma guerra no sentido estrito da palavra, mas a hipérbole torna-se aplicável ao conotar a intensa competição que as organizações modernas enfrentam.

As organizações atuais caracterizam-se por estruturas cada vez mais complexas e amplas operando em ambientes de acentuado dinamismo, nos quais as mudanças são extremamente rápidas e impactantes. Inúmeros fatores podem ser elencados para se explicar, de maneira não exaustiva, a velocidade da ocorrência de tais mudanças, como o desenvolvimento tecnológico, a integração dos múltiplos mercados em uma economia internacionalizada, a complexidade das relações entre organizações nas cadeias de suprimentos, as mudanças nos perfis demográficos, econômicos e nos hábitos de consumo da população, entre outros. Esse agregado de fatores tem exigido das organizações maior capacidade de perceber tanto as externalidades do ambiente quanto suas características internas no momento de se formular estratégias que lhes permitam superar os desafios do ambiente de negócios e atingir seus objetivos de longo, médio e curto prazo.

A exigência do olhar estratégico por parte das organizações propiciou, a partir da década de 1970, a difusão do conhecimento sobre o assunto, dando origem a uma série de publicações acadêmicas por meio das quais passaram a se destacar nomes como Michael Porter, Gary Hamel, Prahalad, Peter Drucker, Ansoff, entre outros. Um dos maiores expoentes, Michael Porter (1990, p.1) definiu "estratégia competitiva" como:

> A busca de uma posição competitiva favorável em uma indústria, a arena fundamental onde ocorre a concorrência. A estratégia competitiva visa estabelecer uma posição lucrativa e sustentável contra as forças que determinam a concorrência da indústria.

Entre as variadas publicações acadêmicas que surgiram destaca-se a publicação, em 1992, do artigo "The Balanced Scorecard – Measures That Drive Perfomance", veiculada na conceituada revista *Harvard Business Review*, de autoria do professor da referida instituição, Robert S. Kaplan, em conjunto com o consultor David P. Norton, presidente da Renaissance Solutions. Inicialmente criado para servir como ferramenta para medição do desempenho organizacional, o BSC revolucionou o universo corporativo, passando a exercer o papel de instrumento de gestão estratégica, isto é, como norteador dos processos de planejamento estratégico de muitas organizações, tornando-se a marca de organizações bem administradas.

A seguir, encontram-se descrições teóricas e práticas sobre o BSC, seu uso como moldura para elaboração do planejamento estratégico, casos de sucesso e de fracasso, relação com a sustentabilidade, política e cidadania, além de apresentar os dados da atuação da empresa simulada Lion no jogo de empresas, relacionando-os com o tema objeto desta pesquisa.

BSC SOB A ÓTICA ACADÊMICA

A partir da década de 1990 as organizações, em sua busca pela excelência operacional e pela criação de valor, passaram a demandar sistemas de avaliação baseados em indicadores mais amplos, que as capacitasse a medir o seu desempenho real nos negócios.

Motivados pela crença de que os modelos anteriores de avaliação de desempenho organizacional estavam obsoletos por serem exclusivamente pautados em indicadores econômico-financeiros e não refletirem a capacidade de atividades relacionadas a ativos intangíveis gerarem valor para o futuro da organização, Kaplan e Norton criaram o modelo do *Balanced Scorecard* – um sistema amplo que incorpora indicadores financeiros e não financeiros na avaliação dos fatores críticos de sucesso para que uma empresa crie valor no longo prazo, isto é, no intento de alcançar seus objetivos estratégicos.

O termo *Balanced Scorecard* (indicadores balanceados de desempenho) traduz a visão e a estratégia da organização a partir de diferentes indicadores, alocados em quatro perspectivas de desempenho equilibradas: a perspectiva financeira, a perspectiva do cliente, a dos processos internos e a perspectiva de aprendizado e crescimento. A Figura 7.1 ilustra o modelo em estudo.

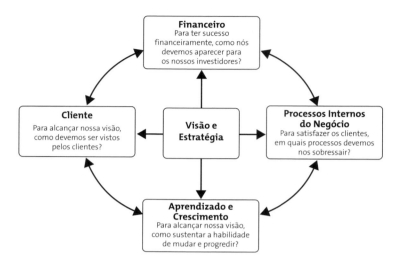

Fonte: Kaplan e Norton, 1997.

FIGURA 7.1. Estrutura do *Balanced Scorecard* – suas quatro dimensões de análise.

A nomenclatura dada ao modelo, segundo Campos (1998), numa citação indireta, decorre do fato de que uma organização apenas estará nos rumos corretos caso os conjuntos de indicadores estejam "balanceados", isto é, sejam considerados com seus respectivos graus de importância relativa, porém com equidade. Também se pode entender o termo balanceado como fruto de um sistema de medidas que converge para os objetivos de curto e longo prazo, para medidas financeiras e não financeiras, para indicadores de tendências e de ocorrências e para fatores internos e externos de desempenho.

Uma das grandes vantagens do BSC reside na dinâmica bastante lógica de causa e efeito (relações de anterioridade) existente entre as diferentes perspectivas analisadas:

> A somatória das pessoas, tecnologia e inovações, se bem aplicadas aos processos internos das empresas, alavancarão o desempenho esperado no mercado junto aos clientes e trarão à empresa os resultados financeiros esperados. (Symnetics, 2003)

METAMORFOSE DO BSC

Como consequência das relações de anterioridade entre suas dimensões e da utilização de indicadores de desempenho, o BSC passa a ser ferramenta importante de apoio aos gestores na tarefa de descrever a estratégia organizacional, definindo-se objetivos estratégicos em cada uma das dimensões, os quais são validados como cumpridos ou não pelos indicadores formulados. Kaplan e Norton (1997, p.8) afirmam que tal transformação:

> [...] reforçou a importância da vinculação das medidas do *Balanced Scorecard* à estratégia organizacional. Embora aparentemente óbvio, a verdade é que a maioria das empresas, mesmo aquelas que estavam implementando novos sistemas de medida de desempenho, não alinhava as medidas às suas estratégias. A maioria procurava melhorar o resultado dos processos existentes – através de custos mais baixos, melhor qualidade e tempos menores de resposta – mas não sabia identificar os processos realmente estratégicos: aqueles que devem apresentar um desempenho excepcional para que a estratégia da empresa seja bem-sucedida.

A citação é reforçada pela descoberta dos autores, os quais identificaram que executivos mais arrojados estavam utilizando o BSC não apenas como ferramenta de medida de desempenho, mas como *frame* para gerenciar a formulação da estratégia, sendo justamente esta transformação em seu uso, na visão de Kaplan e Norton (1997), o real poder do modelo. Resumidamente, o BSC passou por um processo de evolução e aperfeiçoamento: de mensurador de desempenho, para um gerenciador de desempenho, até se tornar globalmente reconhecido como uma das melhores práticas de administração estratégica. Em se tratando de um instrumento facilitador da prática de administração e planejamento estratégicos, o BSC auxilia os responsáveis pela função a esclarecer e a obter consenso em relação à estratégia, a comunicá-la a todos da empresa, a definir as metas departamentais, definir as ações estratégicas e promover revisões de aperfeiçoamento por meio de *feedbacks*. Todas as facilidades descritas adicionam valor à gestão, aos clientes e aos acionistas.

O MAPA ESTRATÉGICO

A evolução do BSC foi fruto da introdução, pelos seus criadores, de um novo conceito denominado mapa estratégico. Kaplan e Norton (2004) declararam que o mapa facilita a visualização dos objetivos estratégicos a partir das relações de causa e efeito entre as quatro perspectivas do modelo e, assim, ajuda a definir com mais qualidade os indicadores de desempenho em cada perspectiva, associando-os a metas quantificadoras e aos respectivos planos de ação que apresentem os caminhos para a consecução dos objetivos delineados. O mapa estratégico permite à organização determinar suas estratégias de modo mais coeso, integrado e sistemático, o que eleva a probabilidade de êxito na sua implementação. Por conseguinte, o mapa atua como um instrumento de comunicação, que proporciona aos empregados uma visão mais clara de como o seu trabalho está ligado aos objetivos da organização, garantindo que haja coordenação e solidariedade na busca do intento estratégico e da vantagem competitiva. O aspecto facilitador da comunicação interna proporcionado pelo mapa estratégico do BSC permite, ainda, que o planejamento estratégico seja convertido mais facilmente em planos funcionais das áreas da organização, isto é, em documentos que se constituem de "apresentações sistematizadas e justificadas das decisões tomadas, relativas à ação a realizar" (Ferreira apud Padilha, 2001, p.36).

Na Figura 7.2 observa-se o mapa estratégico de uma empresa de serviços aéreos, no qual ficam evidentes as relações de anterioridade entre as diferentes dimensões do modelo, para as quais são delineados objetivos distintos, porém interdependentes, para o sucesso geral da organização. Acompanhando a elaboração do mapa estratégico definem-se, para cada objetivo traçado, seus indicadores, suas metas e as ações estratégicas. Tendo-se o modelo geral do BSC como ferramenta para a gestão da estratégia, os objetivos e indicadores que compõem cada perspectiva podem ser entendidos mais detalhadamente.

PERSPECTIVA FINANCEIRA

Embora inovador, o BSC conserva as medidas financeiras, pois entende que são necessárias e valiosas para sintetizar as consequências econômicas imediatas de ações consumadas. Os objetivos e indicadores financeiros permitem traçar as metas das outras perspectivas, com a união de

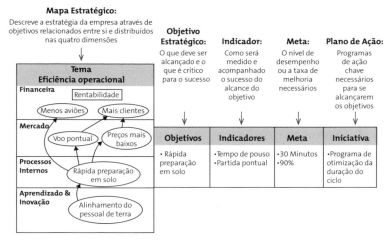

Fonte: Symnetics (2003, p. 5).

FIGURA 7.2. Exemplo genérico de mapa estratégico.

todas as metas convergindo para a missão e a visão da empresa. Entre os indicadores, destacam-se o retorno sobre investimentos, índices de lucratividade, elevação de receitas e a redução de custos.

PERSPECTIVA DOS CLIENTES

Envolve o estabelecimento de objetivos e indicadores relacionados a segmentos de clientes específicos com os quais a unidade de negócios atuará. Volta-se para aspectos genéricos da qualidade do serviço e do sucesso da estratégia, tais como: satisfação do cliente, retenção de clientes, conquistas de novos clientes, lucratividade por cliente, *market share*, entre outros. Para Padoveze (2003), a perspectiva busca estabelecer objetivos que permitam uma entrega de valor positiva ao cliente, selecionando as medidas de avaliação mais apropriadas.

PERSPECTIVA DOS PROCESSOS INTERNOS

Os objetivos estratégicos e indicadores dessa perspectiva são elaborados após os financeiros e os dos clientes. Segundo Kaplan e Norton (1997), os executivos definem processos internos críticos em que a empresa deve alcançar a excelência. Nessa fase, identificam-se os gargalos dos fluxos de processos que, se sanados, levarão a organização aos intentos estratégicos. Eles são encontrados em três processos fundamentais: inovação, operações e serviços pós-venda. Os processos de inovação abrangem a área de pesquisa e desenvolvimento (P&D), de modo que os indicadores/benefícios relacionem-se a aspectos como tempo para o desenvolvimento da próxima tecnologia, capacidades técnicas do processo de produção e nível de diferenciação almejado. Para as operações, procura-se enfatizar a eficiência da entrega regular e pontual dos produtos ou serviços por meio de medidas de custo, tempo e qualidade/conformidade. Para os serviços pós-venda, os objetivos e indicadores podem atrelar-se aos processos de garantia e conserto, correção de defeitos e devoluções, com indicadores de taxa de defeito em peças, produtos devolvidos etc.

PERSPECTIVA DE APRENDIZADO E CRESCIMENTO

Segundo Kaplan e Norton (1997), o elo final – as metas de aprendizado e o crescimento dos colaboradores – expõe os motivos para investimentos significativos na formação e reciclagem de funcionários, na tecnologia e nos sistemas de informações. Esses investimentos produzem inovações e melhorias importantes para os processos internos de negócios, para os clientes e, por fim, para os acionistas. A ênfase é a capacitação do funcionário, o capital humano e intelectual, o recurso mais importante do sistema empresa. Objetivos de investimento e aperfeiçoamento da tecnologia da informação também fazem parte da perspectiva de aprendizado e crescimento.

BSC SOB A ÓTICA DAS ORGANIZAÇÕES

Banco DaimlerChrysler S.A.: um caso de sucesso

O presente caso de sucesso tem o intuito de ilustrar como o uso do *Balanced Scorecard* como metodologia de implementação e gestão da estratégia tem sido efetivo nas organizações e contribuído para que o alcance da visão de futuro torne-se um compromisso de todos os colaboradores. O Banco DaimlerChrysler iniciou suas atividades no Brasil em novembro de 1998, após a fusão da alemã Daimler-Benz com a montadora americana Chrysler em uma parceria de sucesso que durou até o ano de 2008, quando o banco já havia alterado sua razão para Banco Mercedes-Benz.

No início de 2003, quando operava suas linhas de financiamento de veículos de *leasing* e de CDC sob a denominação DaimlerChrysler, iniciou-se a implementação do BSC como uma ferramenta de gestão da estratégia. A predisposição para atualizar o modelo anterior partiu do novo diretor-presidente, Michael Kempa, que tomou posse já com este objetivo em mente. Sendo a troca do CEO um acontecimento importante, a diretoria concluiu que aquele seria um momento adequado para rediscutir o planejamento estratégico.

A implementação foi conduzida pela diretoria e pela gerência (com suporte de funcionários da matriz alemã) e, em sua cronologia, cumpriu etapas que forneceram os insumos básicos para a elaboração do mapa estratégico do banco. Destacam-se a definição da missão e da visão – como direcionadores estratégicos – e a identificação dos fatores críticos de sucesso, observando os pontos fortes e fracos da empresa, bem como as ameaças e oportunidades que o ambiente gerava.

Concluídas as análises estratégicas, a equipe responsável dedicou-se a pensar nos objetivos estratégicos. Após muitas discussões, chegou-se a dezessete objetivos, distribuídos pelas quatro perspectivas do BSC, de modo a traduzir a melhor estratégia para o banco. O modo como fora conduzida a elaboração do mapa estratégico na instituição, como preconizado por Niven (2002), foi bastante adequado, pois contou com o comprometimento dos executivos seniores – detentores de conhecimentos sobre estratégia, mercados, concorrentes e processos – alocados em uma equipe que conseguiu determinar objetivos claros.

Concluído o mapa estratégico, o desafio era divulgar a nova metodologia de planejamento estratégico e convencer os demais colaboradores a aderirem ao processo, entendendo os benefícios esperados. A importância do plano de comunicação foi destacada por Shulver e Antarkar (2001), que mostraram que o sucesso do BSC como um sistema de gestão e de comunicação da estratégia depende da sequência e do conteúdo do processo de planejamento da comunicação usado para disseminar o sistema por toda a organização.

O grupo de trabalho responsável organizou um evento denominado Big Town Hall Meeting com a participação de todos os funcionários, no qual foi distribuída, como parte do plano de comunicação, um folheto contendo a missão, a visão e os objetivos fixados no mapa estratégico, de modo a evidenciar as relações de causa e efeito e a lógica da ferramenta. Foi esclarecido o conceito de BSC e abriu-se espaço para a discussão dos objetivos declarados, para elevar o sentimento de participação e de comprometimento mútuo. Sob questionamento, definiu-se que após a reunião cada gerente reuniria seus funcionários para determinar as ações requeridas para se atingir os intentos estratégicos.

A diretoria acompanhou os trabalhos das gerências e estabeleceu os *key performance indexes* (KPI's) mais adequados para avaliar se os planos de ação estariam conduzindo o banco às metas de longo prazo contidas no mapa.

Após seis meses de trabalhos, disponibilizou-se na intranet da empresa o *Balanced Scorecard*, contando com cerca de quarenta indicadores e metas, como: retorno sobre o capital, participação no mercado (perspectiva financeira); índice de satisfação de clientes e concessionários (perspectiva dos clientes e parceiros); índice de desenvolvimento profissional, índice de satisfação dos funcionários (perspectiva de aprendizado e crescimento).

Os resultados finais foram muito positivos. A inadimplência teve queda de 37% em relação ao ano anterior; o volume de novos negócios aumentou 45%, auxiliado pela melhora na economia do país no ano; a carteira de clientes expandiu-se 14%; o índice de satisfação dos funcionários (medido na pesquisa de clima) superou as metas da organização, como fruto de diversas ações de gestão de pessoas, como cursos e atividades de integração. A satisfação dos clientes aumentou cerca de 33%, de acordo com pesquisa encomendada.

O sucesso do DaimlerChrysler não se deveu exclusivamente ao uso do BSC como ferramenta de gestão estratégica, todavia, ele foi muito importante para coordenar os esforços de todos.

Indústria automobilística brasileira: um caso de fracasso

Casos que relatem fracassos de empresas durante a implementação do *Balanced Scorecard*, como ferramenta de gestão estratégica, usualmente apontam para falhas-padrão que, não raras vezes, foram percebidas por diferentes autores. Santos (2002) relatou uma situação de fracasso na implementação do BSC em uma empresa automobilística brasileira, em que os equívocos e deficiências coincidiram com alguns ilustrados no Quadro 7.1. Entre as muitas falhas da indústria de automóveis, podem-se destacar: a reduzida participação dos membros das distintas áreas no projeto de estruturação do planejamento estratégico via BSC; mínimo apoio e atuação da diretoria, o que acabou por levar a uma percepção inconsistente da estratégia da empresa por parte da equipe, além da falta de comunicação clara acerca dos objetivos e métricas que haviam sido estabelecidos.

QUADRO 7.1 Falhas no uso do BSC.

FALHAS PERCEBIDAS	AUTORES
Falta comprometimento da cúpula	Santos, 2002; Attadia, 2003; Rezende, 2003
Ação isolada da alta administração	Rezende, 2003; Beber, 2006; Prieto, 2006
Falta de time focado para implementar	Ottoboni, 2002; Santos, 2002; Osaki, 2005
Comunicação não efetiva	Rezende, 2003; Beber, 2006; Prieto, 2006
Métricas de avaliação de curto prazo	Kaplan e Norton, 1997
Relações causa-efeito mal definidas	Kaplan e Norton, 1997; Schneiderman, 1999; Moreira, 2002; Kronenberg, 2006

SUSTENTABILIDADE, POLÍTICA E CIDADANIA

O debate em torno do desenvolvimento sustentável vem ganhando gradual importância no cenário internacional, público e privado, desde o final do século passado. Fato assegurado pela realização da Rio+20 (Conferência das Nações Unidas sobre Desenvolvimento Sustentável) entre os dias 13 e 22 de junho de 2012, na mesma sede em que, há 20 anos, na Rio 92, celebraram-se distintos acordos a respeito da responsabilidade dos diversos agentes mundiais – estados nacionais, governos locais, empresas e outros agentes – para a construção de um mundo mais sustentável, sobretudo do ponto de vista econômico-ambiental.

Segundo o Relatório da Comissão Mundial sobre o Meio Ambiente e Desenvolvimento, "desenvolvimento sustentável é aquele que satisfaz necessidades do presente sem comprometer a capacidade de as futuras gerações satisfazerem suas próprias necessidades" (Brundtland, 1988).

A assimilação crescente pela sociedade dos conceitos de sustentabilidade tem levado as organizações a buscarem vantagens competitivas por intermédio de ações que posicionem a marca da empresa na mente dos consumidores e demais *stakeholders*, não apenas como uma defensora, mas como ativista para a consolidação do desenvolvimento sustentável. No ambiente cada vez mais competitivo, somente será sustentável no longo prazo a empresa que engajar-se em práticas que assegurem o desenvolvimento social nos aspectos econômico, ambiental e social. Sobre as empresas sustentáveis, Barbieri (2004, p.228) opina:

> Espera-se que as empresas sejam sustentáveis em termos econômicos, sociais e ambientais, que elas não só gerem renda e riqueza, que é o objetivo primário para o qual foram criadas, mas sejam capazes de minimizar seus impactos ambientais adversos, maximizar os benefícios para tornar a sociedade mais justa.

A citação de Barbieri se associa ao modelo do *triple bottom line*, criado por John Elkington (1994) e utilizado pelas organizações para sincronizar recursos, ações e estruturas organizacionais na busca por resultados de gestão nas esferas dos três pilares.

Já foi discutida a importância do mapa estratégico, dentro do contexto de evolução do BSC, como instrumento de norteamento e gestão estratégica. Transportado para o enredo do desenvolvimento sustentável, os mapas ganham notoriedade ao permitirem que estratégias econômicas, sociais e ambientais sejam delineadas e avaliadas nas perspectivas do modelo. Os autores afirmam que o modelo, em sua arquitetura básica, tem condições de agregar processos voltados à gestão ambiental e à social. A perspectiva do modelo que habilitaria a organização a considerar tanto a regulamentação existente quanto seus intentos sociais e ambientais seria a dimensão dos processos internos.

Considerando que uma empresa, além de cumprir com as normas sociais e ambientais presentes no ordenamento jurídico do país, visa à valorização e boa reputação de sua imagem, Kaplan e Norton (2004) determinaram quatro objetivos gerais para a gestão dos fatores ambientais e sociais:

- Meio ambiente: consumo de energia e outros recursos, efluentes líquidos e gasosos, resíduos sólidos, desempenho do produto, outros agregados conforme legislação ou norma que incide sobre um determinado ramo empresarial.
- Segurança e saúde dos funcionários.
- Práticas trabalhistas corretas.
- Investimentos na comunidade.

Não obstante, alguns estudiosos questionam a capacidade da estrutura original do *Balanced Scorecard* em retratar fidedignamente as demandas ambientais e sociais vinculadas às econômicas. Monteiro et al. (2003) levantaram a possibilidade de inclusão de uma quinta perspectiva para os processos de gestão ambiental. Torres (2007) evidenciou o BSCS, ou *Sustainability* BSC, como um modelo dotado de uma quinta perspectiva superior à financeira, denominada social e ambiental, e que abrangeria o conceito de *triple bottom line*.

Apesar de preconizarem que o modelo original suporta análises e diretrizes estratégicas de desenvolvimento sustentável, Kaplan e Norton (2004) desenvolveram atualizações sobre o modelo antigo. Para eles, o BSCS conteria duas perspectivas adicionais: a primeira para o *triple bottom line*, denominada "triplo resultado", alocada no topo do BSC e a segunda, "social e ambiental", alocada entre as perspectivas de processos e aprendizado.

PROBLEMA DE PESQUISA E OBJETIVO DE ESTUDO

Barros e Lehfeld (2000, p.78) argumentaram que o interesse pela construção de uma pesquisa aplicada reside na necessidade de produzir conhecimento para a resolução de problemas ou necessidades palpáveis. Torna-se mandatório, então, que haja uma problemática real para uma pesquisa aplicada ser conduzida.

Sendo o ambiente do jogo de empresas um modelo da realidade empresarial que os administradores enfrentam no cotidiano, a atividade básica de planejamento estratégico da administração ganha importância equivalente, constituindo-se na gênese e principal indutora dos resultados alcançados pela organização, seja ela real ou fictícia. Assim, o objetivo de pesquisa na posição do diretor de planejamento estratégico foi articular diferentes indicadores de desempenho para a gestão da estratégia, sob diferentes perspectivas, compreendendo de que modo o *Balanced Scorecard*, como um modelo de estruturação e de gestão das ações estratégicas, contribuiu para um desempenho satisfatório ou insatisfatório no jogo de empresas.

MÉTODO DE PESQUISA

De modo geral, os dados coletados para a construção do estudo foram obtidos inicialmente em livros e artigos científicos que tratavam da teoria de planejamento estratégico. Também resultaram da experiência do jogo vivenciada ao longo das aulas semanais do semestre, além do entendimento das regras econômicas do simulador que embasaram as decisões no jogo de empresas a partir do livro *Laboratório de gestão: simulador organizacional, jogo de empresas e pesquisa aplicada* (Sauaia, 2010). Juntamente com o *template* da *Monografia Racional: uma versão eletrônica* (Sauaia, 2009), esta bibliografia também ofereceu resultados de pesquisas laboratoriais realizadas em anos anteriores, que auxiliaram sobremaneira no entendimento de como deveria ser elaborada uma pesquisa de qualidade. As fontes de dados podem ser divididas em primárias e secundárias.

As fontes primárias foram os relatórios semanais do jogo de empresas, os quais mediante análise produziam informações sintetizadas sobre o desempenho e as decisões das outras dez concorrentes que operavam na mesma indústria, sobre as decisões (preços, níveis de investimento, volumes de produção, distribuição de dividendos) e os resultados alcançados pela Lion, empresa objeto deste estudo, além dos índices macroeconômicos e de mercado do setor. Fontes primárias, igualmente importantes, foram os anúncios de fornecedores e do governo que operava a política econômica do ambiente laboratorial, a presença de *stakeholders* (concorrentes e, principalmente, fornecedores), com os quais era possível entabular negociações, as notícias divulgadas pelo jornal *O Vidente Econômico*, além da própria experiência de relacionamento com os demais membros do grupo Lion durante as atividades.

Como dados secundários destacam-se a importância do livro-texto da disciplina, *Laboratório de gestão* (Sauaia, 2010), provedor de conhecimento sobre as regras econômicas do jogo, toda a bibliografia acadêmica das demais disciplinas de conteúdo administrativo, e os artigos científicos pesquisados na internet que subsidiaram todo referencial teórico que suporta esta pesquisa.

INSTRUMENTO DE COLETA DE DADOS

Semanalmente, eram preenchidos os formulários de decisões trimestrais pelo grupo de gestores e submetidas as decisões de cada trimestre. Ao início das aulas, os resultados das decisões anteriores eram disponibilizados, inicialmente para consulta gratuita e, mais tarde, mediante aquisição. Ao final do semestre, os relatórios consolidados de todos os trimestres foram disponibilizados no portal Simulab, para facilitar a análise e a produção das pesquisas. Também importantes foram os dois seminários conduzidos pelos grupos ao final de cada ano do jogo, em que se observavam os pontos fortes e fracos da estratégia das concorrentes e as decisões de cada diretoria. A interação dos gestores entre si e com os integrantes das empresas concorrentes também produziram alguns dados qualitativos.

DESCRIÇÃO DO EXPERIMENTO E COLETA DE DADOS

A proposta do jogo de empresas é reunir, de uma maneira didaticamente inovadora, todos os conhecimentos teóricos aprendidos nos primeiros anos da graduação, aplicando-os à gestão dinâmica de uma empresa. A Lion era uma das empresas que operavam no ambiente competitivo Setemeia. Assim como as demais dez concorrentes, a Lion era composta por seis diretores (planejamento estratégico, marketing, recursos humanos, produção, finanças e presidência), responsáveis, semanalmente, por tomar decisões trimestrais que envolviam ações mercadológicas (preço, MKT e P&D), operacionais (manutenção e programação de produção) e financeiras (investimentos em equipamentos e matéria-prima, distribuição de dividendos e compra de consultoria). Havia, além dessas, outras decisões operacionais cujo intuito era agregar valor ao negócio, o que era entendido como gerar lucros líquidos satisfatórios e ter uma boa taxa interna de retorno (TIR).

As decisões semanais correspondiam, no tempo do jogo, a um trimestre de operação da empresa, e eram tomadas nas aulas, durante cada uma 100 minutos. O ambiente econômico em que se realizou o jogo de empresas era uma indústria tecnológica de SETs – sistema de execução de tarefas, bens eletroeletrônicos multitarefas, na turma de EAD-672 da Setemeia, no país denominado Brazol, sob um regime neoliberal de livre iniciativa, com pouca intervenção do Estado.

Antes que o jogo efetivamente começasse, todos os participantes do grupo estudaram o livro *Laboratório de gestão* (Sauaia, 2010) para entender, na Parte 1, as regras do simulador e contribuir embasadamente na tomada de decisões da empresa. O grupo era composto por pessoas bem dedicadas aos estudos e que, de início, demonstraram grande interesse em vivenciar no jogo uma experiência agregadora. Todos se comprometeram com o sucesso da Lion e não houve, ao longo do jogo de empresas, nenhum conflito agudo entre os participantes, que se entenderam muito bem pelo fato de alguns já terem anteriormente trabalhado juntos. Destacam-se os ganhos iniciais propiciados nas rodadas-teste do simulador para a organização da estrutura e definição do planejamento: foi elaborada uma planilha automatizada para a tomada de decisão mais rápida e assertiva, foram resumidas para os membros do grupo as principais regras do simulador numa espécie de cartilha, e foi criado um domínio eletrônico (*google-group*) para a troca de informações e alinhamento de acordos realizados em reuniões.

Embora, teoricamente, existisse a divisão de responsabilidades entre as diretorias, as decisões foram tomadas em conjunto após boa discussão que produzisse consenso no grupo. Essa tentativa de busca de consenso e criticidade dos diretores atrapalhou, em certos momentos, a tomada de decisões e atrasou as entregas, fazendo com que decisões importantes tivessem de ser tomadas às pressas pela falta de tempo, prejudicando a obtenção de bônus por pontualidade.

Os relatórios com os resultados trimestrais eram a principal fonte de dados e, como todo o jogo se desenvolveu sob a égide de um ambiente neoliberal, os relatórios de resultados trimestrais vendidos tiveram de ser adquiridos por $20.000 (antes das eleições municipais) e por $30.000 após as eleições ocorridas ao final do ano 1, que decidiram por maioria pela continuidade do modelo neoliberal. Ao final da disciplina os relatórios trimestrais foram disponibilizados no portal Simulab.

O desempenho do jogo contribui com parte da nota final de todos os gestores, sendo a nota dos grupos atrelada à posição da empresa no *ranking* de taxas internas de retorno (TIR). O desempenho das atividades individuais realizadas a cada semana e a qualidade da versão final da pesquisa aplicada compuseram os indicadores que totalizam a média dos gestores na disciplina.

Os dados quantitativos coletados que auxiliaram na análise descritiva dos resultados auferidos pela Lion, à luz das atribuições da diretoria de planejamento estratégico, foram: preço, investimentos em *marketing,* investimentos em P&D, *market share,* evolução dos lucros, distribuição de dividendos e taxa interna de retorno, bem como análises cruzadas entre tais aspectos. Do ponto de vista qualitativo, análises do comportamento dos gestores do grupo foram de grande valia ao entendimento do fracasso ou sucesso das estratégias iniciais. Por fim, desenvolveu-se uma análise de como o uso do BSC, como estruturador e avaliador da estratégia, contribuiu para os resultados da empresa no setor.

ANÁLISE DESCRITIVA DOS DADOS

A estratégia estabelecida pela diretoria da Lion era inicialmente a diferenciação do produto, com elevação gradual dos preços, conforme os atributos diferenciadores fossem incorporados a ele e reconhecidos pelo consumidor. O objetivo era obter vantagem competitiva em benefícios, aumentando o valor percebido pelo cliente, para gerar resultados mercadológicos e financeiros positivos.

O plano de gestão da organização (Sauaia, 2010, p.63), em sua visão, enfatizava a estratégia de diferenciação: "ser reconhecida pelo mercado como a empresa mais diferenciada, combinando qualidade e rentabilidade".

A adoção dessa estratégia se justificava pelo fato de que, nas rodadas-teste, algumas características do mercado de SETs se mostraram favoráveis à maior rentabilidade pela diferenciação:

1. O mercado consumidor do jogo era propenso a pagar um valor *premium* pelo produto, caso percebesse proposta de valor diferenciada;
2. O produto oferecido pelas empresas era um bem cuja satisfação não poderia ser avaliada antes da experiência, sendo fundamental ter boa qualidade, que só seria alcançada com investimentos em pesquisas tecnológicas que eliminassem a homogeneidade inicial;
3. Muitas concorrentes, no início do jogo, mostravam-se propensas a adotar estratégias de redução de custos, o que poderia levar o mercado a uma guerra de preços, minando a rentabilidade do setor, já que nenhuma das onze empresas liderava o mercado inicial, detendo todas igualmente cerca de 9% de *market share*.

Os investimentos em pesquisa e desenvolvimento eram a base dessa estratégia de diferenciação, e os seus efeitos sobre o produto e o processo, segundo as regras do simulador, eram predominantemente percebidos apenas no médio e longo prazo (dois ou mais trimestres para investimentos regulares ou crescentes). Assim, optou-se por investir de maneira regular em P&D (15% da receita prevista no trimestre), sobretudo até o sexto trimestre, período em que a maior diferenciação do produto ainda seria percebida no jogo que encerrou no trimestre 8.

Sabia-se, na empresa Lion, que era importante investir quantias regulares em marketing (propaganda, distribuição e atendimento) a fim de tornar conhecido o produto, ter boa distribuição e contar com vendedores treinados para promovê-lo nos pontos de venda. Pelo fato de a indústria de SETs ter produtos homogêneos no início do jogo, os investimentos em marketing foram mais elevados no primeiro trimestre, diminuíram nos trimestres seguintes e foram retomados a partir do quinto trimestre, pois acreditava-se que o produto já estaria diferenciado no quinto trimestre, podendo ser esse o momento de ganhar mercado com ações promocionais diferenciadoras no segmento de SETs *premium* (Figura 7.3).

No decorrer dos trimestres, o preço do produto foi progressivamente elevado, conforme surgiam os efeitos da diferenciação. Nos dois primeiros trimestres, como o produto ainda era homogêneo, optou-se por manter o preço no mesmo patamar inicial. Embora a elevação dos preços obedecesse a uma lógica básica da estratégia de diferenciação, garantindo maiores margens, é importante salientar que os aumentos eram bastante subjetivos, assim como foram subjetivas outras decisões tomadas. Apesar das críticas a esta política de investimentos em diferenciação, procurava-se minimizar tal subjetividade prevendo gastos de marketing e P&D como percentuais da receita prevista no trimestre em curso.

A partir da Figura 7.4, que retrata os preços praticados pela empresa, percebe-se um aumento percentual relevante no valor cobrado no sexto trimestre. Esse foi o momento em que a estratégia, até então bastante satisfatória e que conduzia a empresa rumo à visão preestabelecida de liderança no mercado, começou a ruir, por um leve descuido da gestão. Para tornar o entendimento de como um pequeno erro pode ser tão im-

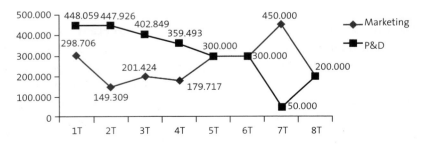

Fonte: www.simulab.com.br.

FIGURA 7.3 Investimentos em P&D e em marketing.

capítulo 7 ■ *BALANCED SCORECARD* (BSC): FERRAMENTA DE PLANEJAMENTO ESTRATÉGICO ■ 95

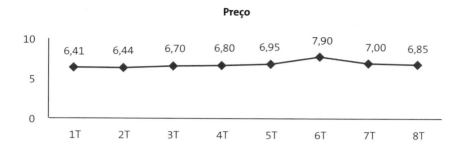

Fonte: www.simulab.com.br.

FIGURA 7.4 Preços praticados pela Lion S/A.

pactante no ambiente de negócios, serão apresentados, primeiramente, os ótimos resultados da estratégia acima delineada até o quinto trimestre, explicando como tudo foi prejudicado.

A base da estratégia da Lion era prever, com assertividade satisfatória, o mercado potencial (demanda da empresa) para o próximo trimestre, a fim de não gerar demanda reprimida, não perder receita e não tomar outras decisões de produção que acarretassem custos acentuados. Para tanto, o grupo baseava seus cálculos nos índices econômicos para o trimestre. Todavia, embora tivessem sido lidas as regras do simulador no início, o grupo continuou com muitas dúvidas a respeito de como se podia prever, com maior precisão, os valores do mercado potencial, com base nos referidos índices econômicos (variação estacional e atividade econômica). Com o propósito de mitigar tal incerteza, uma consultoria com o professor foi contratada, na qual compreendeu-se que o índice de variação estacional (IVE) era, naquele cenário, o fator mais importante para as perspectivas de variação do próximo mercado potencial da empresa. O grupo passou a adotar o método de múltiplos dos indicadores do trimestre vigente, aplicando-os sobre o último mercado potencial da empresa, a fim de prever a demanda para o trimestre em que as decisões eram tomadas. Com essa técnica, conseguiu-se quase sempre atender à demanda (Figura 7.5).

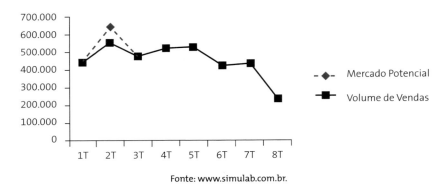

Fonte: www.simulab.com.br.

FIGURA 7.5 Mercado potencial e volume de vendas.

O único momento em que a demanda não foi plenamente atendida foi no período do Natal do ano 1, quando a demanda reprimida de todo o setor ficou em torno de 5%. O modelo adotado satisfez o intento da Lion, de operar com maior segurança produtiva sem gerar excessos de demanda, além de permitir que, nos períodos de sucesso da estratégia (primeiro ao quinto trimestres), os níveis de custo e os estoques de produtos acabados não fossem muito elevados.

Quanto aos investimentos em instalações e equipamentos, por buscar uma vantagem competitiva em diferenciação, a Lion sabia que seria mais adequado operar com ganhos na margem do preço do produto, em vez de gerar grandes volumes produtivos. Dessa forma, procurou-se investir em capacidade produtiva apenas em alguns momentos do jogo, sobretudo no primeiro trimestre. Todavia, a elevada demanda do Natal (out/nov/dez – ano 1) não foi atendida, mesmo com os investimentos em capacidade produtiva feitos no período anterior. O fato de não se atender o mercado potencial no segundo trimestre assustou a diretoria, que investiu pesadamente em maquinário no trimestre seguinte ($698.973). Estabeleceu-se na diretoria que a capacidade atingida, de 458.635 unidades, era coerente com a estratégia de diferenciação adotada e que os próximos investimentos em maquinário apenas compensariam os efeitos da depreciação sobre o imobilizado (2,5% ao trimestre). Infelizmente, no quarto trimestre, houve o primeiro erro da gestão, que se esqueceu de investir para repor a depreciação, o que reduziu a capacidade produtiva e exigiu o dobro de investimentos no quinto trimestre, como se observa na Tabela 7.1.

TABELA 7.1 Investimentos em equipamentos e capacidade produtiva.

	T1	T2	T3	T4	T5	T6	T7	T8
Investimentos em equipamentos ($)	606.938	216.736	698.973	0	459.008	230.000	230.000	200.000
Capacidade produtiva (unidades para o 1º. turno)	415.000	434.892	434.785	458.635	447.169	458.571	458.422	458.206

Fonte: www.simulab.com.br.

Quanto à capacidade de produção, os elevados investimentos em máquinas e equipamentos não eram tão atraentes aos olhos da diretoria, pois os valores a serem investidos para que a capacidade produtiva fosse elevada significativamente eram muito altos, gastando-se $20,00 para cada unidade adicional de capacidade de produção (Sauaia, 2010). A empresa optou por fazer uso de horas extras do Modelo 1 de produção – que vigorou para todo o setor até o sétimo trimestre, quando duas empresas concorrentes promoveram negociação setorial e obtiveram autorização do governo para ativar o segundo turno de operações, mediante compromissos assumidos de manutenção dos novos empregos, caso fosse necessário produzir acima da capacidade instalada.

Como fruto do bom entendimento das regras do simulador, a diretoria financeira sabia da necessidade de se fazer uma boa gestão do caixa da organização. O conjunto de normas que regulavam as ações do jogo de empresas evidenciava que caixa ocioso era um dos piores erros de administração. O giro tornava-se importante, e o professor, no papel de gerente do banco, garantiu financiamentos de caixa e negociou, caso a caso, fundos de investimentos para as empresas aplicarem seu excedente de caixa e gerarem alguma receita financeira.

A Lion teve facilitada a gestão de seu caixa pela já citada planilha financeira criada desde o início que, apesar dos defeitos em alguns cálculos, permitia que se tivesse uma noção bastante próxima dos níveis de caixa e de lucro que resultariam das decisões do trimestre. No decorrer das rodadas, os gestores estavam cientes da necessidade de não reter grandes montantes de capital de giro no caixa. Sabiam que o resultado final do jogo dependia não só dos lucros líquidos incorporados ao *equity*, mas também da distribuição estratégica de dividendos para atender aos acionistas de forma que a TIR fosse maximizada. Os gestores decidiram utilizar o excedente de caixa na distribuição regular de dividendos aos acionistas, embora mantivessem um saldo positivo de segurança, em caso de surpresas nas políticas econômicas ou gastos repentinos, tais como a exigência da Lei de Sustentabilidade Ambiental que, a partir do sexto trimestre, exigia que todas as empresas instalassem três filtros antipoluentes em suas linhas de produção.

Na Figura 7.6, observa-se que a diretoria foi conservadora ao distribuir os dividendos iniciais, pois desconhecia o impacto que seria gerado no caixa. Mais tarde, com a ferramenta da planilha parcialmente ajustada, os

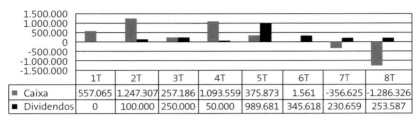

Fonte: www.simulab.com.br.

FIGURA 7.6. Evolução do saldo de caixa e dos dividendos distribuídos.

fluxos de dividendos tornaram-se mais intensos, com a maior distribuição no quinto trimestre, tornando mais eficiente a gestão do caixa até a sexta rodada, depois da qual os rumos se alteraram.

Os reflexos dessas ações até a divulgação dos resultados do quinto trimestre foram extremamente satisfatórios. O produto da empresa ganhava em diferenciação, decorrente dos investimentos contínuos em pesquisa e desenvolvimento; os preços maiores conduziam a lucros crescentes, quando comparados ao do trimestre inicial, e a TIR acompanhava o mesmo ritmo de crescimento. A essa altura do jogo de empresas, a diretoria tinha bastante conhecimento da posição da Lion, pois uma planilha em Excel® calculava as taxas de retorno de todas as concorrentes e auxiliava na definição do montante de dividendos a ser distribuído.

A evolução da TIR da Lion (Tabela 7.2) ilustra o desempenho positivo e crescente até o T5, propiciado pela estratégia de diferenciação adotada, quando a TIR era a maior entre as empresas da indústria das Setemeia. Tudo levava a crer que a Lion, nos trimestres subsequentes ao quinto, manteria a posição conquistada, e que a continuidade da estratégia seria natural, pois a diretoria já detinha certa experiência no jogo de empresas.

TABELA 7.2 Classificação da Lion com base na TIR.

	T1	T2	T3	T4	T5	T6	T7	T8
Classificação – TIR	7°	5°	6°	2°	1°	3°	4°	6°

Fonte: www.simulab.com.br.

Contudo, uma decisão equivocada e reveladora de total falta de atenção da diretoria no mesmo T5 acabou por inaugurar uma era de declínio no desempenho da Lion, que precisou ajustar parte de sua estratégia na rodada seguinte. O planejamento da produção consistia em adquirir, no trimestre vigente, a quantidade de matéria-prima necessária para a produção dos SETs que seriam ofertados ao mercado futuramente. Essa estratégia era básica e decorria das regras econômicas do simulador, de acordo com as quais as entregas dos insumos somente ocorreriam no final do trimestre. Assim, a Lion sempre adquiria uma quantidade de matéria-prima que lhe desse segurança para atender à demanda futura. A diretoria se descuidou ao não perceber que no sexto trimestre haveria elevada expectativa de consumo para o mercado de SETs, em virtude das compras de Natal, e não adquiriu quantidade de matéria-prima suficiente para atender à demanda que estava por vir.

Durante as decisões do sexto trimestre, a diretoria se assustou com o fato e acabou tendo que recorrer a uma empresa concorrente para adquirir a quantia de $100.000 em insumos, o que garantiu, com o uso de horas extras, o teto de 534.851 unidades produzidas. Porém, como os índices econômicos eram elevados, a diretoria acreditava que o mercado potencial estaria muito superior à capacidade de produção, optando por elevar substancialmente (14%) o preço do produto, aumento mais de cinco vezes superior à inflação de 2,5% acumulada até então.

A decisão oportunista gerou consequência catastrófica, pois o consumidor não aceitou essa elevação. Apesar de diferenciado, o produto não estava tão diferenciado quando comparado aos concorrentes, fazendo com que o preço de $7,90 ficasse muito acima das demais empresas do setor (Figura 7.8), assumindo um caráter abusivo e que diminuiu drasticamente o nosso mercado potencial e, em consequência, o *market share*, mesmo em um período de Natal, teoricamente favorável. A empresa obteve no trimestre lucro líquido bem abaixo do que poderia obter, caso tivesse mantido o mesmo padrão de apreçamento e tivesse percebido que o nível de preço também afetava o tamanho do mercado potencial.

As implicações do T6 e seus resultados pífios (Figura 7.7) foram muito desagradáveis para os membros da diretoria. As dificuldades em se realinhar as decisões levaram os gestores a promoverem reuniões fora da sala de aula, além das rodadas presenciais do jogo. Isso criou dificuldade adicional, pois todos os membros sempre foram bastante ocupados com outras tarefas além da faculdade, como, por exemplo, seu estágio.

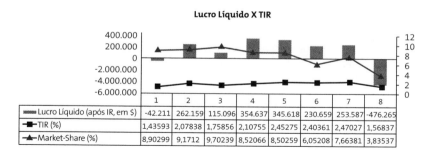

Fonte: www.simulab.com.br.

FIGURA 7.7 Lucros líquidos e evolução da TIR.

Desmotivados, os gestores da Lion passaram a comportar-se de forma reativa, defensiva e descompromissada: começaram a se ausentar da aula e não se empregou a mesma seriedade nas últimas decisões, principalmente no trimestre derradeiro, quando o prejuízo foi considerável e o caixa fechou em déficit. A empresa terminou o jogo de empresas em uma posição intermediária (sexta), que não correspondeu ao desempenho alcançado na maior parte do jogo de empresas, nem ao esforço de seus membros.

DISCUSSÃO DOS RESULTADOS

O planejamento estratégico da Lion foi totalmente suportado pelo *Balanced Scorecard*, cujo benefício, desde o início do jogo, foi o de fornecer a

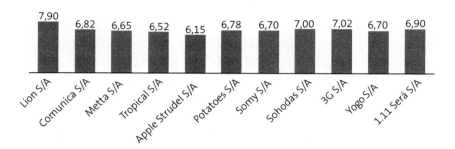

Fonte: www.simulab.com.br.

FIGURA 7.8 Preços praticados pelas empresas no sexto trimestre.

estrutura básica sobre a qual a diretoria poderia apoiar os objetivos estratégicos, possibilitando controle sobre a efetividade da estratégia por meio de indicadores em cada uma das quatro perspectivas do modelo.

As relações de causa e efeito inerentes ao modelo foram muito úteis. O diretor de planejamento, ao final das rodadas-teste com a colaboração dos demais diretores, desenvolveu um mapa estratégico que se tornou o grande direcionador dos esforços da Lion na busca por objetivos específicos. O mapa garantiu, assim, coerência no encadeamento dos objetivos e ações necessárias para atingi-los, além de comunicar a cada trimestre a estratégia para todos os gestores presentes. Infelizmente, a diretoria pecou em não formalizar indicadores de controle, qualitativos ou quantitativos, que evidenciassem a consecução dos objetivos estratégicos delineados no mapa, o que acabou levando aos equívocos apontados e ao fracasso na implementação da estratégia.

Iniciando a discussão da Figura 7.9 à luz da teoria do BSC, pela perspectiva de aprendizado e crescimento, os dados da análise descritiva evidenciam que houve, até o quinto trimestre do jogo de empresas, comprometimento de todos os cinco diretores da Lion. Os indicadores que asseguram a consecução de tal objetivo seriam o fato de os diretores terem comparecido em peso até a quinta rodada do jogo (baixo índice de ausência em classe) e também o fato de 100% das entregas terem sido realizadas antes do término de todas as rodadas do jogo. A partir do sexto trimestre os resultados insatisfatórios acabaram tirando a motivação do grupo.

O entendimento das regras do simulador se mostrou um objetivo atingido na medida em que todos os diretores realizaram a leitura da bibliografia básica (Sauaia, 2010), por meio da qual foi elaborada uma cartilha (primeiro indicador de aprendizagem e crescimento) com as principais regras do jogo. A já citada planilha eletrônica automatizada (segundo indicador de processos internos) auxiliou muito a tomada de decisões, juntamente com a planilha de cálculos da taxa interna de retorno (TIR) de todas as empresas do setor (terceiro indicador financeiro). Esses três instrumentos evidenciam em certa medida o entendimento das regras do jogo.

Percebeu-se, também, um bom entendimento dos impactos que os indicadores econômicos causavam na demanda pelos produtos, pois a metodologia dos múltiplos permitiu que a Lion não operasse com demandas reprimidas, sendo esse entendimento, inclusive, o responsável pela per-

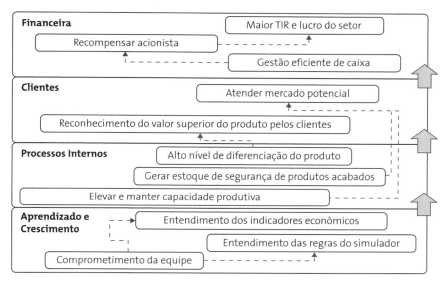

FIGURA 7.9. Mapa estratégico da Lion.

cepção do erro cometido no quinto trimestre, apoiando a quarta dimensão do BSC (satisfação dos clientes).

Na perspectiva de processos internos, o objetivo de se elevar e manter a capacidade produtiva da Lion foi ratificado pelos valores de investimento em equipamentos – elevados no início para garantir uma regular expansão fabril e para cobrir a depreciação. O nível de capacidade produtiva que decorria dos investimentos se manteve constante no decorrer do jogo. Tais objetivos, todavia, foram atingidos com maestria até o quinto trimestre, quando a empresa não cumpriu com o indicador de nível de estoque de matéria-prima que lhe permitisse produzir mais de 520.000 unidades no trimestre subsequente. Com isso, a Lion teve que recorrer a uma empresa concorrente para complementar a quantidade de matéria-prima que se considerava necessária. Nesse ponto, o erro também indica que a empresa no sexto trimestre não soube, de fato, mensurar o mercado potencial para o Natal do Ano 2, ferindo a consecução dos objetivos de entendimento dos indicadores econômicos, que até então estavam sendo bem conduzidos.

O objetivo de ter o produto mais diferenciado do mercado esteve sempre nos rumos corretos, dados os investimentos massivos e regulares que a empresa fez em P&D, valor que totalizou $2.508.327 em oito trimestres, ficando praticamente empatada com as outras duas empresas que se destacaram na diferenciação de seus produtos (Metta e Sohodas).

Os altos investimentos em P&D conduziram a um produto diferenciado, com chance de ter seus atributos reconhecidos pelo mercado. Até o quinto trimestre, a empresa elevou os preços e manteve *market share* regular ou crescente (relação usada como indicador), demonstrando que a política de aumento gradual e leve dos preços era coerente com a percepção de valor superior que o mercado tinha sobre um produto, inicialmente homogêneo. Ressalta-se que os investimentos em MKT, apesar de menos representativos, se comparados aos em P&D, também contribuíram para a promoção do produto da Lion.

Da mesma forma, o objetivo de atender o mercado potencial foi atingido durante quase todo o jogo (com exceção do segundo trimestre do ano 1). Mas gerar mercado potencial ínfimo no T6 revelou que o preço acima da média (para compensar a baixa capacidade produtiva com a falta de matéria-prima) reduziu o *market share* e feriu o indicador preço-regularidade/crescimento da fatia de mercado, o que fez com que a Lion terminasse com elevado estoque de produtos acabados, perdendo muitas posições.

Na perspectiva financeira, o reflexo positivo da consecução dos objetivos se fez presente até o T5. O envolvimento dos gestores permitiu uma boa administração de caixa, fazendo com que os fluxos oscilassem bastante (indicador), sobretudo por meio da distribuição de dividendos aos acionistas, cujo objetivo era recompensá-los majoritariamente nos primeiros períodos do jogo, o que foi feito (62% dos dividendos foram distribuídos até o quinto trimestre). A boa gestão de caixa, os dividendos bem distribuídos e o desempenho favorável nas demais perspectivas garantiram à Lion lucros significativos e a melhor TIR do jogo na quinta rodada. Se o jogo tivesse se encerrado naquele momento, o erro por descuido não negaria a eficiência do planejamento estratégico proposto no início com o BSC.

Por fim, seria interessante estender a análise dos resultados, sob o espectro da teoria do BSC, para a perspectiva da sustentabilidade. Apesar de a Lion ter instalado os três filtros exigidos pelo governo em lei (atitude reativa), em nenhum momento do planejamento estratégico estabeleceu-se, ao menos, um objetivo específico voltado à sustentabilidade em um dos dois pilares socioambientais. A diretoria sequer considerou incorporar essa perspectiva no planejamento inicial, nem se deu ao trabalho de atualizar o mapa estratégico, mesmo após o governo oferecer aporte de capital a juros subsidiados no quarto trimestre, caso a empresa elaborasse e submetesse um projeto sustentável. Rebaixar a questão da sustentabilidade para o segundo plano foi mais um erro da Lion e que seria ainda mais impactante em ambientes em que não há mais espaço para empresas não sustentáveis.

A existência de duas fases distintas no desempenho da Lion durante o jogo de empresas – uma positiva e outra negativa – serve de exemplo para mostrar que o uso do *Balanced Scorecard* (BSC) como moldura para a definição do planejamento estratégico e para a avaliação permanente do desempenho pode ser vantajoso, se aplicado de maneira regular e disciplinada, envolvendo todos os gestores, como alertaram os autores. Isso também é válido para as organizações do ambiente real.

Até a quinta rodada de interação no ambiente laboratorial, os objetivos da Lion almejados na perspectiva financeira (sobretudo a lucratividade e a TIR) foram alcançados. Graças a uma estratégia coerente, concisa e sistêmica, aproveitava-se a lógica das relações de causa e efeito propiciadas pelo modelo de Kaplan e Norton para delineamento e controle do alcance dos objetivos estratégicos.

CONSIDERAÇÕES FINAIS

O mapa estratégico é um recurso interessante, pois permite que todos os colaboradores possam ver de maneira mais clara o que precisa ser feito em cada uma das perspectivas, a fim de antecipar a visão de futuro da organização, trabalhando em conjunto durante o mapeamento – foi o que aconteceu na Lion.

Apesar disso, o jogo de empresas alertou para o fato de que não basta fazer uma boa análise do ambiente externo e interno (plano de gestão), nem apenas definir metas com o respaldo da lógica do BSC e do mapa estratégico. Para se aproveitar ao máximo a utilidade da metodologia, é mandatório definir formas coerentes de medir o desempenho e implementar o processo de avaliação permanente, estando sempre atento às decisões que serão tomadas. Desse modo, não formalizar indicadores de desempenho para cada um dos macro-objetivos constituiu-se em uma fraqueza, aspecto que se tornou crítico durante a gestão. Assim, embora munidos de recursos que mitigassem as incertezas nas decisões, a falta de atenção na compra de matérias-primas no quinto trimestre desorientou o grupo, que acabou prejudicado ao abandonar a estratégia anterior e seguir para uma estratégia de preços muito diferente daquilo que havia sido definido como posicionamento da empresa.

Foi importante perceber também que o planejamento estratégico não deve ser imutável e precisa ser atualizado, caso os fatos não correspondam aos resultados esperados. Esse aprendizado é valioso para as empresas reais, que operam na esfera de decisões de longo prazo e cujas estratégias têm maior ou menor capacidade de serem alteradas do que no jogo de empresas. Recomenda-se a máxima atenção, pois, muitas vezes, um só erro pode comprometer a implementação de toda uma estratégia, não havendo mais tempo para recuperação.

Conclui-se, também, que o modelo do BSC é flexível, tanto no uso de suas perspectivas (é possível acrescentar objetivos de variadas naturezas – sustentabilidade, por exemplo – em um módulo próprio) quanto no porte e tipo de organização que deseje fazer uso da metodologia e de seus benefícios.

Em suma, o BSC direcionou o planejamento estratégico de diretores que exercem o papel de tomadores de decisões pela primeira vez e permitiu que erros fossem minimizados, mas não evitados. Sem o uso do modelo, as chances de a diretoria da Lion incorrer em erros graves seriam maiores, a desmotivação do grupo poderia ter sido precoce, como fruto dos maus resultados que viriam a acontecer, e a empresa não figuraria entre as primeiras empresas durante boa parte do jogo, o que trouxe orgulho aos membros da diretoria.

Contribuições

A pesquisa aplicada contribui para encorajar as organizações no uso do modelo do *Balanced Scorecard* durante a elaboração do planejamento estratégico da empresa e como instrumento de medição do desempenho. Ao ler o artigo, o leitor, estudante, professor ou empresário, perceberá que a abordagem diferenciada e lógica do BSC agrega valor à organização, eleva as chances de bom desempenho e, principalmente, gera conhecimento. Não é por mero acaso que o modelo tem sido tão bem aceito por grandes organizações e tem passado por constantes metamorfoses, que aprimoram cada vez mais a teoria original e expandem as possibilidades de uso: de mensurador de desempenho para um gerenciador de desempenho, chegando à função de gerenciador da estratégia. Especificamente para os discentes, o artigo contribuiu para que a teoria fosse revista, melhor compreendida e praticada no jogo de empresas, podendo ser aplicada pelos estudantes quando, no papel de futuros gestores, ocuparem no mercado uma posição em organizações reais.

Em linhas gerais, o ambiente vivencial do laboratório de gestão ilustrou quão complexa é a gestão de uma empresa cercada pela incerteza, em virtude das influências de múltiplas variáveis, sejam elas controláveis ou não. A dificuldade se agrava, principalmente, quando se procura analisar todos os aspectos da organização conjuntamente. Decorre daí a importância da divisão do trabalho em áreas funcionais específicas, sendo este um dos maiores aprendizados do laboratório, juntamente com a importância de fazer um bom planejamento estratégico, via BSC ou outra metodologia, e de implementá-lo com cuidado.

Limitações e proposições para novos estudos

A primeira limitação do estudo versa sobre a incerteza na apuração antecipada dos resultados, que são divulgados nos relatórios somente ao final de cada trimestre. Mesmo após oito rodadas, não ficou plenamente claro qual o verdadeiro impacto que os investimentos em MKT e P&D e os indicadores econômicos acarretavam no mercado potencial de cada empresa, o que reflete a realidade das organizações descrita na teoria dos jogos. Este fato também ocorre nas empresas reais. Como fruto dessa incerteza, os gestores se orientam muito por meio de aspectos qualitativos na tomada de decisões, implicando subjetividade na definição dos montantes a serem investidos, bem como no apreçamento dos produtos, o que em alguns momentos beirava o "achismo".

O modelo de aula adotado, a grande quantidade de entregas exigidas durante o semestre e a presença obrigatória às tomadas de decisão foram fundamentos desafiadores e exigiram disciplina. Para participar com seriedade e desfrutar da aprendizagem de maneira plena, as atividades ocupavam tempo considerável dos estudantes fora de sala de aulas – já escasso em virtude de outras matérias e dos estágios. Ademais, foi fundamental a atenção dada ao desenvolvimento da pesquisa aplicada, já que este trabalho é o produto que sintetiza em um relatório de pesquisa todo o conhecimento teórico-empírico adquirido com a experiência.

Dada a importância e a proposta interessante do laboratório de gestão, seria benéfico que a matéria tivesse mais horas-aula ao longo do semestre, de modo a possibilitar ao participante mais contato com o jogo e melhor aproveitamento dos conhecimentos oferecidos, tendo a chance de corrigir erros gerados pelo limitado entendimento da dinâmica, que somente ocorre após algumas rodadas. Caso houvesse mais tempo, o professor e os monitores poderiam oferecer mais orientações personalizadas a cada grupo, de maneira a analisar frequentemente os motivos pelos quais as decisões produziram os resultados de saída do simulador, positivos ou negativos.

A liberação das bases de dados de decisões e resultados do portal Simulab nas últimas semanas do semestre poderia ser antecipada. Ela foi muito útil, pois apoiou o desenvolvimento da pesquisa aplicada ao final de todas as atividades.

A aplicabilidade do *Balanced Scorecard* como instrumento para a definição e avaliação da estratégia foi observada em um ambiente laboratorial. Mesmo assim, foi suficiente para provar que os resultados positivos no jogo derivaram, em parte, do uso da teoria estudada e ajudaram a gerenciar a incerteza, pois os resultados futuros eram, na maioria das vezes, expectativas da diretoria, nunca possibilidades garantidas – o que também ocorre nas empresas reais. Pode-se afirmar que o modelo do BSC, mesmo simplificado, facilitou os trabalhos e a organização das pessoas do grupo a agirem orientadas aos objetivos.

Uma proposição para aprofundamento e ampliação dos benefícios do estudo seria verificar de que maneira a análise anterior de competitividade da indústria, por meio do modelo das cinco forças de Porter (1990), permitiria que os objetivos estipulados no mapa estratégico fossem mais assertivos e conduzissem a melhores resultados do que os obtidos ao se realizar um planejamento baseado no BSC, respaldado por uma análise SWOT prévia. Agregaria mais valor a esta pesquisa se a aplicação da metodologia do BSC no planejamento estratégico fosse estendida à definição formal de indicadores que permitissem aos gestores controlar e avaliar o andamento da implementação das estratégias, bem como facilitar a comunicação entre os membros a respeito das atividades que precisam ter a qualidade de execução mantida ou aprimorada, na tentativa de zelar pela não ocorrência de erros possivelmente irreversíveis. Tais indicadores poderiam ser genéricos e exibidos na forma de "farol", com sinal "verde" para as ações que ocorrem de forma ótima e agregam valor; "amarelo", se ocorrem de forma regular e podem ser melhoradas; e "vermelho", se necessitam de atenção urgente para melhorias.

REFERÊNCIAS

ATTADIA, L.C.L.; CANEVAROLO, M.E.; MARTINS, R.A. Balanced scorecard: uma análise crítica. In: *Anais*. *XXIII Encontro Nacional de Engenharia de Produção – Enegep 2003*. Ouro Preto, 21 a 24 de out. 2003.

BALZANI, H.S. *Balanced Scorecard – BSC: uma ferramenta de gestão*. 2006. Disponível em: http://www.administradores.com.br/informe-se/artigos/balanced-scorecard-bsc-uma-ferramenta-de-gestao/12951/. Acessado em: 23 maio 2012.

BARBIERI, J.C. *Gestão ambiental empresarial: conceitos, modelos e instrumentos*. São Paulo: Saraiva, 2004.

BARROS, A.J.S.; LEHFELD, N.A.S. *Fundamentos de metodologia: um guia para a iniciação científica*. 2.ed. São Paulo: Makron Books, 2000.

BEBER, S.J.N.; RIBEIRO, J.L.D.; KLIEMANN NETO, F.L. Análise das causas do fracasso em implantações de BSC. *Revista Produção on line*, v.6, n.2, ago, Universidade Federal de Santa Catarina (UFSC), Florianópolis, 2006. Disponível em: www.producaoonline.ufsc.br. Acessado em: 03 jun. 2012.

CAMPOS, V.F. *TQC Gerenciamento da rotina do trabalho do dia a dia*. Rio de Janeiro: Bloch, 1994.

CAMPOS, J.A. *Cenário balanceado: painel de indicadores para a gestão estratégica dos negócios*. São Paulo: Aquariana, 1998.

BRUNDTLAND, G.H. (org.). *O nosso futuro comum*. Relatório da Comissão Mundial sobre o Meio Ambiente e Desenvolvimento. Rio de Janeiro, 1988.

KAPLAN, R. S.; NORTON, D. P. *The Balanced Scorecard Measures. Measures that drive performance*. Harvard Business Review, 70-80, jan.-fev, 1992.

KAPLAN, R. S.; NORTON, D. P. *A Estratégia em Ação: Balanced Scorecard*. 22.ed. Rio de Janeiro: Editora Elsevier, 1997.

_____. Having trouble with your strategy? Then map it. *Harvard Business Review*, 78(5):167-76, 2000.

_____. *Mapas estratégicos: convertendo os ativos intangíveis em resultados tangíveis*. São Paulo: Campus, 2004.

KRONENBERG, R. *Sistema de medição do desempenho: uma metodologia para implementação*. Niterói, 2006. Dissertação (Mestrado). Universidade Federal Fluminense (UFF).

MONTEIRO, P.R.A.; CASTRO, A.R.; PROCHNIK, V. A mensuração do desempenho ambiental no Balanced Scorecard e o caso da Shell. Encontro Nacional sobre Gestão Empresarial e Meio Ambiente, 8, São Paulo. *Anais eletrônicos...* São Paulo: USP, 2003. Disponível em: http://www.ie.ufrj.br/cadeiasprodutivas/pdfs/a_mensuracao_do_desempenho_ambiental_no_balanced_scorecard_o_caso_da_shell_brasil.pdf. Acessado em: 03 jun. 2012.

MOREIRA, E. *Proposta de uma sistemática para o alinhamento das ações operacionais aos objetivos estratégicos, em uma gestão orientada por indicadores de desempenho*. Florianópolis, 2002. Tese (Doutorado). Universidade Federal de Santa Catarina (UFSC).

NIVEN, P. R. *Balanced scorecard step-by-step – maximizing performance and maintaining results.* Nova York: John Wiley & Sons, Inc., 2002.

OSAKI, M.R. *Gestão do desempenho: um estudo de caso em pequena empresa.* Campinas, 2005. Dissertação (Mestrado). Universidade Estadual de Campinas.

OTTOBONI, C. *Uma proposta de abordagem metodológica para implantação do Balanced Scorecard (BSC) em pequenas empresas.* Itajubá, 2002. Dissertação (Mestrado). Universidade Federal de Itajubá (Unifei).

PADILHA, R. P. *Planejamento dialógico: como construir o projeto político-pedagógico da escola.* São Paulo: Cortez, 2001.

PADOVEZE, C. L. *Controladoria estratégica e operacional: conceitos, estrutura e aplicação.* São Paulo: Pioneira Thonson Learning, 2003.

Portal de Normas da ABNT. Disponível em: http://www.leffa.pro.br/textos/abnt.htm#citacoes. Acessado em: 07 jun. 2012.

PORTER, M. E. *Vantagem competitiva: criando e sustentando um desempenho superior.* Rio de Janeiro: Campus, 1990.

PRIETO, V.C. et al. Fatores críticos na implementação do balanced scorecard. *Gestão & Produção*, São Paulo, v.13, n.1, p.81-92, 2006.

SANTOS, B. Implantando o balanced scorecard em uma empresa automobilística: obstáculos e resultados preliminares. In: Anais... XXII Encontro Nacional de Engenharia de Produção – Enegep, 2002, Curitiba. (CD-Rom)

SAUAIA, A. C. A. *Monografia Racional.* Anais do 1º Semead – Seminários em Administração. Volume 01, Setembro, 1996, p.276-94. PPGA/FEA/USP/SP.

_____. Monografia Racional: uma versão eletrônica. *Reges/UFPI*, v.2, n.1, jan/abr 2009. Disponível em: http://www.ufpi.br/reges/edicao_jan_2009.php. Acessado em: 08 jun. 2012.

_____. *Laboratório de gestão: simulador organizacional, jogo de empresas e pesquisa aplicada.* 2.ed. Barueri, S. Paulo: Manole: 2010.

SCHNEIDERMAN, A.M. Why Balanced Scorecards fail? *Journal of Strategic Performance Measurement*, p.6-11, January 1999.

SHULVER, M.; ANTARKAR, N. *The balanced scorecard as a communication protocol for managing across intra-organizational borders.* In: 20º Annual Conference of the Production and Operations Management Society, POM-2001, Proceedings..., march 30-April 2, 2001, Orlando.

SOUZA, H. *Estudo de Caso: O Balanced Scorecard no Banco DaimlerChrysler S.A. Aplicação e Resultados.* Disponível em: http://www.slideshare.net/Symnetics/case-de-sucesso-daimlerchrysler. Acesso em 28 de maio de 2012.

SYMNETICS. *O que é o Balanced Scorecard*, 2003.

REZENDE, J. F. *Balanced scorecard e a gestão do capital intelectual - alcançando a performance balanceada na economia do conhecimento.* Rio de Janeiro: Campus, 2003.

TAVARES, F. *Conceito da estratégia empresarial.* 2007. Disponível em: http://www.portaldomarketing.com.br/Artigos/Conceito_da_estrategia_empresarial.htm. Acessado em: 23 maio 2012.

TORRES, J.de Q.R. *Estudo da relação entre os modelos de gestão baseados no Balanced Scorecard, responsabilidade social empresarial e as práticas de recursos humanos*. 2007. Disponível em: http://www.uniethos.org.br. Acessado em: 03 jun. 2012.

BANCO MERCEDES-BENZ. Disponível em: http://www.bancomercedes-benz.com.br/o-banco-mercedes-benz/Paginas/historia.aspx. Acessado em: 28 maio 2012.

TZU, S. *A arte da guerra*. Rio de Janeiro: Record, 1997.

8

Teoria dos Jogos: como as decisões dos agentes afetam o mercado

Danny Jozsef
Antonio Carlos Aidar Sauaia

INTRODUÇÃO

No meio empresarial, dois tipos de variáveis influenciam o processo decisório:

- As variáveis internas (endógenas), que são controláveis e previsíveis e que dependem das escolhas do grupo de gestão no processo decisório;
- As variáveis externas (exógenas), cuja imprevisibilidade dificulta enormemente a tomada de decisão.

O segundo tipo de variável é composto pelos índices macroeconômicos (IPG – índice geral de preços – e IAE – índice de atividade econômica), pelo indice microeconômico (IVE – índice de variação estacional – sazonalidade), pelas decisões dos concorrentes e de outros envolvidos que afetam o desempenho das empresas (p. ex., fornecedores de matéria-prima, de mão de obra e o governo). Com a intenção de gerar insumos para uma gestão mais eficiente, o presente capítulo descreve, sob a ótica da Teoria dos Jogos, as decisões da empresa Metta, que operou em um ambiente competitivo do laboratório de gestão. Foram coletados dados secundários em pesquisa bibliográfica, por meio de casos reais de empresas, e analisados os dados primários fornecidos pelo simulador no andamento do jogo de empresas. Neste estudo comprovou-se a importância do envolvimento da equipe de gestão com a implementação da estratégia e sua capacidade de adaptação em face das situações inesperadas que ocorrem frequentemente no cotidiano das organizações.

A Teoria dos Jogos, estudada de forma quantitativa e aplicada à Economia, foi introduzida por John von Neumann e Oskar Morgenstern em 1944, com a publicação do livro *The Theory of Games and Economic Behaviour*. Os autores embasaram-se nos estudos de seus antecessores: James Waldegrave, que chegou ao equilíbrio da estratégia mista estudando o jogo de cartas *le Her*; Augustin Cournot, que estudou o duopólio; Ernst Zermelo, criador do teorema em que, num jogo de xadrez, um dos jogadores sempre terá uma estratégia que o levará à vitória ou ao empate; Émile Borel, matemático que reapresentou as soluções *minimax* (Barreto et al., 2012). Apesar dos avanços anteriores, a Teoria dos jogos ganhou real destaque a partir de 1950, com John Forbes Nash Junior.

No filme *Uma mente brilhante*, Russel Crowe, interpretando o célebre *John Nash*, descreve uma série de comportamentos que ilustram a teoria: os movimentos de uma equipe de futebol, o voo dos pássaros no parque e o percurso realizado por um ladrão durante o roubo de uma carteira. Por fim, ele chega a uma conclusão óbvia: em um jogo, sempre há um perdedor e um vencedor. Ele não se contenta com a conclusão e questiona se não seria possível alcançar um equilíbrio. Na teoria dos jogos, tenta-se explicar todos os resultados possíveis, com base nas decisões tomadas pelos envolvidos, num jogo em que os interesses parecem ser conflitantes.

Dessa forma, a teoria dos jogos deixou de ser apenas um modelo matemático e passou a ser definida como um estudo do comportamento dos agentes em situações de escolhas estratégicas (Mankiw, 2001, p.358). Com o passar do tempo, percebeu-se sua ampla aplicabilidade para diversos ambientes altamente competitivos (militar, político, empresarial, entre outros), bem como na academia, em estudos teórico-empíricos que examinam o comportamento de tomadores de decisões em jogos de empresas competitivos (Sauaia e Kallás, 2007).

ESTRUTURA DA INDÚSTRIA E COMPETIÇÃO

Um mercado é considerado de concorrência perfeita quando existem muitos concorrentes presentes. Nesse caso, as decisões de produção de uma única empresa têm impacto ínfimo sobre o preço de mercado, tornando-se desnecessário considerar as decisões das empresas rivais. Já em outros mercados, em que há poucos jogadores relevantes envolvidos (oligopólio; concorrência monopolística), as previsões de como as concorrentes podem agir e reagir tornam-se um fator-chave para o sucesso das empresas na tomada de decisões estratégicas – preço, investimento em marketing, pesquisa e desenvolvimento (Besanko et al., 2006, p.58).

Os resultados dos jogos, em geral, podem ser apresentados de duas formas, das quais uma é a forma de árvore e a outra é a forma de matrizes. No modelo das matrizes os resultados são colocados em uma tabela que descreve as possíveis decisões para determinada situação e seus respectivos resultados. O mais conhecido exemplo simplista de um jogo é o dilema dos prisioneiros. O caso se baseia em uma situação em que dois parceiros cometeram um crime e foram pegos pela polícia. Eles são colocados em celas separadas e não podem estabelecer contato. Ambos devem decidir entre confessar ou negar o crime. Os policiais explicam quais os resultados possíveis:

- Se nenhum deles confessar, os dois serão submetidos à pena de um ano de prisão.
- Se os dois confessarem, então ambos terão pena de oito anos.
- Se um confessar e o outro negar, então o que confessou será libertado e o outro será condenado a vinte anos de prisão.

Esta situação pode ser apresentada em forma de matriz (Tabela 8.1).

TABELA 8.1 Matriz de resultados para o dilema dos prisioneiros.

(*Payoff* para A, *Payoff* para B)		Prisioneiro B	
		Confessar	Negar
Prisioneiro A	Confessar	(8, 8)	(0, 20)
	Negar	(20, 0)	(1, 1)

Fonte: Mankiw (2001, p.360).

É possível inferir o raciocínio do prisioneiro A: se B confessar, a melhor estratégia é confessar também; caso contrário, considerando que B negue, a confissão continua sendo a melhor opção para mim. Este cenário determina uma estratégia dominante, "estratégia que é melhor para um dos jogadores, quaisquer que sejam as estratégias escolhidas pelos outros jogadores" (Mankiw, 2001, p.359). O mesmo ocorre para o prisioneiro B, o que faz com que a estratégia dominante para ambos seja confessar. Portanto, cada um deles ficaria preso por oito anos.

Por outro lado, é possível considerar que esses criminosos, já sabendo que poderiam ser presos e interrogados, teriam combinado previamente que não confessariam o crime, selando um pacto entre si. Nesses termos, se ambos considerassem que seu parceiro é plenamente confiável, eles negariam o crime e cada um ficaria apenas um ano na cadeia. Essa situação em que os atores interagem para escolher sua melhor estratégia, dadas as estratégias escolhidas pelos demais atores, é chamada de equilíbrio de Nash (Mankiw, 2001, p.355). Caso não houvesse confiança mútua, o resultado poderia ser diferente, mesmo com o pacto previamente selado, já que do ponto de vista individual a cooperação pareceria irracional e inalcançável.

MONTADORAS ASIÁTICAS QUEREM SALVAR A GM

No artigo "Why Toyota wants GM to be saved", publicado na *CNN Money* de dezembro de 2008, Chris Isidore explicou uma decisão aparentemente irracional, tomada por empresas automotivas asiáticas (Isidore, 2008).

Em 2008, no auge da crise financeira global, a Toyota, a Honda e outras empresas asiáticas do setor automotivo apoiaram a idéia de um auxílio governamental norte-americano, criado para evitar que a General Motors, a Chrysler e, possivelmente, a Ford Motors fossem à falência. A porta-voz da Toyota, Mira Sheilati declarou que a empresa "apoiava medidas para ajudar a indústria" e que eles, da Toyota, queriam apenas "uma indústria saudável, competitiva e forte".

Essa situação, apesar de não parecer lógica, sob olhar atento se revela embasada na teoria dos jogos e, mais especificamente, nos possíveis resultados negativos que a falência das grandes empresas automotivas dos Estados Unidos (chamadas de *Big Three*) poderia gerar a todo o setor. A questão-chave era a continuidade do funcionamento da indústria automotiva mundial, o que levou empresas como Toyota, Honda e outras empresas asiáticas do mesmo setor a apoiarem o resgate das grandes empresas americanas que estavam à beira da falência.

As empresas asiáticas perceberam que, sem as *Big Three*, o setor de autopeças, ou seja, os fornecedores de todo o mercado automobilístico, sofreria grandes perdas, levando uma série de empresas à falência. Isso aconteceria principalmente em casos em que as empresas montadoras são clientes de um mesmo fornecedor, ou em casos ainda mais raros, em que um produtor de autopeças é o único fornecedor daquele produto para todas as empresas que produzem automóveis.

O segundo ponto que deve ser considerado é o impacto econômico para a população dos Estados Unidos, responsável por uma parte considerável dos lucros das empresas asiáticas. A visão mais geral da falência das empresas automobilísticas americanas permite a inferência de que números expressivos de postos de trabalho seriam extintos, aumentando o desemprego, diminuindo a capacidade de compra da população americana e influenciando as vendas globais das empresas em todos os países.

O último ponto que também foi considerado pela Toyota como de extrema importância para a sua própria sobrevivência no mercado foi a possível entrada de novos competidores. A falência do mercado automobilístico americano abriria as portas para que empresas indianas e chinesas (como, por exemplo, a Tata Motors e a Geely) focadas em baixo custo e menores preços aos clientes entrassem com grande força no mercado dos Estados Unidos. Além do mais, a Toyota e a Honda, ambas japonesas, já estavam sofrendo o suficiente com a perda de mercado para as coreanas Kia e Hyundai, com estratégia semelhante à sua (foco na qualidade).

Graças à análise de todas as possibilidades de resultados no longo prazo (Tabela 8.2), foi possível entender a ótica sinalizada pela teoria dos jogos. Caso não houvesse cooperação entre as empresas, o resultado poderia ser mais negativo, pois a indústria americana precisava de um apoio massivo para se reerguer. Portanto, a previsão que a Toyota fez ajudou-a a se posicionar favoravelmente em relação à ajuda governamental para impedir a falência das *Big Three* e garantir estabilidade a todo o setor.

TABELA 8.2 Matriz de resultados para o caso do setor automobilístico.

A = Falência no setor de autopeças B = Perda de *market share* para as coreanas Kia e Hyundai		Honda e outras	
		Apoiar a indústria americana	Deixar a indústria americana quebrar
Toyota	Apoiar a indústria americana	Manutenção do mercado global	A e B
	Deixar a indústria americana quebrar	A e B	A e B

Fonte: Isidore (2008).

RECURSOS COMUNS EM DISPUTA

Durante a Guerra Fria, a corrida armamentista submeteu os Estados Unidos da América e a União Soviética (URSS) a uma situação delicada (Mankiw, 2001). A propriedade sobre o maior número de armas era vista como sinal de poder e de segurança para cada uma das potências, o que as levou a investir muitos de seus recursos econômicos para fins bélicos. No entanto, ambas sabiam que, no melhor dos casos, as duas envolvidas estariam mais seguras caso nenhuma investisse em armamentos e decidissem parar a corrida armamentista, começando um processo de desarmamento. Por essa razão, foram feitas diversas negociações para controlar o número de armas que cada uma poderia ter, mas sem muito sucesso (Tabela 8.3).

TABELA 8.3 Matriz de resultados para a corrida armamentista

A = Em segurança, B = Poderosa C = Em situação de risco D = Enfraquecida		EUA	
		Arma	Desarma
URSS	Arma	(C, C)	(A+B, C+D)
	Desarma	(C+D, A+B)	(A, A)

Fonte: Mankiw (2001, p.363).

Historicamente, sabe-se que o período da Guerra Fria e da corrida armamentista durou muito tempo. Durante todo esse tempo prevaleceu a decisão de armar-se para ambas as potências, pois estava mais presente o conceito da estratégia dominante (Mankiw, 2001, p.363).

SUSTENTABILIDADE E ECONOMIA

A United States Environmental Protection Agency (EPA) define sustentabilidade como "uma forma de criar e manter condições sobre as quais os seres humanos e a natureza possam coexistir em uma harmonia produtiva, garantindo as necessidades sociais, econômicas e outras necessidades das gerações presentes e futuras" (EPA, 2012). Pode-se dizer, então, que a sustentabilidade está relacionada com os recursos naturais e com a forma como esses recursos são utilizados.

Kinlaw (1997, p.17) já previa a influência que a sustentabilidade teria no futuro das organizações, pois acreditava que aquelas que não apresentassem um desempenho ambiental responsável estariam fadadas ao fracasso, em termos econômicos. Ele estava certo. Atualmente, empresas verdes são muito mais bem vistas pela sociedade em geral, o que faz com que as organizações invistam em projetos e tecnologias para diminuir os impactos ambientais e melhorar as condições de vida da população (Tabela 8.4). No entanto, para que essas práticas sejam palpáveis para a sociedade, são necessários dois grandes movimentos simultâneos por parte das empresas: a mensuração quantitativa dos resultados obtidos e a comunicação por meio de propaganda, publicidade, programas e práticas de envolvimento dos públicos interessados.

TABELA 8.4 Matriz de resultados para o investimento em práticas sustentáveis.

Os resultados nesta matriz representam a situação para a Empresa A		Concorrente	
		Investe	Não investe
Empresa A	Investe	Equilíbrio	Vantagem competitiva
	Não investe	Desvantagem competitiva	Equilíbrio

Fonte: Adaptado de Kinlaw (1997, p.17).

POLÍTICA E ECONOMIA

O governo é uma das forças do mercado que não pode ser ignorada. Para Steiner e Steiner (2009), ele é responsável não só por estabelecer as regras de operação dos mercados, mas, por intermédio das empresas estatais, assume uma série de outras funções: atuar como grande comprador dos produtos oferecidos pelos diversos mercados; subsidiar, promover e proteger as empresas de um país para torná-las competitivas internacionalmente; estimular ou desestimular os mercados de acordo com as perspectivas futuras da economia, influenciando o crescimento econômico como um todo; em muitos casos, controlar os principais recursos disponíveis para um país e, finalmente, atuar na redistribuição dos recursos para a população, oferecendo serviços públicos em busca do equilíbrio social (Steiner e Steiner, 2009).

Por todos esses fatores, é preciso pensar a estratégia das empresas com base na forma como o governo atua e as influencia. Steiner e Steiner (2009) citaram algumas maneiras que poderiam ser utilizadas pelas empresas para terem influência positiva sobre o governo: *lobbying*, comitês de ação política, relações públicas e movimentação das massas (envolvimento da sociedade). Da mesma forma como uma empresa pode investir em práticas sustentáveis, ela também pode investir no estreitamento das relações com os responsáveis pela política local, regional, estadual e nacional, influenciando-os a tomarem decisões em benefício de um determinado setor ou empresa.

CIDADANIA E ECONOMIA

A cidadania baseia-se na ideia de que todos os cidadãos nascidos ou naturalizados em determinado país devem ter seus direitos políticos garantidos, ou seja, ter a liberdade de participar nos negócios políticos do Estado (Barbalet, 1989, p.13). Este conceito é antigo, aplicável à política greco-romana, e veio se modernizando ao longo da história. No fim do contexto medieval, por exemplo, com o início da urbanização e a quebra do grande poder da Igreja – e consequente redução da influência da religião na sociedade – abriu-se um espaço para maior liberdade econômica, tornando possível a ascensão social e recuperando-se a ideia de igualdade entre os cidadãos (início do Iluminismo). Entretanto, é interessante notar que a consolidação da burguesia, exatamente nesse mesmo período, dividiu a população em classes sociais extremamente diferentes, que lutavam por direitos distintos, como aponta J. M. Barbalet (1989, p.14): "[...] a concessão de cidadania para além das linhas divisórias das classes desiguais parece significar que a possibilidade prática de exercer os direitos ou as capacidades legais que constituem o *status* do cidadão não está ao alcance de todos que os possuem".

Para Rezendo Filho e Câmara Neto (2001), alguns eventos mais recentes moldaram novamente a discussão sobre cidadania. O escopo moderno da cidadania, discutido por todas as nações por meio da Organização das Nações Unidas (ONU), gira em torno dos direitos humanos, que representam a garantia de integridade do ser humano, em um contexto de mundo violento e de regimes totalitários. Hoje, pode-se afirmar que este é o tripé que deveria sustentar a cidadania: liberdade, igualdade e o direito humano. Para tanto, o poder público deveria investir nas áreas que asseguram a sobrevida digna dos seres humanos, garantindo livre acesso à educação e à saúde, por exemplo, para seus cidadãos.

O papel das organizações, nesse caso, é suprir as carências apontadas por seus funcionários ou por usuários de seus produtos e serviços, utilizando-se de influências econômicas, políticas e sociais. Suprir ou não essas carências depende individualmente de cada empresa, o que é uma decisão que gera diferentes resultados do ponto de vista da Teoria dos jogos.

PROBLEMA DE PESQUISA

Diante da incerteza imposta pelas variáveis exógenas do ambiente (indicadores macro e microeconômicos; competidores desconhecidos e inteligentes) e em face do conhecimento limitado das regras do simulador, a tomada de decisão no jogo de empresas (variáveis endógenas) pode assumir, nas primeiras rodadas, um caráter muito mais intuitivo que racional. Isso impõe aos gestores e suas empresas riscos elevados e os ameaça com resultados desfavoráveis, enquanto aprendem a atuar de forma dinâmica e sistêmica no jogo de empresas geral (seis áreas funcionais). O objetivo estabelecido nesta pesquisa foi o exame da competição presente no laboratório de gestão e a aplicação da Matriz de resultados da Teoria dos jogos nas decisões tomadas pela equipe de gestão da empresa Metta, com a finalidade de verificar quais os principais fatores que influenciaram os resultados obtidos. Pretendeu-se analisar, *a posteriori*, a consistência das decisões, enquadrando cada situação vivida nas categorias de jogos apresentadas anteriormente – estratégia dominante, equilíbrio de Nash ou, eventualmente, decisões irracionais, que não seguiram uma lógica prevista pela teoria. Buscou-se aplicar os conhecimentos adquiridos durante o jogo de empresas para tirar proveito das diversas situações, priorizando-se o aumento do valor total gerado para o mercado.

MÉTODO DE PESQUISA

O simulador organizacional (Sauaia, 2010) apresenta uma lógica econômica quantitativa bem clara e definida, responsável por determinar os resultados obtidos a partir de decisões tomadas. Essa lógica foi exercitada durante todo o jogo de empresas, nas decisões tomadas pelos diversos grupos de gestores que operaram nas diferentes empresas dos mercados ativos. Além das empresas, outros agentes que atuaram no mercado (governo, sindicato dos trabalhadores, fornecedor de matéria-prima e fornecedor de equipamentos variados) estiveram suscetíveis a negociações diretas ou indiretas com os gestores. Dessa forma, os principais métodos adotados no ambiente de tomada de decisão foram experimentos controlados e testes de hipóteses, mediante o aproveitamento das oportunidades de interação, tanto no ambiente interno da empresa (entre os gestores) quanto no ambiente externo (com outras empresas e agentes do mercado), sendo, assim, um modelo de pesquisa-ação baseado em tentativas empíricas de sucesso no jogo.

Para a parte teórica, foram utilizados os materiais didáticos da disciplina, artigos de periódicos, livros didáticos, filmes e mídias digitais ou endereços hospedados na internet, sempre priorizando fontes confiáveis, de universidades ou instituições amplamente conhecidas.

INSTRUMENTO DE COLETA DE DADOS

Para a coleta regular dos dados e dos resultados a equipe de gestão adotou uma política de registro das informações lançadas nos formulários de decisões por meio de fotos tiradas a cada rodada, e procurou, também, gravar em seus arquivos os relatórios trimestrais, disponibilizados no portal Simulab pelo próprio simulador. Havia onze empresas concorrentes atuando nesse mercado e, inicialmente, não existia diferenciação entre os produtos ofertados, podendo ela ser desenvolvida com o passar dos trimestres. Ao término das oito rodadas do jogo (Tabela 8.5), as decisões registradas no simulador e os resultados de toda a indústria foram disponibilizados pelo administrador do jogo para consulta dos gestores, análise e utilização em suas pesquisas aplicadas.

TABELA 8.5 Empresas que competiram na indústria Setemeia.

NÚMERO/NOME DA EMPRESA	LUCRO ACUMULADO EM T08	TIR: T08	POSIÇÃO: T08
1.01 Lion	$1.043.280	1,568%	6
1.02 Comunica	$1.763.453	2,323%	5
1.03 Metta	$2.935.908	3,397%	3
1.04 Tropical	-$2.639.641	-3,921%	11
1.05 Apple Strudel	-$2.328.973	-2,778%	10
1.06 Potatoes	$970.489	1,449%	7
1.07 Somy	$2.858.907	3,423%	1
1.08 Sohodas	$267.894	0,656%	9
1.09 3G	$654.957	1,095%	8
1.10 Yogo	$1.791.487	2,367%	4
1.11 Será	$2.918.529	3,421%	2

DESCRIÇÃO DO EXPERIMENTO E ANÁLISE DESCRITIVA DOS DADOS

A empresa Metta atuou no Brazol, na indústria de SETs denominada Setemeia, sob o modelo neoliberal, e adotou uma estratégia baseada em investimentos continuamente crescentes, tanto em marketing quanto em pesquisa e desenvolvimento, com foco neste segundo para produzir atributos tecnológicos diferenciáveis em seu produto, inicialmente homogêneo. O modelo neoliberal favoreceu essa estratégia, focada em um mercado-alvo aparentemente menos elástico às variações de preço e mais exigente em termos de tecnologia e qualidade integradas ao produto. O plano de gestão (análise SWOT; objetivos de cada área; as políticas e estratégias da empresa; o orçamento de metas) foi elaborado de forma coerente ao posicionamento.

Durante as três rodadas-teste (Tabela 8.6), desenvolveu-se uma planilha que relacionava todas as variáveis quantitativas. Seus *inputs* eram as decisões estratégicas e, a partir destas, geravam-se previsões dos demonstrativos contábeis da empresa Metta para cada trimestre. Ao término de cada trimestre, os gestores passaram a comprar os relatórios trimestrais (operacionais e financeiros), revisando e corrigindo os valores dos dados disponibilizados pelo governo neoliberal e, desta forma, a planilha avançou até que se conseguisse calcular os índices de eficiência da empresa (mercadológica, operacional e financeira) e sua taxa interna de retorno (TIR) ao longo do tempo.

TABELA 8.6 Planilha gerencial para decisões nas três rodadas-teste.

PERÍODOS	T1	T2	T3
DECISÕES			
Preço unitário	$6,35	$6,30	$6,35
Gastos em MKT	$300.000	$325.000	$350.000
Gastos em P&D	$175.000	$250.000	$300.000
Gastos em manutenção	$80.000	$105.000	$85.000
Volume de prod. programada	410.000	550.000	440.000
Investimento em equipamentos	$500.000	$500.000	$250.000
Compra de matéria-prima	$800.000	$900.000	$600.000
DEMONSTRAÇÃO DAS OPERAÇÕES			
Mercado potencial da empresa	489.796	621.609	592.108
Volume de vendas	461.000	598.671	440.000
Participação de mercado	9,21%	9,88%	8,97%
EFICIÊNCIA MERCADOLÓGICA	**94,12%**	**96,31%**	**74,31%**
EFICIÊNCIA OPERACIONAL	**95,43%**	**123,91%**	**98,81%**

Fonte: Disponível em www.simulab.com.br.

O principal intuito dessa atividade inicial era garantir que a discussão da diretoria focalizasse as variáveis exógenas, não conhecidas ou pouco previsíveis, determinadas pela evolução do mercado ou pelos gestores das outras empresas. Com isso, foi possível passar mais de 50% do tempo disponível interagindo com os demais envolvidos no jogo de empresas.

A primeira interação importante ocorreu logo em T1. A Metta estabeleceu um primeiro contato com o fornecedor de matérias-primas e houve uma negociação em que se estipularam diversos benefícios para a empresa, entre eles: cobrança de um único custo de pedido até o final dos dois anos (economia de $50.000 por trimestre); desconto de 2% sobre o valor da matéria-prima comprada no decorrer do ano (benefício variável associado ao volume) e prioridade no recebimento dos recursos comprados, caso o fornecedor não conseguisse atender o mercado como um todo, por quaisquer motivos. A negociação avançou até que no trimestre T2 a proposta tornou-se um contrato e, finalmente, foi assinado, entrando em vigor a partir de T3. Para analisar o benefício que o acordo gerou, utilizou-se uma matriz de resultados (Tabela 8.7).

TABELA 8.7 Ganhos da Metta com o contrato de matéria-prima.

Os resultados da matriz correspondem ao lucro da Metta		Empresa concorrente (média)	
		Com o contrato	Sem o contrato
Metta S/A	Com o contrato	$43.279	$390.000
	Sem o contrato	- $346.721	–

Fonte: Disponível em www.simulab.com.br.

Frente aos benefícios quantificados na Tabela 8.7, percebeu-se que ter o contrato seria a melhor estratégia para a Metta, independentemente da decisão das empresas concorrentes, ou seja, era a estratégia dominante.

Em T3 o presidente da Metta entrou em contato com os gestores da empresa concorrente Potatoes. Ele forneceu informações sobre os dados de decisão da Metta e, em seguida, pediu informações semelhantes referentes à Potatoes (Tabela 8.8). Neste caso, a decisão de compartilhar previamente as informações gerou um risco calculado. A Potatoes poderia ter se recusado a cooperar, tornando-se a única beneficiada neste jogo particular. No entanto, como previsto pelos gestores da Metta, ela decidiu cooperar.

TABELA 8.8 Proposta de troca de informações com a empresa Potatoes.

A = Ganho de insumos para análise B = Falta de insumos para análise		Potatoes	
		Retribui informações	Recusa cooperar
Metta S/A	Fornece informações	(A, A)	(B, A)
	Não toma iniciativa	(B, B)	(B, B)

Em T4 ocorreram as eleições municipais, mas a divulgação do resultado e a posse efetiva do partido eleito seria feita apenas em T5. Como a estratégia da empresa estava muito atrelada à manutenção do modelo de governo neoliberal, os gestores da Metta acharam prudente realizar uma pesquisa junto aos demais gestores do mercado, indagando a intenção de voto de cada um, em busca da antecipação dos resultados eleitorais. Em troca, foram oferecidos os resultados finais da pesquisa.

Com o resultado dessa pesquisa em mãos, os gestores teriam insumos para realizar uma mudança programada de estratégia, caso se constatasse que a maior parte dos gestores iria votar na mudança do governo neoliberal para o modelo misto de governo; caso contrário, a estratégia antes adotada poderia ser mantida para os próximos trimestres (Tabela. 8.9).

TABELA 8.9 Pesquisa de intenção de votos.

A = Ganho de insumos para tomada de decisão		Metta S/A	
B = Falta de insumos para a tomada de decisão		Compartilha resultados	Não compartilha
Gestores	Respondem à pesquisa	(A, A)	(B, A)
	Não respondem	(B, B)	(B, B)

Novamente, a resposta foi positiva – todas as empresas decidiram contribuir com as informações – e foi possível prever corretamente os resultados das eleições (manutenção do modelo neoliberal que estava em vigor até então), confirmando a estratégia adotada e amenizando os riscos decorrentes de uma mudança de estratégia que poderia se fazer necessária de última hora. A Metta cumpriu com o combinado e compartilhou com as demais empresas os resultados finais da pesquisa antes do T5.

Com os resultados de T4 em mãos, as empresas se reuniram para o seminário anual, em que ocorreu a apresentação de resultados do primeiro ano de operações. Os gestores da Metta tiraram fotos das apresentações dos concorrentes, principalmente das empresas que abriram ao público os números de suas decisões, apresentados pelos gestores. A Metta não liberou a totalidade dos números para o público, só mostrou quais seriam os próximos movimentos de mercado, o que foi feito de uma forma qualitativa, e não quantitativa, para proteger a estratégia que estava sendo adotada até o momento. Nesse contexto, é importante ressaltar o comprometimento que a equipe gerencial da Metta teve ao montar a sua apresentação para a assembleia. Todos os dados do ano 1 foram cuidadosamente analisados e os índices de eficiência devidamente calculados, o que contribuiu para a melhor formulação do plano de gestão para o ano 2.

Em T5 decidiu-se aprofundar a análise dos concorrentes com a criação de uma segunda planilha gerencial, que mostrava alguns concorrentes do mercado e os dados públicos oferecidos pelo governo no relatório da indústria, disponíveis em www.simulab.com.br/portal (Figura 8.1).

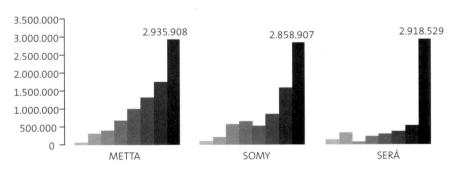

Fonte: Disponível em www.simulab.com.br.

FIGURA 8.1 Resultados acumulados das empresas Metta, Somy e Será.

Ao mesmo tempo, definiu-se que seria importante investir novamente no relacionamento com os agentes de mercado, para a obtenção de vantagens competitivas frente aos concorrentes. Dessa forma, foram elaboradas duas propostas de projetos de sustentabilidade para serem submetidas à aprovação do governo (Quadro 8.1).

QUADRO 8.1. Exemplo de proposta de projeto de sustentabilidade.

PROJETO 2: COOPERATIVA DE RECICLAGEM
Estruturação de uma cooperativa junto à comunidade local
Custo previsto: $300.000 (fluxo de caixa de saída)
Benefícios para os *stakeholders:*
- Governo – redução de gastos em programas de estímulo econômico (auxílio aos domicílios de baixa renda e desempregados) e preservação ambiental
- Sociedade – geração de empregos e redistribuição de renda e aumento do IAE
Benefícios para a empresa Metta (fluxo de caixa de entrada):
- A Metta S/A propõe o incremento de sua receita proveniente da venda de matérias-primas recicladas para empresas do mercado ($50.000 em T6, T7 e T8) e bônus de investimento em P&D em virtude do uso de materiais recicláveis no produto fabricado ($100.000 em T6, T7 e T8), tornando-se pioneira no setor de tecnologia sustentável

Ainda em T5, o grupo de gestores da Metta realizou o seu primeiro contrato com uma empresa concorrente. A empresa Tropical, que apresentava diversos problemas de caixa, queria desfazer-se de equipamentos que haviam sido previamente comprados em excesso, diretamente do fornecedor de equipamentos. A Metta propôs a compra dos equipamentos solicitando um desconto equivalente ao benefício que a empresa Tropical teria em um trimestre – no caso, foi considerada a depreciação de 2,5% sobre o valor dos equipamentos ($500.000), o que gerou uma economia de $12.500. Esse acordo de compra se repetiu em T6 e T7, no mesmo valor.

Nota-se na Tabela 8.10 que não existiria benefício caso uma das partes não concordasse com o contrato, o que geraria o resultado (0; 0) nos três cenários em que pelo menos uma das empresas recusa o contrato. A situação resolveu-se como um caso de estratégia dominante.

TABELA 8.10 Ganhos acumulados do contrato com a Tropical S/A (Em $ mil).

(*Payoff* Metta, *payoff* Tropical)		Tropical S/A	
		Aceita o contrato	Recusa o contrato
Metta S/A	Aceita o contrato	(37,5; 36,2)	(0; 0)
	Recusa o contrato	(0; 0)	(0; 0)

Em T6, o governo estipulou a obrigatoriedade da instalação de três filtros antipoluentes, no valor total de $600.000, valor que seria adicionado à conta "Manutenção". A Metta, por apresentar caixa elevado naquele momento, comprou os três de uma só vez, obtendo um desconto correspondente ao valor integral de um filtro, ou seja, pagou apenas $400.000, economizando $200.000 mediante persistente negociação e acordo com o fornecedor.

Ainda com o caixa em nível elevado, a empresa foi em busca de possibilidades de investimento e encontrou-se com o gerente do banco, que ofereceu seu portfólio de produtos financeiros para a aplicação do saldo do caixa em dois diferentes fundos: um deles atrelado ao índice de sustentabilidade das empresas (ISE), um índice de renda variável vinculado aos índices econômicos; o outro atrelado à poupança, com rentabilidade fixa de 1,5% ao trimestre.

Finalmente, no último trimestre, T8, foi oferecido um bônus generoso no valor de $500.000 às empresas que tomassem as decisões gerenciais em formato remoto, não presencial, diretamente no portal Simulab, com a antecedência programada. A Metta não deixou essa oportunidade passar, submetendo a decisão antes de expirar o prazo oficial.

DISCUSSÃO DOS RESULTADOS

A empresa Metta obteve lucro (positivo) em todos os períodos, situação compartilhada apenas pela empresa concorrente Yogo. A consistência dos resultados foi consequência do planejamento e principalmente da execução da estratégia definida pelos gestores. Uma parte desse resultado pode ser atribuída às duas planilhas gerenciais: (1) a auxiliar de decisão e (2) a de análise de mercado. Entretanto, foram os pequenos detalhes que fizeram a diferença para que a empresa ficasse sempre entre as líderes de mercado nesses dois anos de operações. Na realidade, em todos os momentos, a principal atividade dos tomadores de decisão foi tentar maximizar resultados.

Por exemplo, a manutenção do modelo neoliberal limitou a produção das empresas do setor em virtude das suas especificações em relação à jornada de trabalho que, neste modelo, utiliza-se de horas extras, em vez de possibilitar a ativação de turnos adicionais. Nesse contexto, o investimento em equipamentos e as consequentes economias de escala geradas pelo aumento da produção tornam-se muito importantes. Isso não foi percebido pelos gestores da Metta durante o experimento. No entanto, o resultado insatisfatório obtido pela empresa em T3, trimestre em que se optou por produzir menos, sinalizou que não valia a pena baixar a produção.

Mesmo sem fazer parte da estratégia, e sem utilizar a matriz de resultados durante o experimento para comprovar qualquer fato que sugerisse operar a produção em níveis elevados, a percepção dos gestores de que havia mercado para seu produto fez com que eles tomassem essa decisão. Por que isso aconteceu? A verdade é que a busca pela maximização dos resultados é exatamente a aplicação prática do conceito da estratégia dominante, ou seja: para qualquer que seja a decisão dos concorrentes, os gestores perceberam que a produção em níveis elevados resultava em um maior lucro líquido no longo prazo do que a produção restrita (Tabela 8.11). Em termos econômicos, a decisão de aumento da produção parecia perfeitamente lógica, pois permite à empresa se apropriar dos ganhos de escala. Entretanto, a discussão realizada sob a ótica da sustentabilidade poderia recomendar a produção em algum nível intermediário, em que fossem limitados os efeitos da externalidade ambiental.

TABELA 8.11 Maximização dos resultados: prática da estratégia dominante.

Os valores da matriz representam o payoff para a Metta S/A		Empresas concorrentes	
		Produção elevada	Produção controlada
Metta S/A	Produção elevada	X + 10	Y + 10
	Produção controlada	X	Y

Com a aquisição dos dados disponíveis no relatório trimestral confirmou-se a existência de uma correlação positiva entre produção (acompanhada de maiores vendas) e lucro líquido (Figura. 8.2).

É curioso notar que todas as decisões enquadraram-se neste contexto de tentativa de maximização dos resultados, mesmo que não se tenha uma explicação perfeitamente racional por parte dos gestores. Assim, chega-se a um dos fatores que pode ter contribuído para que a Metta tivesse sucesso: a manutenção de um caixa elevado, apesar do custo de

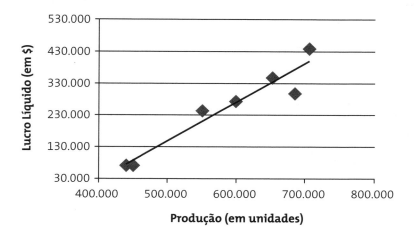

Fonte: Disponível em www.simulab.com.br.

FIGURA 8.2 Lucro líquido e produção: correlação positiva.

oportunidade e mesmo em detrimento da distribuição de dividendos logo no começo do experimento, que permitiu aos gestores gerenciarem seus riscos e aproveitarem algumas oportunidades oferecidas pelo mercado.

Em comparação com as outras empresas, a Metta foi a que manteve mais recursos em caixa. Inclusive, foi a única que, no período dos dois anos, não ficou com o caixa negativo em nenhum trimestre. Apesar do custo de oportunidade incorrido, os recursos excedentes mantidos em caixa viabilizaram o investimento nos três filtros em uma única parcela, o que garantiu o desconto oferecido pelo fornecedor. Isso aconteceu porque os gestores estavam tranquilos com os recursos disponíveis para as decisões de investimento em marketing e P&D, mantendo sempre a estratégia previamente traçada, mesmo com os fatos que marcaram a imprevisibilidade das variáveis externas.

Contribuindo ainda mais para esse cenário, a partir de T6 a equipe de gestão da Metta encontrou uma forma muito mais eficiente de manter recursos em caixa. Em busca de rentabilizar esse valor, a empresa buscou o gerente do banco, que ofereceu duas opções de investimento: (1) investimento na poupança, com rentabilidade de 1,5% ao trimestre e (2) investimento no índice de sustentabilidade das empresas (ISE), com rentabilidade variável, correlacionada com os índices econômicos de mercado. Em apenas dois trimestres (T6 e T7), obteve-se um retorno de $52.030.

Recomenda-se que a teoria dos jogos não seja vista como um modelo de estudo do processo decisório, mas sim como um fator intrínseco à tomada de decisões. Mesmo que não apareçam de forma explícita em todos os casos, os conceitos de estratégia dominante e equilíbrio de Nash estão fortemente relacionados ao pensamento básico econômico de maximização de resultados.

CONSIDERAÇÕES FINAIS

Este estudo abordou os conceitos da teoria dos jogos aplicados ao laboratório de gestão empresarial. O principal resultado alcançado foi ilustrar, em situações vividas pela equipe de gestão, que uma Teoria pode ser colocada em prática. O grande número de variáveis que regem o funcionamento do simulador organizacional é uma representação do mundo real. Portanto, as lições aprendidas com esse experimento podem e devem ser levadas em conta pelos gestores de empresas que se encontrarem dispostos a experimentar novas soluções para seus velhos problemas.

O primeiro ponto é que as ferramentas elaboradas pelos gestores da empresa Metta comprovaram que as práticas das funções da diretoria se beneficiam quando existe um sistema de informações gerenciais (SIG) capaz de disponibilizar informações de forma eficiente. Não só disponibilizar informações, mas também processar os dados e transformá-los em uma fonte de conhecimento que possa ser utilizada no processo decisório. Isso dá aos gestores mais tempo para concentrar a maior parte de seus esforços em questões estratégicas, em vez de operacionais.

Outro ponto refere-se ao caso de sucesso apresentado nesse estudo, que mostra uma situação de *coopetição*, neologismo introduzido por Brandenburger e Nalebuff (1995). Apesar de ser extremamente interessante pensar que empresas concorrentes podem beneficiar-se mutuamente caso trabalhem juntas, esta é uma cultura pouco difundida, tanto nas escolas quanto dentro das empresas. A cultura predominante é a do individualismo e da competição. A Teoria dos Jogos sinaliza a existência de soluções melhores, caso as empresas estejam dispostas a dialogar. Dessa forma, os gestores precisam buscar e aproveitar as situações *win-win* encontradas no cotidiano organizacional, quebrando essa barreira cultural existente que sobrevaloriza a competição.

Contribuições ao leitor

Os maiores erros cometidos pela Metta foram:

- A falta de uma análise mais profunda sobre como a distribuição de dividendos antecipada poderia impactar positivamente os resultados da TIR, o que fez com que a empresa ocupasse a terceira posição em T8 e perdesse (em termos de TIR) por poucos décimos para outras duas empresas ao final do jogo.
- O não aproveitamento de um projeto de inovação que aportasse os benefícios de uma técnica mais agressiva, como o *leasing* dos equipamentos (fábrica) ou a realização de uma aliança estratégica com outra empresa, duas ideias que surgiram durante o experimento e não foram implementadas pela Metta.

A maior lição que se pode tirar dessa experiência é a influência da atitude e do comportamento dos gestores frente aos desafios apresentados pela disciplina. Dois pontos tornaram-se essenciais:

- Toda a teoria está disponível no livro da disciplina (Sauaia, 2010); o domínio e o conhecimento aprofundado acerca das regras do jogo são diferenciais para o jogo de empresas. Dessa forma, a criação de uma planilha própria, uma ferramenta de auxílio à tomada de decisão, é relativamente simples e pode poupar muito tempo no momento da tomada de decisão;
- A interação humana é, dentre todas as oportunidades, a mais importante. É potencial geradora de valor para as empresas por meio do aproveitamento de ideias e inovações que não existiriam caso os gestores se mantivessem passivos durante os momentos em que estas interações foram possíveis. O enfrentamento das crises de maneira criativa transformou ameaças em oportunidades, explorou pontos fortes e neutralizou pontos fracos e permitiu gerar valor em diferentes períodos do jogo de empresas.

Limitações

Toda a experiência gerencial no laboratório de gestão empresarial, antes e depois das eleições municipais, foi regida por um só modelo político, realizada sob as regras de um governo neoliberal, no qual os agentes têm muita liberdade, e podem beneficiar-se se souberem utilizá-la bem. Uma análise atenta indica que este modelo parece apresentar restrições importantes em termos do processo decisório das empresas (Modelo 1 de produção industrial – um turno com horas extras). Entretanto, cabe aos agentes toda a iniciativa para inovar o processo de gestão qualquer que seja o modelo político em vigor, seja em um mercado neoliberal de livre iniciativa, em que prevalece a liberdade dos agentes, seja em um mercado misto, sujeito aos estímulos típicos de um ambiente regulado por um governo misto. Não foi possível a algumas empresas trabalhar com a geração de novas oportunidades de emprego, nos itens relacionados à mão de obra, como a ativação e a troca de turnos, o que poderia ter auxiliado a sociedade e criado valor sustentável.

A indisponibilidade de informações foi também um fator limitante. Mesmo que as empresas decidissem comprar os relatórios trimestrais, eram fornecidos apenas os dados gerais do setor e os dados específicos da empresa, não sendo disponibilizados os dados das decisões dos concorrentes, somente presentes em relatórios de inteligência competitiva, solicitados sob demanda e negociados com antecedência. Assim, uma equipe de gestão dificilmente conseguirá dados suficientes para determinar com grande certeza o funcionamento do simulador, podendo chegar apenas a um modelo bem aproximado, mas sempre limitado e sujeito a falhas. Um conhecimento mais sistêmico pode ser alcançado somente no final do jogo, quando os dados específicos de todas as empresas são disponibilizados para as pesquisas.

Proposições para novos estudos

O mesmo estudo e, principalmente, o uso das mesmas ferramentas e técnicas de gestão poderiam ser replicados sob as regras de um governo misto. Como complemento do presente estudo, também poderiam ser explorados outros conceitos relacionados à Teoria dos Jogos, como a árvore de decisões, a Teoria da Utilidade e a (in)disponibilidade de informações.

A coopetição, cujo dilema foi estudado por Sauaia e Kallás (2007), poderia ser explorada de uma forma extremamente interessante. Para isso, seria necessário que um grupo de gestores elaborasse um projeto formal, por meio do qual apresentasse uma proposta ao grupo de empresas concorrentes para trabalharem com uma abordagem amigável e transparente entre si, na qual todas buscassem maximizar os resultados coletivos do setor, em vez de focalizar os resultados individuais, disponibilizando abertamente os dados de decisão. Tal experiência exigiria a cooperação de todos os agentes do setor, algo que poderia ser buscado por meio de várias rodadas de negociação para alinhamento dos interesses, por isso a dificuldade de ser aplicada desde o início do jogo de empresas, quando os gestores ainda não dominam as regras do simulador nem aprenderam a tomar suas decisões com confiança.

REFERÊNCIAS

BARBALET, J.M. *A cidadania*. Lisboa: Editorial Estampa, 1989.

BARRETO, L. S.; BORTOLOSSI, H. J.; GABUGIO, G.; SANTOS, P. A.; SARTINI, B. A. *Uma Introdução à Teoria dos Jogos*. Disponível em: http://www.mat.puc-rio.br/~hjbortol/bienal/M45.pdf. Acessado em: 23 set.2012.

BRANDENBURGER, A. M.; NALEBUFF, B. J. The right game: use game theory to shape strategy. *Harvard Business Review* 73, pp. 57-72, 1995.

BESANKO, D.; DRANOVE, D.; SHANLEY, M.; SCHAEFER, S. *A economia da estratégia*. 3.ed. Porto Alegre: Bookman, 2006.

[EPA] UNITED STATES ENVIRONMENTAL PROTECTION AGENCY. What is Sustainability. Disponível em: http://www.epa.gov/sustainability/basicinfo.htm#sustainability. Acessado em: 20 maio 2012.

ISIDORE, C. Why Toyota wants GM to be saved. *CNN Money*. Dez 2008. Disponível em: http://money.cnn.com/2008/12/15/news/companies/overseas_automakers/?postversion=2008121517. Acessado em: 23 e 24 abr. 2012.

KINLAW, D. C. *Empresa competitiva e ecológica: desempenho sustentado na era ambiental*. São Paulo: Makron Books, 1997.

MANKIW, N.G. *Introdução à economia*. 2.ed. Rio de Janeiro: Elsevier, 2001.

REZENDO FILHO, C. B.; CÂMARA NETO, I. A. *A evolução do conceito de cidadania*. Universidade de Taubaté. Disponível em: http://site.unitau.br/scripts/prppg/humanas/download/aevolucao-N2-2001.pdf. Acessado em: 22 maio 2012.

SAUAIA, A. C. A. *Laboratório de gestão: simulador organizacional, jogo de empresas e pesquisa aplicada*. 2.ed. Barueri: Manole, 2010.

SAUAIA, A. C. A.; KALLÁS, D. O dilema cooperação-competição em mercados concorrenciais: o conflito do oligopólio tratado em um jogo de empresas. *RAC – Revista de Administração Contemporânea*. 1ª Edição Especial 2007, p.77-110.

STEINER, J.F.; STEINER, G. *Business, Government, and Society: A Managerial Perspective*. 13.ed. NovaYork: McGraw-Hill/Irwin, 2009.

Análise custo-volume-lucro no auxílio à tomada de decisão

Yudi Miaguchi
Antonio Carlos Aidar Sauaia

INTRODUÇÃO

Para o sucesso da equipe no ambiente de tomada de decisão, os gestores das cinco áreas funcionais e o presidente devem obter o maior volume de dados úteis. Decisões embasadas nas teorias permitem à equipe analisar seus resultados e criticá-los, ajustando assim as novas decisões, para que proporcionem o desempenho almejado. Tal ideia no laboratório de gestão refere-se ao aprimoramento contínuo pela prática do conhecimento e internalização por meio da vivência. Adotou-se, nesta pesquisa, o ponto de equilíbrio como ferramenta de auxílio à gestão, analisando sua relevância no âmbito gerencial, sua utilidade para o processo de decisão no jogo de empresas e sua contribuição para atingir objetivos e metas traçados. Embora a ferramenta tenha sido utilizada para maximizar a rentabilidade do acionista (TIR – taxa interna de retorno), o ponto de equilíbrio pode beneficiar outros aspectos que não os econômicos, como a sustentabilidade, a política e a cidadania. O método de pesquisa adotado foi o estudo de caso aplicado à empresa Macrosoft, que operava na indústria Novevinte. Foi realizada a coleta e a análise de dados durante dois anos de operações, sendo os desvios confrontados com a teoria. O estudo ilustrou a importância de uma ferramenta para a análise custo-volume-lucro no auxílio à gestão, permitindo identificar os fatores que mais influenciaram o desempenho da empresa e sinalizando a inadequação da estratégia inicialmente adotada. A pesquisa evidenciou que dados são imprescindíveis ao adequado embasamento das decisões gerenciais e a uma gestão eficiente.

O atual nível de competitividade leva as organizações a buscarem cada vez mais informações e ferramentas que auxiliem na gestão e possibilitem criar valor. Dados podem ser coletados do ambiente interno e externo à organização, devendo ser processados para que gerem informações relevantes para a tomada de decisões. A análise dos resultados que se segue permite a geração de relatórios gerenciais que apoiam uma gestão mais eficiente.

Nesse contexto, o presente estudo teve como objetivo aplicar o conceito de análise custo-volume-lucro na gestão da empresa Macrosoft, a fim de ilustrar a importância desta análise para uma empresa e sua relevância no processo decisório. Este estudo foi produzido sob a metodologia de educação e pesquisa da disciplina Laboratório de Gestão, formado por três pilares conceituais: o simulador organizacional (artefato), o jogo de empresas (vivência) e a pesquisa aplicada (teórico-empírica).

De acordo com Sauaia (2010), essa abordagem busca recuperar o caráter sistêmico das organizações e estimular o conhecimento aplicado, em vez do conhecimento memorizado. Assim, incentiva a equipe de estudantes a aplicar a teoria na gestão de uma empresa, confrontar os resultados à luz das teorias estudadas e possibilitar uma análise crítica que proporcione aprimoramento contínuo do conhecimento e internalização dos conceitos.

A empresa Macrosoft foi objeto de aplicação da análise custo-volume-lucro como ferramenta de gestão no auxílio ao processo decisório. Inicialmente, foi definido o conceito de ponto de equilíbrio, mediante revisão de literatura sobre o tema. Em seguida, foram identificados casos reais de empresas em que a aplicação da ferramenta se mostrou relevante. Relações entre a ferramenta de gestão, sustentabilidade, política e cidadania também foram abordadas. O estudo seguiu a estrutura proposta pela *Monografia racional* – versão eletrônica (Sauaia, 2009).

PONTO DE EQUILÍBRIO

O conceito de ponto de equilíbrio situa-se na categoria chamada análise de custo-volume-lucro. Define-se como custo-volume-lucro o estudo da forma com que lucros e custos se alteram com a mudança de volume. O impacto no lucro e as alterações nos custos variáveis, bem como nos gastos fixos e nos preços de venda, devem ser analisados para maior segurança no processo de planejamento.

Segundo Martins (2008, p.257), o ponto de equilíbrio, também chamado de ponto de ruptura (*break-even point*), estabelece uma relação entre custos e despesas totais com as receitas totais, de forma que represente o ponto em que custos e despesas totais se igualam ao total de receitas. De acordo com Gitman (2001, p.371), o ponto de equilíbrio operacional da empresa indica o volume de vendas necessário para que a receita cubra todos os custos operacionais.

O ponto de equilíbrio é uma das principais ferramentas para análise do custo-volume-lucro (Jiambalvo, 2002, p.75). Pode ser definido como o número de unidades que devem ser vendidas para que uma empresa atinja o equilíbrio, ou seja, seu resultado não implique lucro nem prejuízo, mas seja um resultado nulo. Admitindo como absolutamente lineares as representações das receitas e dos custos e despesas, tem-se, na Figura 9.1, sua reprodução gráfica (Martins, 2008, p.257-8):

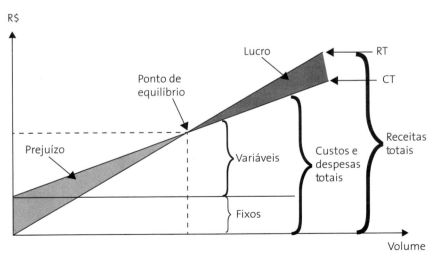

Legenda: RT = Receita total; CT = Custo total
Fonte: Martins (2008, p.258).

FIGURA 9.1. Ponto de equilíbrio operacional.

Martins (2008, p.258) afirmou que, até atingir esse ponto, a empresa terá um nível de custos e despesas superior ao nível de receitas, o que implica resultado negativo (prejuízo). Acima desse ponto, a receita total supera o total de custos e despesas, entrando na faixa positiva (lucro). O ponto de equilíbrio pode ser definido em unidades físicas (volume) e em valores monetários ($).

A determinação do ponto de equilíbrio pode ser obtida por meio de simples procedimentos aritméticos. Para isso, é necessário dispor de um sistema de custos que permita uma adequada diferenciação entre gastos fixos e variáveis para a correta aplicação dessa ferramenta (Jiambalvo, 2002, p.76).

$$\text{Ponto de equilíbrio} = \frac{\text{custos fixos + despesas fixas}}{\text{Margem de contribuição unitária}}$$

Sendo a margem de contribuição unitária definida por:
preço de venda – custo viarável

São três os pontos de equilíbrio definidos na literatura (Martins, 2008, p. 261):

1. O ponto de equilíbrio contábil, em que o resultado contábil é nulo e, portanto, não é considerado o custo de oportunidade do capital;
2. O ponto de equilíbrio econômico, cuja fórmula considera o custo de oportunidade; e
3. O ponto de equilíbrio financeiro, por meio do qual seria mantido em equilíbrio o saldo em "caixa".

O ponto de equilíbrio representado na fórmula 1 é denominado ponto de equilíbrio contábil (PEC), em que receitas e despesas se equilibram. Dessa forma, não haveria, contabilmente, nem lucro nem prejuízo (supondo produção igual à venda). Porém, o resultado contábil não engloba o conceito de custo de oportunidade do capital investido pelos acionistas. Assim, existindo o custo de oportunidade do capital investido, a apresentação de lucro contábil nulo significa que o lucro econômico da companhia será negativo, ou seja, a empresa não gerou lucro capaz de remunerar adequadamente o capital investido.

Portanto, a utilização do ponto de equilíbrio econômico se mostra mais relevante para o processo de decisão, pois considera em seu cálculo o custo de oportunidade do capital investido:

$$\text{Ponto de equilíbrio econômico} = \frac{\text{custos fixos + despesas fixas + custo de oportunidade}}{\text{Margem de contribuição unitária}}$$

Entretanto, os resultados contábil e econômico não são, necessariamente, coincidentes com o resultado financeiro. Supondo uma hipótese em que todas as receitas recebidas e todas as despesas e custos pagas foram feitas em dinheiro (regime de caixa), pode-se calcular o ponto de equilíbrio financeiro:

$$\text{Ponto de equilíbrio financeiro} = \frac{\text{Desembolsos fixos}}{\text{Margem de contribuição unitária}}$$

Se a empresa estiver vendendo quantidades de produto que lhe permitam atingir esse nível, estará conseguindo equilibrar-se financeiramente.

Outro conceito derivado do ponto de equilíbrio é a margem de segurança. Ela representa o nível de receita que estará acima do nível da receita de equilíbrio.

$$\text{Margem de segurança} = \frac{\text{Receita atual - Receita no ponto de equilíbrio}}{\text{Receita atual}}$$

A margem de segurança é, geralmente, apresentada em porcentagem (%). Uma empresa opera com margem de segurança positiva quando pode ter uma redução no valor da receita atual sem entrar na faixa de prejuízo (Martins, 2008, p.259).

Com as informações geradas por tais ferramentas, o gestor poderá definir metas de vendas para determinado período, analisar a viabilidade de linhas de produtos, estimar o impacto das variações de demanda do mercado nos resultados da empresa e a probabilidade de obter resultados positivos, dada a estrutura de custos em relação à quantidade necessária de vendas. O rol de possibilidades de uso dessa ferramenta não pretendeu ser exaustivo.

Segundo Zago et al. (2006), há limitações na adoção do ponto de equilíbrio:

- Ele considera constantes os gastos fixos, ou seja, sem qualquer tipo de variação. Na realidade os gastos fixos também variam. Podem ser constantes até determinado nível de produção, apresentando aumento ou redução quando o nível de produção é alterado significativamente.
- Considera constante o gasto variável unitário, independentemente do nível de produção. De fato, o custo variável unitário pode flutuar em decorrência da alteração do nível de produção.
- O preço de venda é estático de forma que as receitas evoluam linearmente.
- A diversidade de produtos vendidos é constante para qualquer volume de vendas.

Resumidamente, tais limitações estão relacionadas com a forma simplista que essa ferramenta é apresentada em manuais, em que se consideram conhecidos com alto grau de certeza – e sem sofrer variação – preços de venda, custos fixos e custos variáveis. Essa situação nem sempre se verifica na realidade empresarial, mundo em que impera a incerteza. Assim, o ponto de equilíbrio apresenta limitações no auxílio e apoio ao planejamento da empresa, por desconsiderar o fator risco.

Algumas abordagens utilizam modelos probabilísticos para calcular o ponto de equilíbrio, incluindo a incerteza e agregando utilidade a este conceito, permitindo aos gestores uma visão mais realista de cenários futuros (Zago et al., 2006).

CASOS PRÁTICOS

A aplicação dessa ferramenta de auxílio à gestão não é, por si só, garantia de sucesso ou insucesso, tal que os resultados possam ser atribuíveis apenas a uma ação organizacional. Certas ferramentas podem ter importância no processo decisório, mas dificilmente seriam consideradas isoladamente pelos gestores.

Dada a dificuldade em apresentar casos de sucesso e insucesso atribuíveis ao uso da ferramenta abordada por este estudo, buscou-se apresentar a aplicação desta ferramenta em situações reais, recorrendo a artigos acadêmicos que, por intermédio da aplicação dos conceitos propostos, demonstraram a relevância das informações para a tomada de decisão.

Em estudo que aplicou o ponto de equilíbrio num sistema de produção de arroz irrigado, Hillmann (2001, p.13) concluiu que "o cálculo do ponto de equilíbrio dos diferentes sistemas de produção de arroz, relacionados à área, permitiu uma melhor comparação para tomada de decisões [...]".

QUADRO 9.1 Ponto de equilíbrio: dados de comparação antes e depois do uso.

ANTES	DEPOIS
A empresa não sabia quando começava a obter lucro.	Com o estudo, a empresa passou a conhecer o momento em que começa a ter lucro.
A empresa poderia realizar ações de marketing que prejudicassem o resultado.	Agora a empresa tem suporte para realização de suas ações de mercado.
Havia uma ideia não tão clara do resultado da empresa.	O estudo contribuiu para o esclarecimento em relação aos resultados de rentabilidade e lucratividade da empresa.
Não havia estudos específicos acerca dos resultados obtidos pelos departamentos da empresa.	A partir dos resultados encontrados, foi mais frequente a análise individual dos departamentos da empresa, visando maximizar os lucros.

Fonte: Machado e Fernandes (2010, p.14).

Em outro estudo em que essa ferramenta foi aplicada, Machado e Fernandes (2010, p.1) relataram que "o ponto de equilíbrio acabou sendo muito útil na função de orientar o gestor financeiro ou *controller* da empresa em como utilizar seus recursos [...]". O estudo (Quadro 9.1) foi realizado em uma empresa que atuava no ramo varejista. No Quadro 9.1, elaborado pelos autores, estão descritos cenários de antes e depois do uso da ferramenta, com as vantagens obtidas pela empresa mediante sua aplicação, considerando as mudanças ocorridas no decorrer do processo de gestão e ao final do processo. Foram gerados dados de previsão de lucros e quantidade mínima para tal entrar na faixa de lucros positivos; identificou-se a intensidade das ações de marketing que pudessem prejudicar a empresa; foram conhecidos os resultados produzidos em cada um dos departamentos da empresa e que, até então, ficavam totalizados sem que se pudesse identificá-los separadamente.

O ponto de equilíbrio também pode auxiliar na avaliação da viabilidade de projetos. Em estudo conduzido por Pinheiro (2003) numa instituição de ensino superior privada, analisaram-se diversas ferramentas que poderiam auxiliar a decisão de um novo curso de graduação. O ponto de equilíbrio encontrava-se entre elas, o que possibilitou verificar se os gastos fixos decorrentes da oferta do novo curso seriam cobertos pela receita estimada de novas matrículas de estudantes.

Apesar dos benefícios que pode gerar, se mal utilizado, o ponto de equilíbrio pode iludir os tomadores de decisões quanto às ações a serem adotadas.

SUSTENTABILIDADE, POLÍTICA E CIDADANIA

Pressões sociais e restrições políticas impostas às empresas estão afetando a atuação empresarial, fazendo com que as companhias busquem formas de reduzir seu impacto ambiental e melhorar sua imagem em relação à responsabilidade social.

Antes considerado fonte inexaurível de recursos disponíveis para servir às necessidades humanas, o meio ambiente tem sido objeto de discussões. O ciclo produtivo da sociedade baseia-se na extração de recursos do meio ambiente, necessários para a produção de alimentos e bens de consumo. Porém, surgem como subprodutos do processo produtivo os resíduos sólidos, os efluentes líquidos e a emissão de gases nocivos, bem como outros poluentes em grandes quantidades, acarretando sérios problemas de poluição ambiental. Além disso, o crescente aumento da população e a intensificação do consumo em massa têm contribuído para a necessidade crescente de extração de recursos, podendo gerar, em futuro não muito distante, um esgotamento dos recursos naturais (Banco Mundial, 2012).

Outra fonte de preocupação atual da sociedade é a volumosa camada da população mundial que sofre com a fome, a exclusão social e a pobreza. Segundo dados do Banco Mundial (2012), houve uma redução da pobreza em países em desenvolvimento. Porém, o número de pessoas nessa condição ainda é significativo: cerca de 1,3 bilhão de pessoas vivem nessa condição.

Diante da preocupação da sociedade com assuntos ligados a esses temas emergentes, as empresas estão se reestruturando e buscando internalizar políticas que reflitam essas preocupações. É notável o número crescente de empresas que promovem sua imagem ligada à preocupação ambiental e seu envolvimento com ações sociais. Segundo Romeiro (1999, p.2), "o conceito desenvolvimento sustentável surgiu pela primeira vez com o nome de ecodesenvolvimento, no início da década de 70". O desenvolvimento sustentável tentava conciliar duas visões sobre as relações entre crescimento econômico e meio ambiente, reconhecendo que o crescimento efetivo é condicionado por limites ambientais e que o crescimento econômico é condição necessária, mas não suficiente para a erradicação da pobreza e das disparidades sociais. Assim, é necessário que haja intervenção e direcionamento do desenvolvimento econômico no sentido de conciliação entre a eficiência econômica, a desejabilidade social e a prudência ecológica.

A Comissão Mundial sobre Meio Ambiente e Desenvolvimento, no documento "Nosso Futuro Comum", define desenvolvimento sustentável (DS) como aquele que atende às necessidades presentes, sem que haja o comprometimento das necessidades das gerações futuras.

Para Carvalho e Viana (1998, apud Araújo et al., 2006, p.9), o desenvolvimento sustentável apresenta três dimensões principais (Figura 9.2): crescimento econômico, equidade social e equilíbrio ecológico. Desenvolvimento sustentável é um conceito amplo que se apoia na integração de questões sociais, ambientais e econômicas, constituindo o tripé conhecido com *triple bottom line*.

O *triple bottom line* é considerado uma ferramenta conceitual muito útil na interpretação das interações extraempresariais, contribuindo de maneira significativa para uma visão da sustentabilidade mais ampla, que explora a sustentabilidade para além da visão estritamente econômica (Araújo et al., 2006, p.11).

Sustentabilidade, de acordo com Philippi (2001, apud Araújo et al., 2006, p.10), "é a capacidade de se autossustentar, de se automanter". Uma atividade é sustentável quando pode ser mantida por um período indeterminado, de forma a não se esgotar. Ampliando esse conceito, pode-se caracterizar a sociedade sustentável como aquela que não coloca em risco os recursos naturais, como o ar, a água, o solo, e a vida vegetal e animal, dos quais a sociedade depende.

O objetivo fundamental das organizações é obter o maior retorno possível sobre o capital investido, utilizando-se de ferramentas disponíveis

Fonte: Baseado em Kraemer (2003, apud Araújo et al., 2006, p.8)

FIGURA 9.2. As três dimensões do desenvolvimento sustentável.

que proporcionem vantagem frente aos concorrentes, obtendo maiores margens e, por vezes, maior participação no mercado. Contudo, com as novas preocupações da sociedade, as organizações têm se preocupado com outros fatores além dos econômicos e estruturais. Fatores relacionados às questões ligadas ao meio ambiente natural e às questões sociais começam a fazer parte do rol das principais responsabilidades das empresas (Coral, 2002).

Essas novas responsabilidades implicam a utilização de processos produtivos que não impactem negativamente o meio ambiente, possam contribuir para a recuperação de áreas degradadas pelas atividades empresariais ou ofereçam produtos e serviços que contribuam para a melhoria da performance ambiental (Coral, 2002).

A seguir é apresentado modelo de sustentabilidade (Figura 9.3) que pode ser aplicado pelas empresas (Coral, 2002, p.129) na formulação de sua estratégia, antecipando-se às externalidades negativas e beneficiando as relações sociais e ambientais.

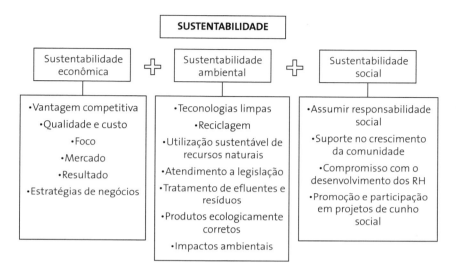

Fonte: Coral (2002, p.129).

FIGURA 9.3 Modelo de sustentabilidade.

A ferramenta aqui estudada (ponto de equilíbrio) possui relação primária com a dimensão econômica da sustentabilidade, ou seja, a capacidade da organização de manter-se no mercado, em um panorama econômico cada vez mais competitivo. Contribui para a sustentabilidade em seu conceito amplo, já que, sem a dimensão econômica, as dimensões ambiental e social seriam impactadas negativamente.

Dessa forma, o ponto de equilíbrio, como ferramenta para auxílio à tomada de decisão, impacta, mesmo que indiretamente, todos os *stakeholders* da empresa, incluindo governo e sociedade. Pode-se observar uma relação entre a ferramenta e alguns temas emergentes, como a sustentabilidade, a política e a cidadania.

PROBLEMA DE PESQUISA E OBJETIVO DO ESTUDO

Seguindo a proposta da disciplina, pretendeu-se extrapolar a mera aplicação das técnicas e conceitos, permitindo aos estudantes-gestores um ambiente propício para internalizar conhecimentos, por meio de uma dinâmica integrada e participativa.

De acordo com a literatura, a análise dos pontos de equilíbrio, da margem de segurança e do grau de alavancagem operacional permite ao gestor melhor planejamento e maior segurança ao tomar decisões na gestão empresarial.

Sob essa ótica, a proposta deste estudo é verificar a aplicabilidade dessas ferramentas na empresa Macrosoft, que compôs, juntamente a outras treze empresas, o ambiente de negócios denominado Indústria Novevinte da disciplina Laboratório de Gestão Empresarial I. Além disso, pretende-se explorar a utilidade percebida dessa ferramenta durante o processo decisório da empresa simulada, verificando se sua utilização acrescentou ou não valor à companhia.

MÉTODO DE PESQUISA

Para a realização da proposta de pesquisa, foi realizada revisão bibliográfica sobre a ferramenta em questão, baseada em diversos autores que descreveram e analisaram a aplicação e a utilização dessa técnica. Procurou-se verificar os conceitos que fundamentam o ponto de equilíbrio, a margem de segurança e o grau de alavancagem operacional, com o objetivo de aplicá-los na gestão da empresa simulada.

Além dos conceitos relacionados estritamente à ferramenta, foram apresentados casos de empresas reais em que autores consideraram que a aplicação do ponto de equilíbrio contribuiu no processo de tomada de decisão, acrescentando valor às organizações. Adicionalmente, foram pesquisados assuntos relacionados a temas emergentes, como a sustentabilidade, a política e a cidadania.

Para a coleta dos dados secundários acima citados, foi também utilizado o livro-texto da disciplina (Sauaia, 2010), livros-texto de outras disciplinas, além de artigos e dados disponíveis na internet. Todas as fontes consultadas estão indicadas nas referências.

Para a análise das decisões foram utilizados os dados primários das oito rodadas do jogo de empresas (dois anos de operações), incluindo os dados obtidos pela contratação de consultoria, os relatórios trimestrais da empresa e da indústria, notícias publicadas e fatos relevantes divulgados semanalmente.

DESCRIÇÃO DO EXPERIMENTO E COLETA DE DADOS

A metodologia de ensino da disciplina Laboratório de Gestão é formada por três pilares conceituais: o simulador organizacional (artefato), o jogo de empresas (vivência) e a pesquisa aplicada (teórico-empírica).

Nesta etapa da pesquisa aplicada foi descrito o ambiente no qual a empresa Macrosoft esteve inserida. A indústria Novevinte era formada por catorze empresas geridas por grupos de estudantes do curso de Administração e do curso de Ciências Contábeis da Faculdade de Economia, Administração e Contabilidade (FEA-USP). Nos grupos divididos a critério do professor, cada membro ficou responsável por uma das cinco áreas funcionais da empresa (planejamento, *marketing*, produção, recursos humanos e finanças) ou liderou a equipe como presidente.

Todas as empresas apresentavam, inicialmente, as mesmas características, os mesmos recursos financeiros e patrimoniais. Ofereciam ao mercado produtos que, embora tecnológicos, não possuíam atributos que os distinguissem. Assim, todas elas apresentavam condições iniciais idênticas, cabendo aos novos gestores adotar estratégias distintivas que elevassem o valor das empresas.

A expectativa do acionista no jogo era a maximização da taxa interna de retorno (TIR), indicador utilizado para mensurar o desempenho econômico da empresa. Para alcançar esse objetivo, as equipes deveriam decidir sobre: preço a ser cobrado pelos produtos oferecidos ao mercado, gastos com marketing, gastos com P&D, gastos com manutenção, volume de produção, dimensionamento da capacidade de produção, compra de matéria-prima e a política de dividendos a serem distribuídos aos acionistas.

O jogo de empresas se passou em um período temporal de 2 anos, sendo operado por oito rodadas, cada uma equivalendo a um trimestre. A cada rodada eram apresentados fatos e acontecimentos macroeconômicos que poderiam influenciar as decisões trimestrais. Estimulados pelos novos acontecimentos, os gestores deveriam analisar os resultados anteriores e decidir, para o novo período, quais políticas manter ou mudar para as variáveis sob controle da empresa.

Após a apresentação do programa da disciplina, das regras do simulador e dos aspectos gerais do jogo de empresas, foi realizada uma rodada-teste para ilustrar a dinâmica do jogo e aprofundar o conhecimento sobre as regras econômicas do simulador. Apesar da rodada-teste configurar um momento propício a experimentações, os gestores da empresa Macrosoft adotaram postura conservadora, não alterando significativamente os níveis das variáveis sob controle.

Com o andamento da rodada-teste, ficou evidente a necessidade de uma ferramenta de apoio à tomada de decisão, optando-se pela elaboração de uma planilha eletrônica baseada nas regras econômicas (Sauaia, 2010). Como não se tinha total conhecimento das regras econômicas, a planilha apresentou, no início, várias deficiências, sendo aprimorada somente ao longo do jogo de empresas.

No primeiro ano sob a nova gestão, definiu-se a estratégia da empresa Macrosoft de elevar o investimento destinado ao aumento da capacidade produtiva e manter o nível de produção em sua capacidade máxima, buscando alcançar um alto volume de vendas que fosse capaz de cobrir os custos fixos da empresa. O alto volume de vendas seria obtido, principalmente, pela oferta de produtos a um preço baixo, quando comparado aos preços dos concorrentes. A diminuição da margem seria compensada, em parte, pela redução dos gastos em marketing e pelo aumento no volume de vendas. Essa estratégia não contava com unanimidade dos integrantes da equipe, mas acabou ganhando força com o resultado animador logo no primeiro trimestre.

A estratégia foi baseada nas simulações de cenários da rodada-teste e na premissa de que no início não havia diferenciação entre os produtos. Foram úteis as equações de demanda descritas em Sauaia (2010, p.107-38). A simulação de cenários não considerou a variável de gastos em P&D, pois as equações de demanda não incluíam tal variável. O poder de diferenciação foi subestimado pela equipe, acarretando sérias consequências ao longo do jogo.

Além disso, como foram estabelecidas políticas internas com intervalos predefinidos para certas variáveis, notadamente gastos com *marketing*, os cenários elaborados apontavam que a estratégia mais adequada seria a diminuição de preço para aumento do volume de vendas.

ANÁLISE DESCRITIVA DOS DADOS

Com o objetivo de tornar mais claro o procedimento adotado, está apresentado o detalhamento do cálculo com os dados do primeiro trimestre – julho/agosto/setembro (Tabela 9.1). Classificaram-se, também, os gastos em duas categorias: fixos e variáveis. Dessa forma, preparou-se a análise do ponto de equilíbrio, da margem de contribuição e da margem de segurança.

TABELA 9.1 Dados do primeiro trimestre (T01)

DECISÕES	VALORES
Preço unitário	$6,24
Gastos em marketing	$525.000
Gastos em pesquisa e desenvolvimento	$50.000
Gastos em manutenção	$50.000
Volume de produção programada	622.000
Investimento em equipamentos	$500.000
Compra de matéria-prima	$900.000
Dividendos a distribuir	–
Outros gastos	$50.000

DEMONSTRATIVO DAS OPERAÇÕES	VALORES
Mercado potencial desta empresa	595.133
Volume de vendas	595.133
Participação do mercado	9,24
Volume de produção efetiva	622.000
Estoque final de produtos acabados	77.867
Capacidade de produção – próximo trimestre	429.559
Volume ofertado planejado	673.000
Volume ofertado realizado	673.000

GASTOS	VALORES
Marketing	$525.000
P&D	$50.000
Administração	$383.800
Manutenção	$50.000
Mão de obra	$1.074.034
*MP consumida	$995.762
*Diminuição do estoque de produtos acabados	($80.601)
*Depreciação	$207.500
Custo de estocagem de produtos acabados	$38.933
Custo de estocagem de MP	$60.000
Custo de pedido	$50.000
Custo de mudança de turno	–
Despesas de investimentos	$25.000
Despesas financeiras	–
Despesas gerais	$84.700

(continua)

*Despesas que não representam desembolso neste período.

(continuação)

GASTOS VARIÁVEIS	VALORES
Mão de obra unitária	$1,73
Matéria-prima unitária	$1,60

GASTOS FIXOS	VALORES
Marketing	$525.000
P&D	$50.000
Administração	$383.800
Manutenção	$50.000
Depreciação	$207.500
Custo de estocagem produtos acabados	$38.933
Custo de estocagem de matéria-prima	$60.000
Custo de pedido	$50.000
Custo de mudança de turno	–
Despesas com investimentos	$25.000
Despesas financeiras	–
Despesas gerais	$84.700
TOTAL GASTOS FIXOS	**$1.474.933**

Fonte: www.simulab.com.br.

Com base na classificação dos gastos, efetuou-se o cálculo da margem de contribuição (valor monetário), do ponto de equilíbrio (em unidades físicas) e da margem de segurança como apresentado a seguir:

$$\text{Ponto de Equilíbrio (unidades)} = \frac{\text{Total de Gastos Fixos}}{\text{Margem de Contribuição Unitária}}$$

$$\text{Ponto de Equilíbrio (unidades)} = \frac{\$1.474.933}{\$2,91}$$

$$\text{Ponto de Equilíbrio (unidades)} = 506.850 \text{ unidades}$$

$$\text{Margem de Segurança} = \frac{\text{Receitas Atuais} - \text{Receitas no Ponto de Equilíbrio}}{\text{Receitas Atuais}}$$

$$\text{Margem de Segurança} = \frac{(595.133 * 6,24) - (506.850 * 6,24)}{(595.133 * 6,24)}$$

$$\text{Margem de Segurança} = 14,8\%$$

- 1º trimestre: inicialmente, a equipe decidiu produzir na capacidade máxima. Por imposição governamental, o modelo 1 de produção vigorou do trimestre 1 ao 4. No modelo político neoliberal, as leis trabalhistas não permitiam operar em segundo e terceiro turnos. Para aumentar o volume de produção era necessário investir em fábrica e equipamentos, tendo a opção de operar com até 50% em regime de hora extra, aumentando em 50% o custo de mão de obra direta.

- Decisões: para maximizar a eficiência operacional decidiu-se produzir na capacidade máxima, inclusive com horas extras, o que acarretou aumento de 50% na mão de obra direta e dos custos de produção. Gastos com P&D e manutenção foram reduzidos, tendo em vista o posicionamento do produto popular. Para estimular a demanda, o produto teve redução no preço, sendo ofertado a $6,24 por unidade. Os gastos em marketing foram elevados para o valor de $525.000.
- Resultados: mesmo com o preço abaixo da média do mercado (preço médio = $6,39) e apesar de ter sido elevado o gasto em marketing, o mercado potencial ficou abaixo do volume ofertado. Apesar disso, a empresa alcançou o maior *market share* do mercado (9,24%) e o segundo maior lucro líquido. A receita foi menor que a prevista, os custos e as despesas fixas foram mais elevados e houve uma variação negativa da margem de contribuição projetada. Esses fatores influenciaram o resultado que se situou abaixo do esperado pela equipe.

TABELA 9.2 Variação percentual em T1 dos valores previstos e realizados.

	PROJETADO T1	REALIZADO T1	VARIAÇÃO	T0
Volume de vendas	673.000	595.133	-11,6%	438.879
Custos e despesas fixas	$1.383.300	$1.474.933	6,6%	$1.167.034
Margem de contribuição	$2,99	$2,91	-2,7%	$3,39
Lucro líquido após IR	$333.558	$131.364	-60,6%	$168.283
Ponto de equilíbrio	462.704	506.850	9,5%	344.258
Margem de segurança	31%	15%	-52,5%	22%

Fonte: www.simulab.com.br.

A receita foi impactada por um volume de vendas inferior ao projetado, elevando os estoques de produtos acabados e acarretando gasto com estocagem de produtos acabados. Além desse gasto adicional, houve gastos adicionais com consultoria, considerados no cômputo do total de custos e despesas fixas.

A margem de contribuição se deteriorou rapidamente logo na primeira rodada (redução de $0,36) em virtude da redução no preço do produto ofertado e do aumento dos custos de mão de obra, por causa da realização de horas extras. Comparando com a situação inicial (T0), embora tenha havido maior volume de produção e de vendas, o lucro líquido foi inferior. O ponto de equilíbrio operacional aumentou e a margem de segurança se reduziu.

Apesar dos sinais de que poderia haver problemas na estratégia de preço baixo e alto volume, estes sinais não foram claramente percebidos ou identificados à época. A análise custo-volume-lucro (CVL), que poderia auxiliar no diagnóstico, ainda não havia sido implementada.

- 2º trimestre: o fato de ter apresentado o segundo maior lucro da rodada pode ter influenciado a percepção sobre a estratégia adotada. Assim, continuou-se a mesma estratégia, operando em hora extra e reduzindo ainda mais o preço.
- Decisões: por entender que o preço, por si só, estimularia a demanda, optou-se por reduzir o preço de $6,24 para $6,00 e diminuir os gastos com marketing, diminuindo o total de gastos fixos da empresa. Despesas com P&D e manutenção foram mantidas baixas, negligenciando o fator de diferenciação de produtos e contribuindo para perda de eficiência e aumento dos custos diretos de produção.

TABELA 9.3 Variação percentual em T2 dos valores previstos e realizados.

	PROJETADO T2	REALIZADO T2	VARIAÇÃO
Volume de vendas	721.867	655.233	-9,2%
Custos e despesas fixas	$1.248.287	$1.294.168	3,7%
Margem de contribuição	$2,65	$2,47	-6,8%
Lucro líquido após IR	$356.175	$175.006	-50,9%
Ponto de equilíbrio	471.052	523.955	11,2%
Margem de segurança	35%	20%	-42,3%

Fonte: www.simulab.com.br.

- Resultados: novamente não houve demanda suficiente para absorver toda a oferta, impactando a receita e o lucro do período. Ainda assim, a empresa apresentava a maior participação de mercado (9,19%), o sexto maior lucro líquido e operava com relativa margem de segurança (20%).

Pela projeção, esperava-se nova redução da margem de contribuição. Porém, houve uma redução maior que a projetada. O custo unitário de matéria-prima se elevou, em parte pela redução da alocação de recursos em P&D e em manutenção.

- 3º trimestre: a simulação de cenários evidenciou o afunilamento do potencial de lucros por intermédio da estratégia adotada. Porém, sem a definição de uma nova estratégia, não havia plano de ação a ser seguido nesse trimestre.

- Decisões: a empresa não operou em horas extras, mas manteve o preço dos produtos em $6,00. Os gastos com marketing, manutenção e P&D foram mantidos em níveis semelhantes aos trimestres anteriores.

TABELA 9.4 Variação percentual em T3 dos valores previstos e realizados.

	PROJETADO T3	REALIZADO T3	VARIAÇÃO
Volume de vendas	516.634	475.186	-8,0%
Custos e despesas fixas	$1.205.557	$1.271.106	5,4%
Margem de contribuição	$2,73%	2,73%	0,0%
Lucro líquido após IR	$116.631	$19.369	-83,4%
Ponto de equilíbrio	441.596	465.607	5,4%
Margem de segurança	15%	2%	-86,1%

Fonte: www.simulab.com.br.

- Resultados: novamente verificou-se receita e resultados abaixo do esperado. Mesmo com a redução da produção, não foi possível vender todos os produtos. Com o encerramento da produção em hora extra, os gastos com mão de obra foram reduzidos, melhorando a margem de contribuição em relação ao trimestre anterior. Nesse trimestre, a empresa operou muito próxima de seu ponto de equilíbrio, com margem de segurança de apenas 2%.

- 4º trimestre: diante do último resultado, era necessária uma mudança mais profunda na postura da equipe. Porém, os resultados decrescentes e tantas incertezas geraram um momento de crise. Não havia mais consenso sobre o rumo que deveria ser seguido: deveria a empresa alterar sua estratégia e investir em diferenciação, uma vez que estávamos na metade do jogo de empresas, ou deveria seguir com a mesma estratégia diante da possibilidade de alterações na indústria em função das eleições municipais? Apesar do risco e depois de várias discussões, decidiu-se pela segunda, mantendo a mesma estratégia inicial.
- Decisões: aumento do preço para $6,05 gerou receita para o aumento do nível de gastos com manutenção, visando a aumentar a eficiência na produção da empresa e, consequentemente, reduzir os custos variáveis.

TABELA 9.5 Variação percentual em T4 dos valores previstos e realizados.

	PROJETADO T4	REALIZADO T4	VARIAÇÃO
Volume de vendas	491.448	481.943	-1,9%
Custos e despesas fixas	$1.215.847	$1.162.295	-4,4%
Margem de contribuição	$2,78	$2,97	6,8%
Lucro líquido após IR	$70.432	$143.216	103,3%
Ponto de equilíbrio	437.355	391.345	-10,5%
Margem de segurança	11%	19%	70,8%

Fonte: www.simulab.com.br.

- Resultados: o mercado potencial superou a quantidade de produtos ofertados pela empresa. Apesar disso, o lucro obtido foi inferior à maior parte das empresas concorrentes. A implementação, ainda que tardia e parcial, da análise custo-volume-lucro (CVL) jogou luz sobre a margem de contribuição. A preocupação com a margem de contribuição levou a equipe a aumentar os gastos com manutenção. O objetivo era prosseguir com a estratégia de preço baixo e volume alto, mas agora com maior atenção à margem de contribuição.

O aumento do preço e a elevação dos gastos com manutenção influenciaram a redução nos custos de matéria-prima e mão de obra, aumentaram a margem e geraram lucro líquido acima do previsto. Houve redução no ponto de equilíbrio e aumento da margem de segurança da empresa.

No início do ano 2 fora mantido o regime neoliberal na outra indústria (Setemeia) e eleito o regime misto nesta indústria (Novevinte), em contraposição ao neoliberal que vigia até o T4. Neste novo modelo político misto, que estimulava a geração de empregos e a distribuição de renda, já era possível a todas as empresas operar em até três turnos de produção. A mudança institucional veio acompanhada de muitas expectativas e revisões estratégicas.

TABELA 9.6 Variação percentual em T5 dos valores previstos e realizados.

	PROJETADO T5	**REALIZADO T5**	**VARIAÇÃO**
Volume de vendas	620.000	552.673	-10,9%
Custos e despesas fixas	$1.684.948	$2.002.566	18,9%
Margem de contribuição	$3,11	$3,03	-2,6%
Lucro líquido após IR	$126.491	($327.205)	-358,7%
Ponto de equilíbrio	541.784	660.913	22,0%
Margem de segurança	13%	-20%	-255,2%

Fonte: www.simulab.com.br.

- 5º trimestre: o aumento da margem de contribuição trouxe confiança para prosseguir com a mesma estratégia no quinto trimestre, acreditando-se que o aumento do volume propiciado pela abertura do segundo turno de operação nos proporcionaria melhores resultados.
- Decisões: produziu-se no segundo turno sem incorrer em hora extra que, conforme os resultados das primeiras rodadas, diminuía significativamente a margem de contribuição. Voltou-se a praticar o preço de $6,00, elevando-se os gastos de marketing para $640.000.
- Resultados: a demanda ficou bem abaixo do previsto, impactando a receita total e influenciando no primeiro resultado negativo da Macrosoft no jogo de empresas. Adicionalmente, alguns erros de preenchimento do formulário de decisões, como o não lançamento de desconto devido e o lançamento duplicado das despesas de abertura do novo turno, contribuíram para aprofundar o prejuízo. A margem de

contribuição apresentou leve melhora, mas não no mesmo grau previsto.

- 6º trimestre: diante do prejuízo em T5, optou-se por alterar a estratégia no período de Natal (OND), o período do ano fiscal com a maior demanda sazonal.
- Decisões: foram aumentados em 8,5% os preços dos produtos, passando de $6,00 para $6,50. Buscava-se aumentar a margem de contribuição para suportar a elevação do nível de gastos com manutenção, P&D e marketing.

TABELA 9.7 Variação percentual em T6 dos valores previstos e realizados

	PROJETADO T6	REALIZADO T6	VARIAÇÃO
Volume de vendas	863.000	863.632	0,1%
Custos e despesas fixas	$3.016.476	$3.027.772	0,4%
Margem de contribuição	$3,53	$4,19	18,7%
Lucro líquido após IR	$80.157	$284.786	255,3%
Ponto de equilíbrio	854.526	722.619	-15,4%
Margem de segurança	1%	16%	1562,8%

Fonte: www.simulab.com.br.

- Resultados: a estratégia foi considerada desde o início muito arriscada: mesmo vendendo todos os produtos ofertados, a margem de segurança planejada seria de apenas 1%. Dada a significativa diminuição dos custos, tanto de matéria-prima quanto de mão de obra, foi possível aumentar substancialmente a margem de segurança, obtendo-se lucro líquido bem acima do projetado.
- 7º trimestre: como a mudança de estratégia surtiu efeito, foi mantida tal estratégia: aumento dos gastos com P&D e principalmente com marketing, para estímulo da demanda e o consequente aumento do preço. Entretanto, com o jogo de empresas próximo do seu final, decidiu-se por uma estratégia ainda mais arriscada, buscando-se uma elevação significativa do resultado.

TABELA 9.8 Variação percentual em T7 dos valores previstos e realizados.

	PROJETADO T7	REALIZADO T7	VARIAÇÃO
Volume de vendas	1.257.339	1.182.619	-5,9%
Custos e despesas fixas	$5.267.476	$5.576.403	5,9%
Margem de contribuição	$6,69	$6,86	2,5%
Lucro líquido após IR	$1.537.156	$1.355.452	-11,8%
Ponto de equilíbrio	787.366	812.887	3,2%
Margem de segurança	37%	31%	-16,4%

Fonte: www.simulab.com.br.

- Decisões: elevou-se o preço do produto a seu limite teórico de $9,00; foi ativado o terceiro turno de produção. Para estimular a demanda pelo produto, elevaram-se os gastos com P&D e marketing. Nesse trimestre, ao marketing foram atribuídos $3,3 milhões, muito acima do nível de investimentos das empresas concorrentes, o que foi possível conhecer mediante a compra de uma pesquisa setorial. Além disso, com a preocupação de não comprometer a margem de contribuição em virtude do aumento da produção, foram gastos $800 mil em manutenção, o que incluía algumas ações de sustentabilidade ambiental.
- Resultados: apesar de não terem sido vendidos todos os produtos disponíveis, alcançou-se o maior *market share* (12,41%) e o segundo maior lucro líquido do trimestre. Como fica evidenciado, ao ser oferecido um produto de qualidade melhorada (P&D) e com um bom nível de serviço (marketing), foi possível alcançar alto volume de vendas, mesmo praticando-se o preço mais elevado do mercado ($9,00). O resultado foi menor que o esperado por causa do volume de vendas inferior ao planejado. O aumento da margem de contribuição colaborou para que o resultado não fosse ainda menor do que o apurado no período anterior.
- 8º trimestre: o resultado do trimestre T7 ficou abaixo do esperado. Apesar disso, reforçou que a nova estratégia gerava resultados animadores. Assim, no oitavo e último trimestre do jogo de empresas prosseguiu-se com a estratégia adotada, apenas ajustando-a em razão de se tratar da última rodada.

TABELA 9.9 Variação percentual em T8 dos valores previstos e realizados.

	PROJETADO T8	REALIZADO T8	VARIAÇÃO
Volume de vendas	1.359.293	1.359.293	0,0%
Custos e despesas fixas	$4.331.475	$4.498.493	3,9%
Margem de contribuição	$6,86	$6,88	0,3%
Lucro líquido após IR	$3.815.661	$3.729.359	-2,3%
Ponto de equilíbrio	631.410	653.851	3,6%
Margem de segurança	54%	52%	-3,1%

Fonte: www.simulab.com.br.

- Decisões: foi mantido o preço de $9,00 e operada a produção máxima, utilizando-se os três turnos de trabalho disponíveis. Para estimular a demanda, elevou-se o nível de investimentos em marketing para $3,6 milhões. Por se tratar do último trimestre, não foram investidos valores tão elevados em P&D. Essa decisão criticável, arriscada e de descontinuidade foi baseada na característica dos gastos com P&D que, ao contrário do que ocorre com marketing, têm seu impacto preponderantemente no médio e longo prazos.

- Resultados: mesmo praticando o maior preço do período, manteve-se o primeiro posto em *market share*, com 12,71% do mercado, e foi obtido o maior lucro líquido do trimestre, cerca de $3,7 milhões (Tabela 9.9). O elevado nível de investimentos em marketing e P&D no trimestre presente e em trimestres anteriores, as ações dos concorrentes e as condições macroeconômicas estimularam tanto a demanda que o mercado potencial no oitavo trimestre ficou acima da capacidade produtiva. Nesse trimestre houve a menor variação entre os valores planejados e os realizados. Esse fato também se deveu ao crescimento da economia, estimulada pela grande geração de empregos propiciada pelo regime político misto.

DISCUSSÃO DOS RESULTADOS

Ao contrário do que se previa inicialmente, a decisão de manter preço baixo foi insuficiente para estimular a demanda, como ilustrado na Figura 9.4. O preço inferior à média do mercado nos primeiros seis trimestres não alavancou a participação no mercado. No T7, já adotando uma nova postura, conseguiu-se a maior participação do mercado (12,41%), praticando o maior preço ($9,00) entre todos os concorrentes. Portanto, ao contrário do que se supunha inicialmente, foi possível manter um preço alto simultaneamente com um elevado volume de vendas.

Das oito rodadas, em apenas três delas o mercado potencial da empresa se mostrou superior à oferta de produtos, sugerindo a ineficiência em estimular a demanda exclusivamente pelo produto oferecido pela Macrosoft por meio de preços abaixo da média de mercado. Em cinco rodadas, o mercado potencial se mostrou abaixo do esperado, contribuindo para o aumento dos custos de estocagem de produtos acabados e lucros abaixo do esperado. Na última rodada, o mercado potencial ficou acima das vendas, indicando um aumento significativo da demanda como resultado do crescimento econômico, do maior investimento em P&D em trimestres anteriores e de maiores gastos em marketing. A capacidade produtiva não acompanhou, na mesma proporção, a elevação da demanda (Figura 9.5).

Na Figura 9.6 é apresentada a evolução de receitas totais, custos e despesas fixas e o lucro líquido de cada trimestre. Nota-se que os lucros do T7 e T8 foram alavancados pela queda dos custos e despesas fixas e aumento da receita.

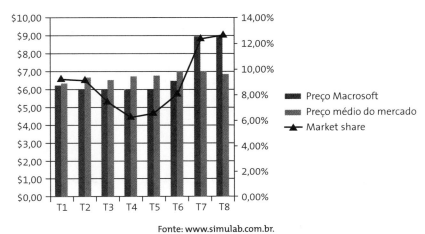

FIGURA 9.4. Evolução dos preços e da participação de mercado.

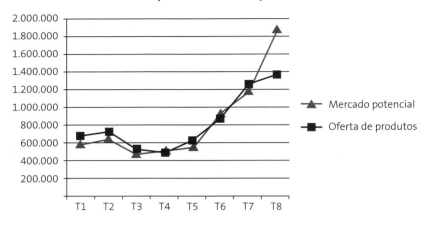

Fonte: www.simulab.com.br.

FIGURA 9.5 Evolução do mercado potencial e da oferta de produtos.

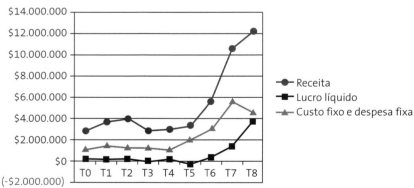

Fonte: www.simulab.com.br.

FIGURA 9.6 Evolução da receita, do lucro e dos custos.

O aumento do volume de vendas nos primeiros trimestres (Figura. 9.6) não impactou significativamente nos resultados por causa da redução da margem de contribuição. Já o aumento da margem de contribuição com aumento de volume verificado a partir da sexta rodada elevou o nível dos resultados (Figura. 9.7).

Ao final do jogo de empresas percebeu-se que a equipe poderia ter observado mais rapidamente a inadequação da estratégia inicial mediante a análise custo-volume-lucro. Segundo Sant'Anna et al. (2006, p.3), "existe a falsa impressão de que um aumento no volume de vendas dos produtos e serviços aumentará o resultado da empresa". A análise de custo-volume-lucro (CVL) deu ao gestor uma visão mais clara dessas variáveis, pois nesta análise examinaram-se a evolução das receitas totais, dos custos totais e do lucro, à medida que ocorreu uma mudança no nível de atividade, no preço de venda ou nos custos fixos, como recomendaram diversos autores (Horngren et al. 2000 apud Sant'Anna et al., 2006, p.3).

A estratégia inicial era buscar alto volume de vendas para alavancar os resultados. Para aumentar a produção recorreu-se às horas extras, o que aumentou substancialmente os custos de mão de obra. Além disso, a empresa direcionou os produtos a um mercado mais amplo, ou seja, a um público que demandasse produtos baratos. A redução no preço e o aumento dos custos de produção corroeram a margem de lucro, contribuindo para os resultados medíocres.

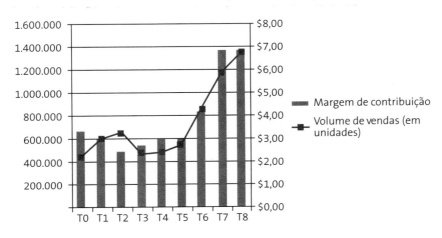

Fonte: www.simulab.com.br

FIGURA 9.7 Evolução das vendas e da margem de contribuição.

Como se pode observar na Figura 9.8, a decisão de reduzir o preço e aumentar o volume de produção gerou uma queda na margem de contribuição logo no primeiro trimestre. A partir do sexto trimestre foi possível aumentar a margem de contribuição (redução dos custos variáveis e aumento do preço) com a elevação do volume de vendas. Neste trimestre entrou em vigor um expressivo benefício setorial propiciado pela iniciativa de uma das empresas concorrentes, o que reduziu em 20% os custos diretos de produção nos últimos três trimestres (Figura. 9.9).

Apenas no trimestre T5 o volume de vendas ficou abaixo do ponto de equilíbrio, acarretando prejuízo (Figura. 9.10). Apesar do resultado ruim, o fato gerou estímulo para alterar a estratégia até então adotada. A partir do sexto trimestre, com a adoção da nova estratégia, verificou-se um distanciamento progressivo entre o ponto de equilíbrio e o volume de vendas efetivo do trimestre, evidenciando a melhora do desempenho da Macrosoft no jogo de empresas.

Os resultados dos sétimo e oitavo trimestres mostram a dificuldade de implementação da estratégia de alto volume e baixo preço. Tardiamente constatou-se que sob certas condições conjunturais e de concorrência foi possível praticar preços acima da média do mercado e alcançar alto volu-

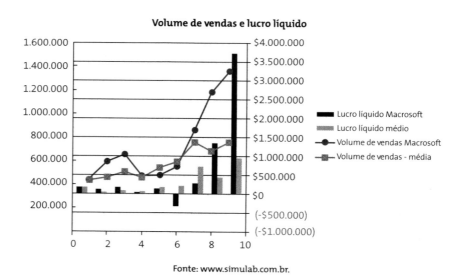

Fonte: www.simulab.com.br.

FIGURA 9.8 Evolução das vendas e do lucro.

me de vendas, demonstrando que os consumidores estão atentos a outros fatores além do preço.

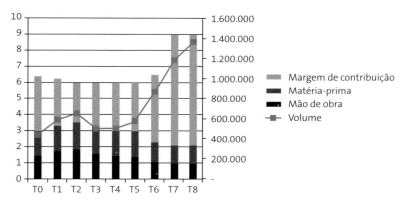

FIGURA 9.9 Evolução dos indicadores de custo-volume-lucro.

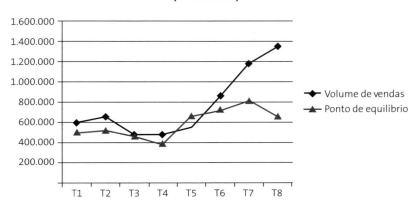

FIGURA 9.10 Evolução do ponto de equilíbrio e do volume de vendas.

Nota-se na Figura 9.11 que a variação entre valores projetados e realizados mudou de sinal nos dois últimos trimestres. Esta mudança pode ser atribuída ao melhor entendimento das regras do simulador no jogo de empresas e à implementação das ferramentas de auxílio à gestão. Pode ser um indicativo de que o conhecimento internalizado ao longo das oito

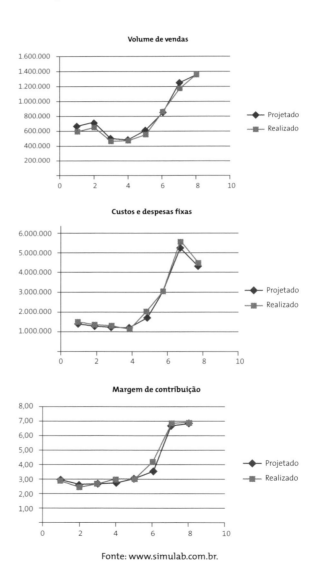

Fonte: www.simulab.com.br.

FIGURA 9.11. Variação projetado e realizado. (continua)

(continuação)

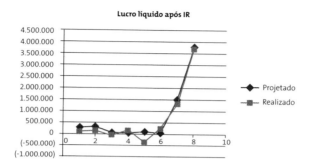

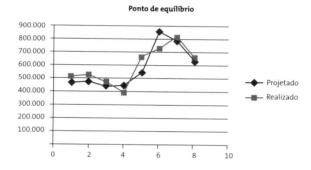

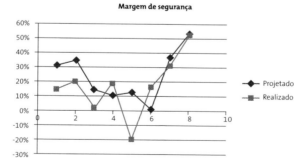

Fonte: www.simulab.com.br.

FIGURA 9.11. Variação projetado e realizado.

rodadas foi um fator relevante para o alcance de resultados, superiores à média de mercado nos dois últimos trimestres.

CONSIDERAÇÕES FINAIS

O estudo ilustrou a importância da utilização de ferramentas de gestão. Na situação estudada, a implementação da análise custo-volume-lucro poderia ter sinalizado mais precocemente as deficiências na implementação da estratégia, além de propiciar dados e informações abrangentes sobre a situação da empresa, interna e externamente. A implementação tardia da ferramenta não permitiu verificar se ela seria relevante para a tomada de decisão nas primeiras rodadas, sinalizando uma possível mudança na estratégia logo no início do jogo de empresas.

Como se observou, a estratégia inicial não era adequada ao ambiente de negócios do jogo de empresas. Inicialmente, supunha-se ser vantajoso obter alto volume de venda, transformando este volume em resultado na forma de lucro. Para obter alto volume, reduziu-se o preço dos produtos ofertados, visando a atingir um mercado consumidor mais amplo. O que se observou foi a redução do potencial de lucros da empresa, pelo aumento dos custos de produção e pela redução de preços.

Caso a ferramenta já estivesse em uso nas primeiras rodadas, a análise da margem de contribuição poderia sinalizar, antecipadamente, não ser possível alcançar lucros superiores por intermédio da produção em hora extra, fator que aumentou o custo da mão de obra. O acompanhamento de diversos parâmetros, como o volume de vendas, os custos variáveis, os custos fixos, as despesas fixas e o lucro líquido, verificando sua evolução ao longo do tempo e comparando com o resultado planejado, pode gerar informações relevantes para o processo gerencial.

Após a utilização da ferramenta foi possível acompanhar a evolução da margem de contribuição, influenciando na decisão de aumentar o nível de gastos em manutenção, visando a reduzir os custos de produção. Cresceu a atenção ao nível de preços praticados, já que sua redução reduzia a margem de contribuição, sendo necessário volume de vendas ainda maior para alcançar resultados superiores.

Contribuições

Há uma extensa literatura acadêmica sobre análise custo-volume-lucro (CVL). Mesmo assim, este estudo contribuiu para o rol de estudos que conduziram pesquisas teórico-empíricas sobre essas ferramentas. Aos estudantes e, em particular, a um dos autores deste artigo, contribuiu para a internalização de conhecimento por meio da vivência e do aprofundamento do conhecimento, por intermédio da pesquisa aplicada. Às empresas, mostrou a importância de ferramentas que proporcionem acompanhamento e compreensão das atividades realizadas pela empresa. Fatores como custo, volume e lucratividade são comuns a todas as empresas, sinalizando a amplitude de aplicação dessa ferramenta.

Limitações

O estudo possui a limitação de ter sido aplicado a uma empresa que produzia só um produto, caso em que o uso do ponto de equilíbrio é mais simples e fácil. Apesar disso, sua aplicação foi tardia. Numa empresa que tenha um portfólio de produtos, sua utilização é mais complexa, exigindo um sistema de custos que aloque adequadamente os gastos aos produtos. A alocação inadequada pode prejudicar a análise e induzir uma decisão equivocada. Utilizada adequadamente, a ferramenta pode auxiliar no acompanhamento e controle dos custos no processo de produção, além de mensurar o nível de lucratividade de cada produto.

Outra limitação se refere ao ambiente no jogo de empresas e à dinâmica concorrencial. O ambiente simulado pode não replicar um ambiente real, embora tenha muitas características que se assemelham a uma situação real. Apesar de ter sido designado um gestor para cada uma das cinco áreas funcionais e outro para a presidência, na Macrosoft as decisões foram tomadas conjuntamente pelo colegiado. Depois de superadas as primeiras dificuldades, passaram a ser tomadas quase sempre de maneira consensual, o que ajudou o andamento da gestão.

Proposições para novos estudos

A implementação da ferramenta foi tardia no jogo de empresas. Para novos estudos, recomenda-se a aplicação das ferramentas desde o início, contribuindo para a avaliação mais apropriada sobre a utilidade e sobre a relevância da ferramenta para direcionar decisões que possam, de fato, agregar valor à empresa.

Uma revisão bibliográfica mais extensa e aprofundada poderia agregar maior conhecimento sobre a análise custo-volume-lucro. Dessa forma, o pesquisador poderia explorar melhor já no início os benefícios de implementar tal ferramenta.

REFERÊNCIAS

ARAÚJO, G.C.; BUENO, M.P.; SOUSA, A.A.; MENDONÇA, P.S.M. *Sustentabilidade empresarial: conceitos e indicadores*. In: III CONVIBRA, 2006. Disponível em: http://www.convibra.com.br/artigosp.asp?opc=2&ev=25&lang=pt&busca=Sustentabilidade+Empresarial&B2=Buscar. Acessado em: 05 jun. 2012.

BANCO MUNDIAL. Disponível em: http://www.worldbank.org/. Acessado em: 6 jun. 2012.

CORAL, E. *Modelo de planejamento estratégico para a sustentabilidade empresarial*. Florianópolis, 2002, 282 p. Tese (Doutorado). Universidade Federal de Santa Catarina.

GITMAN, L.J. *Princípios de administração financeira: essencial*. Porto Alegre: Bookman, 2001.

HILLMANN, M. Ponto de equilíbrio aplicado a sistemas de produção de arroz irrigado. *ConTexto – Revista do Núcleo de Estudos e Pesquisas em Contabilidade*. Porto Alegre, v.1, n.1, 2º semestre de 2001. Disponível em: http://seer.ufrgs.br/ConTexto/article/view/10307/6023. Acessado em: 21 abr. 2012.

JIAMBALVO, J. *Contabilidade Gerencial*. Trad.: Tatiana Carneiro Quírico. Rio de Janeiro: LTC, 2002.

MACHADO, P.P.; FERNANDES, L.A. *Análise do ponto de equilíbrio de uma rede de supermercados*. VII SIMPÓSIO DE EXCELÊNCIA EM GESTÃO E TECNOLOGIA, 2010. Disponível em: http://www.aedb.br/seget/artigos10/303_analise%20do%20ponto%20de%20equilibrio.pdf. Acessado em: 21 abr. 2012.

MARTINS, E. *Contabilidade de custos*. 9.ed. São Paulo: Atlas, 2008.

PINHEIRO, L.F.L. *Análise de viabilidade econômica de uma instituição de ensino superior privada: caso Faciagra em Patos de Minas*. Rio de Janeiro, 2003. Dissertação (Mestrado). Universidade Federal Rural do Rio de Janeiro. Disponível em: http://www.ufrrj.br/posgrad/ppgen/03/40.pdf. Acessado em: 26 maio 2012.

ROMEIRO, A.R. *Desenvolvimento sustentável e mudança institucional: notas preliminares*. Instituto de Economia – Textos para Discussão, Texto 68, 1999. Disponível em: http://www.proppi.uff.br/revistaeconomica/sites/default/files/V.1_N.1_Ademar_Ribeiro.pdf. Acessado em: 5 jun. 2012.

SANT'ANNA, D.P.; DALMÁCIO, F.Z.; RANGEL, L.L.; LOPES, V.A.; TEIXEIRA, A. *Custo-Volumes-Lucro para um mix de serviços: o caso de uma prestadora de serviços*. Fucape, 2006. Disponível em: http://eco.unne.edu.ar/contabilidad/costos/VIIIcongreso/243.doc. Acessado em: 26 maio 2012.

SAUAIA, A.C.A. *Monografia racional*. Anais do 1º Semead – Seminários em Administração. Vol. 1, Setembro, 1996, p.276-94. PPGA/FEA/USP/SP.

_____. *Monografia racional: uma versão eletrônica*. REGES/UFPI, v.2, n.1, jan/abr 2009. Disponível em: http://www.ufpi.br/reges/edicao_jan_2009.php. Acessado em: 10 mar. 2010.

_____. *Laboratório de Gestão: simulador organizacional, jogo de empresas e pesquisa aplicada*. 2.ed. Barueri, S. Paulo: Manole, 2010.

ZAGO, A.P.P.; ARANTES, B.R.M.; NUNES, E.F. LEMES, S. Cálculo do ponto de equilíbrio em condições de risco e incerteza. *Anais do IX Semead – Seminários de Administração, 2006*. Disponível em: http://www.ead.fea.usp.br/semead/9semead/resultado_semead/trabalhosPDF/433.pdf. Acessado em: 21 abr. 2012.

Gestão sustentável de pessoas: mais renda ou mais emprego?

Melise Braga de Almeida
Antonio Carlos Aidar Sauaia

INTRODUÇÃO

Lidar com a subjetividade humana nas interações organizacionais traz desafios complexos à área de gestão de pessoas. No nível estratégico da diretoria de RH, um dos fatores críticos de sucesso é a alocação dos talentos humanos em funções organizacionais que permitam aos gestores explorar melhor suas competências para gerar resultado superior. No nível operacional da produção, enquanto algumas empresas ajustam a produção estendendo a jornada de trabalho, o que eleva a renda do trabalhador empregado e gera sobrecarga, outras contratam trabalhadores, aumentam sua escala produtiva com riscos calculados e contribuem para reduzir a taxa de desemprego. Em um laboratório de gestão empresarial (Sauaia, 2008) analisou-se o que seria mais sustentável para atender à demanda crescente, levando em conta as regras econômicas do simulador e o ambiente de incerteza:

- Investir no parque industrial, aumentando a capacidade da planta e produzindo mais produtos com os trabalhadores já contratados, em horas normais e em horas extraordinárias (modelo 1);
- Ativar novos turnos de trabalho por meio da seleção, contratação e treinamento de novos colaboradores (modelo 2).

O quadro teórico apoiou-se na análise dos custos de mão de obra e nos resultados de empresas reais que enfrentaram desafio similar. Os dados empíricos baseados nas regras do simulador industrial Simulab e na projeção dos resultados da empresa Lion, que buscava eficiência, indicaram que:

- Operar no modelo 2 pode ser mais vantajoso, em termos de custos unitários de mão de obra total, do que no modelo 1;
- Operar com horas extras eleva os custos em torno de 28% no modelo 1 e 24% no modelo 2;
- Aumentar os investimentos em máquinas para ampliar a capacidade produtiva reduz os custos unitários nos dois modelos, graças ao rateio dos custos fixos decorrente do ganho de escala, mas eleva a depreciação; e
- Operar com produção efetiva igual à capacidade máxima pode ser, nos modelos 1 e 2, mais vantajoso que programar produção menor, pois evita ociosidade do principal ativo da empresa.

Além da gestão dos custos, depreendeu-se que ao operar no modelo 2, que admite mais turnos de trabalhos, a empresa pode gerar mais empregos, o que favorece a economia e acelera o círculo virtuoso do desenvolvimento sustentável, apesar de sujeitar-se a um nível de risco mais elevado.

Na atual conjuntura econômica, em que os preços dos produtos estão cada vez mais competitivos, os custos ganham destaque crescente. Na tomada de decisão, que envolve gestão de pessoas e produção, uma análise cuidadosa deveria ser realizada, a fim de encontrar a melhor relação custo-benefício. Na indústria, no comércio ou nos serviços, vários itens podem ser classificados como custo do negócio, em maior ou menor proporção, em virtude das diferenças básicas entre os setores. Um dos custos que impacta de forma importante o orçamento da empresa é o custo das pessoas, seja a remuneração da diretoria, seja o custo de mão de obra direta na produção.

Considerando uma indústria com necessidade de aumentar sua produção, pode-se apontar duas alternativas para se chegar ao objetivo planejado: ampliar o parque industrial, investindo na compra de máquinas e equipamentos, a fim de aumentar a capacidade de produção em um só turno de trabalho, podendo ainda estender a jornada normal de trabalho e valer-

-se de horas extras; ativar novos turnos de trabalho (tarde e noite, por exemplo) para explorar a mesma capacidade por meio de jornada ampliada. Ambas as alternativas apresentam vantagens e desvantagens, como se pode observar no Quadro 10.1. Para uma boa escolha, uma análise comparativa deve ser estruturada de acordo com a realidade de cada empresa.

QUADRO 10.1 Alternativas para aumento da produção fabril.

AUMENTO DA PRODUÇÃO	VANTAGENS	DESVANTAGENS
– Ativar horas extras – Aumentar a capacidade instalada por meio de investimentos na planta	– Pagamento de horas extras aumenta a renda do colaborador já treinado – Produção imediata com mesma turma – Pode ser desativada a qualquer tempo	– Custo da HE é mais elevado – Jornada c/ HE cansa mais e pode reduzir a produtividade – Novos investimentos (*sunk cost*) devem ter seu *pay back* calculado
– Ativar novos turnos de trabalho	– Custo da mão de obra se mantém – Evita sobrecarga dos colaboradores – Melhor qualidade de vida no trabalho	– Custos de transação para selecionar, contratar e treinar – Custos para desativar turnos

Fonte: baseado em Sauaia (2010, p.49-51).

Quando se fala em aumento de turnos, diversos fatores devem ser observados: o aumento dos gastos indiretos de administração, os custos de mão de obra e todos os encargos trabalhistas. Cabe uma análise cuidadosa do problema, segundo a estratégia da empresa, que pode ativar novos turnos e produzir a um custo unitário menor, se comparado ao custo de produção de apenas um turno com horas extras realizado em um parque de máquinas ampliado, a fim de atender a toda a demanda. De outra forma, quando se aumenta o investimento em máquinas e se ajusta o número de pessoas em um turno, pode-se considerar a diminuição do risco da flutuação da demanda. Entretanto, se a empresa tiver um caixa elevado, os investimentos em máquinas podem ser uma boa alternativa, caso não haja aumento significativo dos custos unitários, característica da realidade de cada empresa.

Para uma empresa manter-se sustentável e gerenciar seus riscos trabalhistas, a diretoria de recursos humanos deve certificar-se das reais necessidades das contratações, analisando o impacto dos custos associados, pois contratação acima do razoável e posterior demissão pode aumentar os custos econômicos e sociais da empresa.

Tendo em vista a importância da gestão de pessoas, tanto na diretoria quanto na operação, levaram-se em conta neste estudo as regras específicas do simulador organizacional que apoiou o ambiente de jogos de empresas para treinamento gerencial (Sauaia, 2008). Conduziu-se inicialmente uma análise dos custos associados à mão de obra, a fim de se identificar o efeito de tais custos e o melhor resultado econômico possível para a empresa.

MÃO DE OBRA E LEGISLAÇÃO TRABALHISTA NO BRASIL

Matz e Curry (1967, p.278) definiram o custo de mão de obra como o custo de manter um empregado no trabalho por uma hora ou um dia. Na visão de Anne Crichton (1968, p.278), o custo de mão de obra se traduz na soma dos seguintes itens: taxa básica estabelecida em negociação individual ou coletiva, ajuda de custo, bônus de incentivo, gratificação por mérito, pagamentos por horas extras, seguros contra acidentes de trabalho, contribuições sobre o salário. Santos (1975, p.448) acrescentou alguns custos como se vê a seguir: creches, escola, formação profissional, transportes, assistência médica, hospitalar e dentária.

As normas jurídicas da Consolidação das Leis do Trabalho (CLT) orientam o cálculo dos custos da mão de obra, considerando um salário mensalista básico sobre o qual é necessário se determinar quais as incidências de encargos sociais (INSS, FGTS normal e FGTS/rescisão) e trabalhistas (provisões de férias, 13º salário, horas extras, adicional noturno) sobre os valores das remunerações pagas. Podem existir outros tipos de custos associados, como os de alimentação, transporte, auxílio-maternidade, auxílio-doença. Para este estudo focalizaram-se os seguintes custos:

- Hora diurna: aquela trabalhada entre 05h00 e 22h00.
- Hora noturna: a CLT preceitua no art. 73, § 2º, que o horário noturno é aquele trabalhado entre as 22h00 e 05h00. Visando à apuração do valor, a hora noturna recebe um adicional especial, denominado adicional noturno. Esse adicional é, no mínimo, 20% (CLT, art. 73), sendo certo que alguns acordos ou convenções coletivas determinam percentual maior.
- Horas extras: as horas extras ou horas suplementares ocorrem quando o empregado excede a quantidade de horas contratualmente determi-

nadas. A legislação (CLT, art. 59) limitou a prorrogação a duas horas diárias para proteger o empregado e não deixar o limite da jornada de trabalho na conveniência exclusiva do empregador. Para a apuração do valor, a CLT art. 59 § 1º determinou que a remuneração das horas extras fosse acrescida de, no mínimo, 50% nos dias normais e 100% nos domingos e feriados.

- Férias: período de descanso anual concedido ao empregado após o exercício de atividades por um ano, ou seja, período de 12 meses, período esse denominado "aquisitivo". De acordo com o inciso XVII do artigo 7º da Constituição Federal, as férias serão remuneradas com acréscimo de um terço sobre o salário normal.
- 13º salário: gratificação natalina instituída pela Lei n. 4.090, de 13/07/1962, regulamentada pelo Decreto n. 57.155 de 03/11/1965 e alterações posteriores. Deve ser paga ao empregado em duas parcelas até o final do ano, no valor correspondente a 1/12 da remuneração total para cada mês trabalhado.
- INSS: compete ao INSS (Instituto Nacional de Seguridade Social) operacionalizar o reconhecimento dos direitos dos clientes do Regime Geral de Previdência Social (RGPS). As alíquotas vigentes para segurados empregados, empregados domésticos e trabalhadores avulsos são as seguintes: faixa salarial alíquota de até R$1.174,86 – 8,00%; de R$1.174,87 até 1.958,10 – 9,00%; de R$1.958,11 até 3.916,20 – 11,00%.
- FGTS: o Fundo de Garantia por Tempo de Serviço é um conjunto de recursos captados do setor privado (empresas em geral: 8,0% + 0,5% sobre o salário nominal) e administrados pela Caixa Econômica Federal, com a finalidade principal de amparar os trabalhadores em alguma hipótese de encerramento da relação de emprego. As PMEs (pequenas e médias empresas) pagam somente 8,0%.

CASOS ESTUDADOS: A INDÚSTRIA BRASILEIRA E UMA EMPRESA DE CALÇADOS

Amadeo e Villela (1994) estudaram o crescimento da produtividade e a geração de empregos na indústria brasileira. Após análise detalhada da adoção de medidas de competitividade em diferentes setores da indústria manufatureira no Brasil, concluíram que:

- A evolução do custo unitário do trabalho parece ser um dos itens mais relevantes para a competitividade dos setores;
- Dada a adoção de uma política relativamente uniforme para o salário-hora, a evolução da produtividade do trabalho tem sido a principal variável a determinar a diferença entre o custo unitário do trabalho nos gêneros industriais;
- Por conseguinte, o crescimento da produtividade teve efeito positivo sobre o emprego na medida em que preservou ou aumentou a competitividade dos gêneros industriais.

O caso descrito a seguir caracteriza-se como um estudo de ergonomia realizado na indústria de componentes de calçados, em que, por meio de um processo de gestão, buscou-se a partir da diagnose ergonômica elucidar as questões que implicavam custos humanos e de processo (Renner e Buhler, 2011).

Definida pelos autores como pesquisa com análise e discussão de dados sob o paradigma quantitativo e qualitativo, os resultados da diagnose indicaram aumento da qualidade no trabalho sob alta demanda produtiva, quando ocorreu aumento da jornada de trabalho com acréscimo de 3:25 h/dia. Concomitantemente, os recursos humanos sofreram perda de produtividade (20,74%) à medida que a jornada se tornou mais extensa.

Por meio de análise quantitativa, o setor de engenharia comparou a produtividade no turno da manhã e no turno da tarde, cronometrando e observando vinte operadores que realizavam a mesma tarefa. A Tabela 10.1 ilustra os resultados da análise.

TABELA 10.1 Comparação da produtividade (turnos matutino e vespertino).

ITEM AVALIADO	TURNO MATUTINO	TURNO VESPERTINO
Horário da avaliação	7:00	14:30
Tempo par/sola	0,2998 h	0,3184 h
Capacidade por hora	200	188
Total de pares produzidos por dia	4.000	3.760

Ao comparar a produtividade dos turnos da manhã e da tarde, o setor de engenharia fez algumas considerações quanto à produtividade por indivíduo, considerando a produção a plena capacidade (100%):

- A diferença de tempo por par de calçado produzido é de 0,0186 h, representando 6,2%;
- A diferença de pares de calçado produzidos por hora é igual a 12, totalizando 240 pares por dia.

Na Figura 10.1 pode-se visualizar em detalhes os dados de produtividade ao longo da jornada de trabalho. Ao início (das 7h às 15h), ela é mais elevada (163 pares). No meio (das 15h às 17h), ela cai pouco (154 pares) e atinge, ao término (das 17h às 19h), o menor nível (135 pares). Com base na Figura 10.1 pode-se tecer as seguintes considerações:

- Comparando as produtividades no início e meio da jornada, a produção de nove pares a menos corresponde a uma queda de 5,84%.
- Comparando as produtividades no início e fim da jornada, a produção de vinte e oito pares a menos corresponde a uma queda de 20,74%.

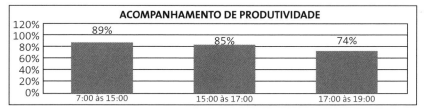

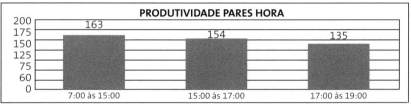

Fonte: Renner e Buhler (2011).

FIGURA 10.1 Registro de tempos e produtividade na jornada de trabalho.

SUSTENTABILIDADE, POLÍTICA E CIDADANIA

O conceito "sustentável" tem registro em diversos dicionários (Ferreira, 2004; Priberam, 2013) e indica algo capaz de ser suportável, duradouro e conservável, passível de continuidade. Trata-se da emergência de um paradigma, voltado para a orientação dos processos, ou ainda de uma reavaliação dos relacionamentos da economia e da sociedade com a natureza e do Estado com a sociedade civil.

O conceito de desenvolvimento sustentável, segundo Jara (1996), amplia o anterior e inclui dimensões ambientais, econômicas, sociais, políticas e culturais, evidenciando certas preocupações: com o presente e o futuro das pessoas; com a produção e o consumo de bens e serviços; com as necessidades básicas de subsistência; com os recursos naturais e o equilíbrio ecossistêmico; com as práticas decisórias e a distribuição de poder; e com os valores pessoais e a cultura.

Marshall (1964, p.78-9) foi o primeiro a estabelecer uma distinção sociológica entre as cidadanias civil, política e social, defendendo uma interdependência entre os três tipos de cidadania. A cidadania civil é constituída pelos direitos necessários ao exercício da liberdade individual, como liberdade de ir e vir e liberdade de contratar (inclusive de firmar um contrato de trabalho), e pelo direito de possuir propriedades, sendo garantida pelo sistema legal. A cidadania política é o direito de participar do poder político, tanto diretamente, pelo governo, quanto indiretamente, pelo voto. Faz parte das instituições representativas dos governos local e nacional. A cidadania social é o conjunto de direitos e obrigações que possibilita a participação igualitária de todos os membros de uma comunidade nos seus padrões básicos de vida. Como assinalou Marshall (1950, p.78), a cidadania social permite que as pessoas compartilhem da herança social e tenham acesso à vida civilizada segundo os padrões prevalecentes na sociedade. Para o autor, as instituições mais associadas à cidadania social são o sistema educacional, os serviços de saúde e de assistência social.

Ao se analisar a relação entre trabalho e desenvolvimento é impossível abstrair do contexto sociopolítico e cultural a cidadania e a sustentabilidade. Essa visão do trabalho como fator estruturador das relações sociais, presente nas análises sociológicas de Marx, Durkheim e Weber, passou a ser crescentemente questionada a partir de posturas críticas, sobretudo na segunda metade do século passado. Friedmann, Naville e Touraine, críticos do modelo clássico do operário industrial, alienado e desqualificado, apontaram contradições e conflitos profundos decorrentes da condição existencial de ser trabalhador em um mundo dominado pelo capital:

- Como sobreviver numa sociedade que nega, a contingentes cada vez mais numerosos, o acesso ao trabalho, ao consumo mínimo, à informação e à participação política?
- É possível conquistar ou manter os direitos à cidadania sem ter um emprego?

Mesmo aqueles que conseguem manter-se empregados não escapam dos efeitos de desqualificação e deterioração das condições de trabalho, em termos de segurança e estabilidade, por causa da introdução de novas tecnologias, da mobilidade do capital e da consequente internacionalização da produção, do comércio e dos investimentos.

Segundo Rattner (2003) a problemática vai além dos bons sentimentos e da ajuda humanitária. A resposta está na reconquista dos direitos de cidadania e da participação política que tornem os indivíduos "sujeitos" do processo de sua emancipação. A condição básica para um processo de desenvolvimento que resulte em oferta contínua de empregos e aumento da renda dos trabalhadores refere-se a uma mudança radical da política macroeconômica nacional. Em vez de favorecer sistematicamente o capital, cumpre ao governo a tarefa inadiável de prover e assegurar trabalho para todos e coibir a exploração de trabalho alheio, em franco desrespeito aos direitos humanos e à cidadania. A construção de uma sociedade sustentável – democrática, justa e mais igualitária – requer a extensão dos direitos humanos, consagrados na Carta das Nações Unidas, além da esfera eleitoral, para a vida cultural, política e social, a partir do direito ao trabalho e à renda e, por intermédio deles, a inclusão de cada um e de todos, como membros de plenos direitos e oportunidades na sociedade.

PROBLEMA DE PESQUISA E OBJETIVO

Por meio de um ambiente de jogos de empresas, apoiado por um simulador geral de gestão empresarial (Sauaia, 2008), foi analisado, de acordo com as regras do jogo, o que seria mais vantajoso para atender a uma demanda de produção crescente: investir na ampliação do parque industrial, operando em um só turno e aumentando a renda do colaborador (modelo 1 – neoliberal) ou ativar novos turnos de trabalho (modelo 2 – misto) gerando novos empregos e distribuindo renda? A escolha da opção sustentável e mais competitiva valeu-se da análise do menor custo unitário de produção.

A avaliação de investimento em equipamentos pretendeu alertar os participantes do jogo para a necessidade de verificar se a empresa que iriam gerir conseguiria obter retorno dos investimentos durante a gestão. Uma análise mais minuciosa dos dados permitiria extrair informações que ajudariam na tomada de decisão, objetivando o melhor desempenho da empresa no jogo. Pautou-se também em uma visão sustentável, tanto em termos econômicos como humanos, uma vez que a diretoria de recursos humanos deve atentar às reais necessidades da empresa, pois contratações acima do suportado e posteriores demissões podem aumentar os custos de mão de obra da empresa, bem como prejudicar a imagem da empresa, afetando a economia local como um todo.

MÉTODO DE PESQUISA E INSTRUMENTOS DE COLETA DE DADOS

Segundo Goldschmidt (1977, p.43), o jogo de empresas é um exercício sequencial de tomada de decisões, estruturado dentro de um modelo de conhecimento empresarial, em que os participantes assumem o papel de administradores de empresas.

Para acompanhar a análise proposta é preciso conhecer as regras do simulador, extraídas do livro *Laboratório de gestão* (Sauaia, 2008). Há dois modelos de programação de produção. No modelo 1, o volume que se pode produzir em horas normais é 99,9% da capacidade instalada, ampliado pelas horas extras em que são produzidos mais 50% da capacidade instalada. Nesse caso haverá um adicional de 50% no valor unitário a ser pago pela mão de obra direta extraordinária. As despesas indiretas de administração para o modelo 1 estão descritas na Tabela 10.2.

TABELA 10.2. Despesas indiretas de administração no modelo 1 de produção.

REGIME DE TRABALHO	CUSTO FIXO	CUSTO SEMIFIXO
1º turno (até 99,9% da capacidade)	$150.000	+ $0,32241 x C.P. px.Trim.
Horas extras (100-150% da capacidade)	$+50.000	

Legenda: C.P.px.Trim.= Capacidade de produção para o próximo trimestre.
Fonte: Sauaia (2010, p.50).

No modelo 2 de programação de produção (Tabela 10.3), no 1º turno (MOD), o volume que se pode produzir em horas normais é 99,9% da capacidade instalada e, em horas extras, 134,9% x capacidade instalada. No 2º turno, o volume que se pode produzir em horas normais é 199,9% da capacidade instalada e, em horas extras, 249,9% x capacidade instalada. E no 3º turno pode-se produzir 300% x capacidade instalada em horas normais. As despesas indiretas de administração do modelo 2 são descritas na Tabela 10.3.

TABELA 10.3 Despesas indiretas de administração no modelo 2 de produção.

REGIME DE TRABALHO	CUSTO FIXO	CUSTO SEMIFIXO
1º turno (até 99,9% da capacidade)	$150.000	$+ 0,32241x C.P.px.Trim.
Horas extras (100-134,9% da capacidade)	+ $25.000	-------------
2º turno (até 135-199,9% da capacidade)	+ $100.000	-------------
Horas extras (200-249,9% da capacidade)	+ $20.000	-------------
3º turno (até 250-300% da capacidade)	+ $105.000	-------------

Legenda: C.P.px.Trim.= Capacidade de produção para o próximo trimestre.

Fonte: Sauaia (2010, p.50).

Para investir em instalações e equipamentos, seja para repor a depreciação, seja para ampliar a planta, o valor inicial do investimento é $20,00 por unidade adicional de capacidade adquirida. Exemplo: ao se investir $200.000, adquirem-se 10.000 unidades de produção. A depreciação trimestral é de 2,5% e também se incorre em despesas para gerenciar a capacidade disponível (Fórmula 1) e a ampliação da fábrica (Sauaia, 2010, p.51).

Fórmula 1

$$\text{Despesas com investimento} = \frac{(\text{Investimentos})^2}{10.000.000}$$

Com o conhecimento das regras acima pode-se realizar cálculos e simulações com base nos modelos 1 e 2, examinando-se diferentes níveis de produção para o próximo trimestre, a fim de identificar no modelo a condição que apresenta menor custo unitário de fabricação do produto, aumentando-se a margem de ganho da empresa. Buscou-se também identificar em que condições a utilização de mais turnos de trabalho pode tornar-se melhor opção em termos de custos, bem como notar as mudanças em investimento em máquinas e a quantidade de produção ampliada. Para cada turno e horas extras os cálculos foram baseados na capacidade máxima. Posteriormente, para o tópico de descrição do experimento, em que são relatados os anos 1 e 2, foram utilizados os relatórios trimestrais e a análise de desempenho anual dos anos 1 e 2 da empresa.

ANÁLISE DESCRITIVA DOS DADOS

Tomaram-se como base de estudo os dados do trimestre 0 (abril/maio/junho) disponíveis em Sauaia (2010, p.57), conforme a Tabela 10.4.

TABELA 10.4 Capacidade de produção (fábrica e equipamentos) em To.

Capacidade física de produção para o próximo trimestre	415.000	Unidades físicas
Valor monetário de fábrica e equipamentos	$8.300.000	Unidades monetárias

Fonte: Sauaia (2008, p.57).

Para o modelo 1 tem-se a condição inicial descrita na Tabela 10.5.
Para o modelo 2 tem-se a condição na Tabela 10.6.
No início se pode comparar, para o cenário dado, o custo unitário no modelo 1 e no modelo 2. Quando se analisa o regime de um turno com horas extras nota-se que operar no modelo 2 pode ser mais vantajoso em termos de custos com $2,172 (Tabela 10.6) contra $2,21 (Tabela 10.5) do modelo 1. Produzir com horas extras no modelo 1 apresenta maior custo fixo ($50.000) que no modelo 2 ($25.000). Ao operar o modelo 2 para outros turnos há também um decréscimo nos custos, em relação à operação em 1 turno.

Segue na Figura 10.2 a análise dos custos unitários nos modelos 1 e 2, na condição inicial (Sauaia, 2008) e operação na capacidade máxima de produção para cada modelo. Na Figura 10.2 nota-se que é mais custoso operar com horas extras no modelo 1, apesar de ampliar em 50% a produção. No modelo 2, a produção com horas extras amplia em até 35% o volume total. Notam-se vantagens em custos se a produção operar no modelo 2. Neste caso, adere-se ao modelo político vigente (misto) ou, para uma escolha sustentável, assume-se individualmente, mediante projeto, a responsabilidade pela geração e manutenção dos novos empregos por tempo indeterminado.

TABELA 10.5 Custo de produção (modelo 1) na capacidade máxima (415.000 u)

REGIMES DE TRABALHO	CUSTO FIXO	CUSTO SEMIFIXO	PRODUÇÃO EFETIVA	CUSTO INDIRETO	CUSTO DIRETO	CUSTO TOTAL	CUSTO UNITÁRIO
Produção em 1 turno	$150.000	$0,32241	415.000	$283.800	$595.483	$879.283	$2,1188
1 turno c/ hora extra	$50.000	-----	207.500	$50.000	$446.612	$496.612	$2,3933
Produção total			622.500	$333.800	$1.042.096	$1.375.896	$2,2103

Fonte: adaptado de Sauaia (2008, p.49-50).

TABELA 10.6 Custo de produção (modelo 2) na capacidade máxima (415.000 u)

REGIMES DE TRABALHO	CUSTO FIXO	CUSTO SEMIFIXO	PRODUÇÃO EFETIVA	CUSTO INDIRETO	CUSTO DIRETO	CUSTO TOTAL	CUSTO UNITÁRIO
Produção em 1 turno	$150.000	$0,32241	415.000	$283.800,15	$595.483,50	$879.283,65	$2,1188
1 turno c/ hora extra	$25.000	-----	145.250	$25.000	$312.627,94	$337.627,94	$2,3245
Produção 2 turnos	$225.000	-----	269.750	$225.000	$387.063,68	$612.063,68	$2,2690
2 turnos c/ hora extra	$20.000	-----	207.500	$20.000	$446.611,73	$466.611,73	$2,2487
Produção 3 turnos	$205.000	-----	207.500	$205.000	$297.741,75	$502.741,75	$2,4229
Produção total			1.245.000	$758.800,15	$2.039.528,61	$2.798.328,76	$2,2477

Fonte: adaptado de Sauaia (2008, p. 50-51).

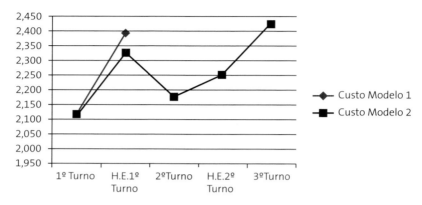

Fonte: dados desta pesquisa (ver Tabela 10.3).

FIGURA 10.2 Custo unitário de mão de obra nos regimes de trabalho.

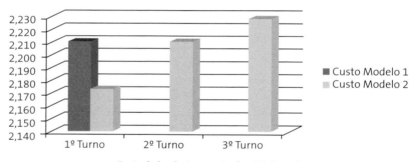

Fonte: dados desta pesquisa (ver Tabela 10.3).

FIGURA 10.3 Custo unitário de mão de obra nos três turnos de trabalho e períodos de horas extras unificados (operação em máxima produção para cada modelo).

Ainda, somando-se os custos do turno mais os custos das horas extras e dividindo-os pela soma do total produzido, tem-se o custo total por unidade. Nota-se que, nas condições iniciais, o modelo 2 é mais vantajoso em termos de custo unitário de produto.

Para prosseguir nessa análise simulou-se o aumento em 100% da capacidade produtiva, a fim de verificar os impactos causados nos custos unitários de produção. A análise dos custos de mão de obra no modelo 1, utilizando-se a capacidade máxima de produção de 830.000 unidades, apresentou os valores da Tabela 10.7.

TABELA 10.7 Custos de mão de obra (modelo 1) com capacidade de 830.000 u.

MODELO 1	CUSTO FIXO	CUSTO SEMIFIXO	PRODUÇÃO EFETIVA	CUSTO INDIRETO	CUSTO DIRETO	CUSTO TOTAL	CUSTO UNITÁRIO
Produção em 1 turno	$150.000	$0,32241	830.000	$417.600,30	$1.190.967	$1.608.567	$1,9380
1 turno c/ horas extras	$50.000		415.000	$50.000	$893.225	$943.225	$2,2728
Produção total			1.245.000	$467.600,30	$2.084.192	$2.551.792	$2,0496

Fonte: dados desta pesquisa.

Para o modelo 2 tem-se a seguinte condição:

TABELA 10.8 Custos de mão de obra (modelo 2): máxima produção (830.000 u).

REGIMES DE TRABALHO	CUSTO FIXO	CUSTO SEMIFIXO	PRODUÇÃO EFETIVA	CUSTO INDIRETO	CUSTO DIRETO	CUSTO TOTAL	CUSTO UNITÁRIO
Produção em 1 turno	$150.000	$0,32241	830.000	$417.600,30	$1.190.967,00	$1.608.567,30	$1,9380
1 turno c/ hora extra	$25.000	-----	290.499	$25.000	$625.255,89	$650.255,89	$2,2384
Produção 2 turnos	$225.000	-----	539.499	$225.000	$774.127,36	$999.127,36	$1,8520
2 turnos c/ hora extra	$20.000	-----	414.999	$20.000	$893.223,46	$913.223,46	$2,2005
Produção 3 turnos	$205.000	-----	415.000	$205.000	$595.483,50	$800.483,50	$1,9289
Produção total			2.490.000	$892.600,30	$4.079.057,21	$4.971.657,51	$1,9966

Fonte: dados desta pesquisa. Disponível em: www.simulab.com.br.

Pode-se comparar o custo unitário com a capacidade inicial e com a capacidade produtiva dobrada, ambos para o modelo 2 (Tabela 10.8) e para o modelo 1 (Tabela 10.9).

TABELA 10.9 Custos unitários de produção para o modelo 1.

CAPACIDADE	415.000 UNIDADES	830.000 UNIDADES
1º turno	$2,119	$1,9380
1º turno c/ horas extras	$2,393	$2,2728
Total	$2,21	$2,0496

O exame da Tabela 10.9 ilustra que, no modelo 1, simulando-se que a capacidade produtiva aumentou em 100%, haveria investimento na duplicação das máquinas (imobilizado), observando-se a redução dos custos unitários extraordinários do 1º turno. Essa análise foi ilustrada na Figura 10.4.

O aumento da capacidade produtiva decorrente de maior investimento em máquinas (Tabela 10.9) reduziu o custo unitário do 1º turno e o da hora extra. Pode-se depreender que quanto maior o investimento em máquinas, menor fica o custo unitário nos dois modelos. Isso se justifica em virtude da maior diluição dos custos fixos entre as unidades.

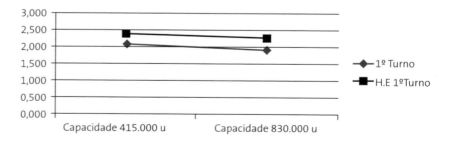

Fonte: dados desta pesquisa.

FIGURA 10.4 Custo de mão de obra de produção inicial plena e a hipótese de capacidade dobrada, no primeiro turno com horas extras (modelo 1).

TABELA 10.10 Custo de mão de obra de produção inicial plena e a hipótese de capacidade dobrada, para o primeiro turno com horas extras (modelo 2).

	CAPACIDADE 415.000U	CAPACIDADE 830.000U
1º Turno	$2,119	$1,9380
H.E 1º Turno	$2,325	$2,2384
2º Turno	$2,177	$1,8520
H.E 2º Turno	$2,249	$2,2005
3º Turno	$2,423	$1,9289
Total	$2,228	$1,9966

Fonte: dados desta pesquisa.

A opção pelo menor custo sugere a escolha do segundo modelo (regime misto), em que apresentou no total de custos de primeiro turno, com horas extras, um valor de $2,016 contra $2,05 do primeiro modelo, conforme ilustrado na Figura 10.5.

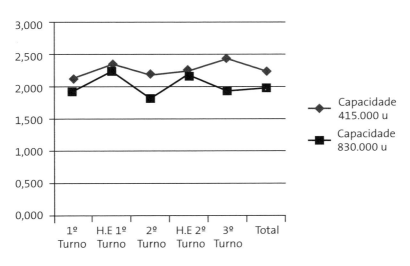

Fonte: dados desta pesquisa.

FIGURA 10.5 Custos de mão de obra direta na produção inicial plena e na hipótese de capacidade dobrada (primeiro turno com horas extras; modelo 2).

Conforme dados do trimestre 0 (Sauaia, 2008, p.56), com a capacidade produtiva de 415.000 unidades fez-se outra simulação (Tabela 10.11), nos modelos 1 e 2, no caso de uma produção efetiva abaixo da capacidade produtiva.

Modelo 1: produção a plena capacidade – 415.000 u

TABELA 10.11 Custos de mão de obra (modelo 1).

CUSTO FIXO ($)	CUSTO SEMIFIXO ($)	PRODUÇÃO EFETIVA	CUSTO INDIRETO ($)	CUSTO DIRETO ($)	CUSTO TOTAL ($)	CUSTO UNITÁRIO ($)
150.000	0,32241 415.000	300.000u	238.800	430.470	677.193	2,257
150.000	0,32241 415.000	415.000u	238.800	595.483,50	879.284	2,119

Fonte: dados desta pesquisa.

Como se pode notar na Tabela 10.11, é mais eficiente, em termos de custos, produzir a quantidade total de capacidade instalada ($2,119) do que abaixo da produção total ($2,257). Isso se deve à economia de escala, pois, quanto mais unidades são produzidas, maior é a diluição do custo fixo entre o total de unidades.

Modelo 2: produção menor que a máxima capacidade no turno 2.

TABELA 10.12 Custos de mão de obra (produção abaixo da capacidade instalada no turno 2).

MODELO 2	CUSTO FIXO ($)	CUSTO SEMI-FIXO ($)	PRODUÇÃO EFETIVA	CUSTO INDIRETO ($)	CUSTO DIRETO ($)	TOTAL ($)	CUSTO UNITÁRIO ($)
Capacidade máxima 1 turno	150.000	0,32241	415.000	283.800	595.483	879.283	2,1188
Capacidade máxima Horas extras	25.000		144.835	25.000	311.735	336.735	2,325
Capacidade menor que o max. 2º turno	200.000		150.000	200.000	215.235	415.235	2,7682
Total 2			709.835	508.800	1.122.454	1.631.254	2,298

Nota-se que (Tabela 10.12) ao reduzir a quantidade de produção no 2º turno de 296.708 para 150.000, assim como no modelo 1, também ocorre um aumento no custo unitário de produção, que no total vai de $2,1888 para $2,298 em função da menor diluição dos custos fixos.

Produção a menor na hora extra do turno 2:

TABELA 10.13 Análise de custos de mão de obra com a produção menor do que a capacidade máxima instalada nas horas extras do turno 2.

MODELO 2	CUSTO FIXO ($)	CUSTO SEMIFIXO ($)	PRODUÇÃO EFETIVA	CUSTO INDIRETO ($)	CUSTO DIRETO ($)	TOTAL ($)	CUSTO UNITÁRIO ($)
Capacidade máxima 1º turno	150.000	0,32241	415.000	283.800	595.483	879.283	2,119
Capacidade máxima horas extras	25.000		144.835	25.000	311.735	336.735	2,325
Capacidade máxima 2º turno	200.000		269.708	200.000	387.004	587.004	2,176
Capacidade a menor horas extras	20.000		100.000	20.000	215.235	235.235	2,352
Total 3			929.543	528.800	1.509.458	2.038.258	2,193

Fazendo-se um corte de 203.350 para 100.000 na produção extraordinária do 2º turno, observa-se (Tabela 10.13) aumento de custos unitários (de $2,189 para $2,193) por causa da menor pulverização do custo fixo distribuído por menor quantidade de produtos. Essas análises baseadas nas regras do simulador Simulab permitem gerar algumas informações que servem como base para a tomada de decisão no jogo, entre elas:

- Operar no modelo 2 propicia custos unitários menores que no modelo 1.
- Operar com horas extras é mais custoso nos dois modelos: 13% maior no modelo 1 e 10% no modelo 2 (depende da capacidade instalada).
- Aumentar investimentos em máquinas para aumentar a capacidade reduz os custos unitários nos dois modelos (economia de escala).

- Operar com produção efetiva na capacidade máxima é mais vantajoso que produzir em nível menor, pois evita ociosidade do imobilizado.
- Os cálculos de custos unitários de produção no modelo 2 para o segundo e o terceiro turnos serão, de fato, ainda menores se os turnos forem mantidos ativados. Os valores das tabelas anteriores levaram em conta o custo fixo de $100.000 para ativação (seleção, contratação e treinamento), custo no qual se incorre somente no trimestre em que o turno é ativado, não mais ocorrendo se o turno for mantido em operação.

DESCRIÇÃO DO EXPERIMENTO E DISCUSSÃO DOS RESULTADOS

No jogo de empresas, as decisões trimestrais ocorreram em dois blocos de quatro trimestres cada um, caracterizando os dois anos de operações. No primeiro ano vigorava um modelo político neoliberal, com a vigência do modelo 1. Desde o início a diretoria da Lion havia escolhido uma estratégia de diferenciação, o que levou a investimentos regulares em marketing (serviços de comercialização) e em P&D (tecnologia do produto e do processo). Tais investimentos impuseram à Lion prejuízo logo no primeiro trimestre.

Na Tabela 10.14 nota-se que os índices de eficiência operacional cresceram até o trimestre 3, recuando no trimestre T4, em vista do elevado estoque de produtos acabados ao final de T3. No trimestre T3 a eficiência operacional foi máxima, atingindo 92% apesar da baixa sazonalidade típica do início do ano calendário. Isso foi possível graças ao aumento da demanda decorrente do acelerado crescimento econômico.

No item Fábrica e Equipamentos, das Tabelas 10.14 e 10.15, lê-se o valor trimestral do imobilizado da empresa. Como se pode notar pela baixa variação percentual, o valor alocado nos investimentos em equipamentos em T1 causou mínima variação percentual na capacidade. Tendo em vista a estratégia de diferenciação, a Lion limitou-se em T2 a reinvestir o valor da depreciação, a fim de não ter reduzida sua capacidade produtiva, evitando variação negativa. Vale lembrar que a decisão tomada em um trimestre afeta o fluxo de caixa no próprio trimestre, e impacta a capacidade produtiva do trimestre seguinte (*lead time* de noventa dias).

TABELA 10.14 Evolução trimestral das operações no ano 1.

TRIMESTRES	T01	VARIAÇÃO	T02	VARIAÇÃO	T03	VARIAÇÃO	T04
Investimento em fábrica e equipamentos	$606.938		$216.736		$698.973		$0
Fábrica e equipamentos	$8.699.438	-0,01%	$8.698.688	5,54%	$9.180.194	-2,50%	$8.950.689
Máxima capacidade de produção	622.500 u	4,79%	652.338	-0,02%	652.178	5,49%	687.953
Produção (efetiva)	415000 u	26,98%	526.978	14,10%	601.268	-23,72%	458.635
Eficiência operacional	66,66%		80,78%		92%		66%

Fonte: dados desta pesquisa. (www.simulab.comm.br/portal)

TABELA 10.15 Evolução trimestral das operações no ano 2.

TRIMESTRES	T05	VARIAÇÃO	T06	VARIAÇÃO	T07	VARIAÇÃO	T08
Investimento em fábrica e equipamentos	$0		$0		$0		$0
Fábrica e equipamentos	$9.185.930	0,00%	$9.186.282	0,00%	$9.186.625	-0,32%	$9.156.959
Máxima capacidade de produção	670.753	2,55%	687.856	-0,03%	687.633	-0,05%	687.309
Produção (efetiva)	458.635	16,62%	534.850	-14,29%	458.422	-0,05%	458.206
Eficiência operacional	68%		77%		66%		66%

Fonte: dados desta pesquisa.

Do trimestre T2 para o trimestre T3 houve uma variação de 5,54% em máquinas e equipamentos (Tabela 10.14). Do trimestre T3 para o T4 houve um aumento de 5,49% na máxima capacidade produtiva. Segundo as análises de custos mostradas nas Tabelas 10.5 a 10.8 e levando em conta as regras do simulador (Sauaia, 2008), quanto mais se investe em máquinas e equipamentos, maior pode ser o rateio dos custos fixos, e menor o custo unitário indireto. Diante de demanda crescente que justifique maior produção, seria oportuno à empresa realizar, de forma sustentável, investimentos em máquinas. Em nenhum trimestre a empresa produziu toda sua capacidade de produção. Em virtude da estratégia de produto diferenciado, com preços mais elevados, o *market share* buscado não era muito grande, girando em torno de 8% em um mercado com onze competidores.

Na Tabela 10.15 nota-se que no ano 2, ao contrário do ano 1, os índices médios de eficiência operacional giraram em torno dos 70%. No trimestre T6 foi atingida a máxima eficiência operacional de 77%, período natalino que somou o efeito da alta sazonalidade ao do crescimento econômico. A empresa Lion operou somente no modelo 1 (neoliberal). No ano 1, em função da situação política inicial, e no ano 2, em função dos resultados das eleições municipais realizadas na indústria ao final do trimestre T4. Na prática, a máxima produção referia-se à capacidade do primeiro turno mais 50%, o limite legal suportado. Nos trimestres 2, 3, 5 e 6 a empresa utilizou horas extras, operando em primeiro turno nos trimestres restantes. Conforme indicou o estudo inicial (Tabelas 5 a 8), operar no modelo 2 teria sido mais vantajoso do que no modelo 1, porém, somente a partir do momento em que se utiliza horas extras do primeiro turno, pois o custo fixo e o variável no 1º turno são iguais para os dois modelos. O custo fixo nas horas extras do primeiro turno para o modelo 2 é menor. Segundo as decisões da empresa Lion, se tivesse optado por operar no modelo 2 (misto), ter-se-ia uma economia nos custos em quatro trimestres, períodos nos quais se utilizaram horas extras.

A decisão da quantidade trimestral a produzir também foi influenciada pelos índices econômicos que foram monitorados constantemente. Quando os índices sinalizavam crescimento econômico produzia-se mais. Quando não, produzia-se menos, fazendo flutuar a programação de produção e exigindo grande atenção. Em decorrência, foi observada uma variação de produção e aproveitamento variável da planta, de um trimestre para outro. Chegou a ser produzido 27% mais produtos em um período, enquanto em outro, cerca de 24% menos produtos.

Percebeu-se a importância de planejar a compra de matéria-prima para reposição de estoque, sob pena de enfrentar uma delicada restrição: estoque com pequena quantidade de matéria-prima por causa da reposição insuficiente. No trimestre 4 a diretoria da empresa Lion errou nessa decisão e não comprou matéria-prima suficiente para produção do trimestre T5. Teve de incorrer em um custo inesperado de transação quando negociou com outra empresa a compra e a entrega de matéria-prima no mesmo trimestre, a fim de não prejudicar a produção e, consequentemente, evitar demanda reprimida.

Para o cálculo do índice de eficiência operacional adotou-se o quociente entre o valor da produção efetiva e a máxima capacidade de produção. Nos trimestres 1, 4, 7 e 8 foi observada eficiência em torno de 66%, o mais baixo nível durante a gestão nos dois anos. Nesses trimestres não se utilizaram horas extras, pois a empresa adotou a máxima capacidade produzida somente no primeiro turno, o que foi uma decisão acertada pela empresa visto que, conforme o estudo anterior, quanto mais unidades produzidas em um dado regime, menor o custo de fabricação em virtude da diluição dos custos fixos. Nos trimestres 2, 3, 5 e 6 houve ativação das horas extras, mas em nenhum deles se utilizou a máxima de capacidade de produção, erro este que elevou os custos unitários de produção. Ao se observarem os trimestres 5 e 6 (eficiência de 68 e 77% respectivamente) notam-se custos indiretos da produção consideravelmente maiores, pois, ao serem ativadas as horas extras, incorreu-se em custo fixo adicional de $50.000 (supervisão dos trabalhadores), sem o aumento proporcional na produção. A reduzida produção no regime de horas extras prejudicou a diluição do custo fixo entre as unidades produzidas.

Como discutido, algumas decisões poderiam ter sido tomadas a fim de melhorar a eficiência em custos da empresa Lion. O impacto só não foi pior pelo fato de a empresa Lion não ter adotado uma estratégia que buscasse aumentar seu *market share*. Ao contrário, optou por uma estratégia de diferenciação que abrangia um público mais restrito, não necessitando de grandes quantidades de produção. É importante destacar que, nos diálogos mantidos com as demais diretorias, foi baixa a receptividade quanto à abordagem baseada na análise de custos, o que poderia ter beneficiado muito a gestão da empresa, seja reduzindo a incerteza enfrentada, seja melhorando seu desempenho.

CONSIDERAÇÕES FINAIS

Além das informações obtidas por meio das análises de custos, pode-se depreender que operando no modelo 2, com o qual é possível ativar mais turnos de trabalhos, cria-se a oportunidade de gerar mais empregos na empresa e na economia local. Com o aumento de empregos, a economia se aquece e o consumo tende a crescer, o que pode aumentar os lucros de todas as empresas do mercado e torná-lo mais sustentável. Decisões dessa natureza foram observadas na outra indústria, regida pelo modelo político misto.

Esse princípio pode ser aplicado tanto na operação do jogo de empresas como nas empresas reais. Foi evidenciado no estudo de caso que a ativação de turnos reduz inicialmente a produtividade, mas há um aumento da qualidade de vida no trabalho que permite atender uma demanda mais elevada. Uma análise mais aprofundada e cuidadosa indicou que podem-se gerar muitos benefícios na hora da tomada de decisão com melhores resultados, tanto no jogo de empresas como na realidade.

Após as análises quantitativas é muito importante que a diretoria de RH se empenhe em descobrir formas de apresentar estes achados. O próximo desafio é persuadir os demais gestores da empresa acerca das ideias dessa proposta, ilustrando o potencial impacto nos resultados e reunindo os meios de atingir tais resultados com seu grupo de gestores, seja em sala de aula no jogo de empresas, seja junto aos chefes, subordinados e pares no mercado de trabalho. Nenhuma decisão deverá ser tomada de forma ingênua, visto que o aumento da escala produtiva sempre reduzirá os custos, mas aumentará o risco do negócio diante de um ambiente sujeito a incerteza e a flutuações impostas pelo ambiente e pela concorrência.

A proposta da aprendizagem com o uso de um simulador em um mercado competitivo de empresas traz benefícios práticos aos participantes. As regras do simulador descrevem, de forma simplificada, aspectos da complexa realidade das empresas. Assim como os gestores-estudantes demandaram tempo para entender as consequências de certas decisões tomadas no jogo, também nas organizações a previsão dos impactos das decisões exigirá algum tempo de aprendizagem. As regras econômicas da empresa real também devem ser analisadas cuidadosamente, a fim de contribuírem para o objetivo principal da empresa, a geração de lucro sustentável que leve em conta as necessidades sociais dos trabalhadores e demais *stakeholders*.

Contribuições

O estudo contribuiu para um melhor entendimento das regras do simulador e dos impactos das decisões decorrentes de custos diretos e indiretos associados à mão de obra. Para as empresas reais foram ilustrados fatores a serem considerados na análise de custos de mão de obra, como os efeitos das legislações vigentes, os ganhos e as perdas de produtividade decorrentes de se operar em mais turnos, os ganhos e as perdas da qualidade de vida no trabalho, dependendo da duração das jornadas trabalhadas.

Limitações

Podem-se reconhecer limitações no escopo deste estudo, uma vez que a empresa operou somente por dois anos e se utilizou apenas um modelo de custo de mão de obra indireta (neoliberal), impossibilitando a comparação de resultados em modelos distintos. Poder-se-ia também melhorar as análises se outras empresas tivessem sido estudadas, principalmente as que operaram com grande escala de produção.

Proposições para novos estudos

Como se pode depreender neste estudo, quanto mais se investe em máquinas e equipamentos, mais aumentam os custos de depreciação, mas, ao mesmo tempo, menor se tornam os custos indiretos por unidade de produção, em vista do rateio dos custos fixos. Um estudo que poderia contribuir para o avanço do tema examinaria como tornar sustentável um investimento em imobilizado para reduzir os custos de produção, e em quanto tempo tal investimento se pagaria (*payback*). Pode-se ainda analisar o aquecimento da economia, prever a quantidade vendida e os lucros nas empresas se a política mista tivesse prevalecido, na qual se pode operar até cinco regimes de trabalho distintos, gerando mais turnos e, consequentemente, mais empregos.

REFERÊNCIAS

AMADEO, E.; VILLELA, A. *Crescimento da produtividade e geração de empregos na indústria brasileira*. 1994. Disponível em: http://www.econ.puc-rio.br/pdf/td316.pdf. Acessado em: 13 maio 2012.

BRASIL. Consolidação das Leis do Trabalho – artigos 73 e 59. Disponível em: http://www.planalto.gov.br/ccivil_03/decreto-lei/del5452.htm. Acessado em: 13 out. 2012.

FERREIRA, A. B. H. *Novo Dicionário Aurélio da Língua Portuguesa.* São Paulo, Positivo, 2004.

CRICHTON, A. *Personel management in context.* London: B. T. Batsford Ltda., 1968, p.278.

DAMASCENO, N.P.; KHAN, A.S.; LIMA, P.V. *O impacto do Pronaf sobre a sustentabilidade da agricultura familiar, geração de emprego e renda no estado do Ceará.* 2011. Disponível em: http://www.scielo.br/scielo.php?pid=S0103-20032011000100006&script=sci_arttext. Acessado em: 13 out. 2012.

FREITAS, S.; SANTOS, L.P. *Adaptação de um jogo de empresas para o ensino de análise de investimentos.* 2002. Disponível em: http://www.abepro.org.br/biblioteca/ENEGEP2002_TR34_0962.pdf. Acessado em: 16 jun. 2012.

GOLDSCHMIDT, P. C. Simulação e jogo de empresas. *Revista de Administração de Empresas*, Rio de Janeiro: FGV, vol 7 n.3, maio/ junho 1977.

JARA, C. *Planejamento do desenvolvimento municipal com participação de diferentes atores sociais.* 1996. Disponível em: http://www.ufpa.br/naea/ementa_disc.php?id=11. Acessado em: 15 jun. 2012.

MARSHALL, T. H. *Citizenship and Social Class.* London: Pluto Press, 1950, p.30-39. Disponível em: http://books.google.com.br/books?hl=pt-BR&lr=&id=kSwy6f0PghMC&oi=fnd&pg=PA30&dq=+Citizenship+and+social+class&ots=bCHFY3h89K&sig=u3MBFr91DDyOMMPeNDwfD49mnh8#v=onepage&q=Citizenship%20and%20social%20class&f=false. Acessado em: 21 jan. 2013.

MATZ, A.; CURRY, O. J. *Accounting costs.* 4.ed. Cincinnati, Ohio: South-Westerfl Publishing Company, 1967.

PRIBERAM. *Dicionário Priberam da Língua Portuguesa.* http://www.priberam.pt/DLPO/. Acessado em: 21 jan. 2013.

RATTNER, H. Educação para a democracia. 2003. Disponível em: http://www.espacoacademico.com.br/029/29rattner.htm. Acessado em: 9 jun. 2012

RENNER, J. S.; BUHLER, D. C. *A jornada de trabalho extra: custos humanos e de processos em uma indústria de componentes de calçados.* 2011. Disponível em: http://www.qualivida.com/upload/artigosedicas/AJORNA1.pdf. Acessado em: 9 jun. 2012.

ROBERTS, B.R. *A dimensão social da cidadania.* 2001. Disponível em: http://www.anpocs.org.br/portal/publicacoes/rbcs_00_33/rbcs33_01.htm. Acessado em: 9 jun. 2012.

ROCHA, W. *Custo de mão de obra e encargos sociais.* 1992. Disponível em: http://www.eac.fea.usp.br/cadernos/completos/cad06/custo.pdf. Acessado em: 9 jun. 2012.

SANTOS, R. *Administração de salários na empresa.* São Paulo: LTR, 1975. p.448.

SAUAIA, A.C.A. *Laboratório de gestão: simulador organizacional, jogo de empresas e pesquisa aplicada.* Barueri: Manole, 2008.

_____. *Laboratório de gestão: simulador organizacional, jogo de empresas e pesquisa aplicada.* 2.ed. Barueri: Manole, 2010.

11

Orçamento empresarial: uma ferramenta de apoio à decisão

Allan Komatsu Ferreira
Antonio Carlos Aidar Sauaia

INTRODUÇÃO

Em mercados competitivos e sujeitos à incerteza, um dos recursos para enfrentar as constantes mudanças do ambiente macroeconômico e do microeconômico são as ferramentas financeiras de planejamento. O objetivo deste estudo foi verificar a aplicabilidade da ferramenta orçamento empresarial para agilizar a tomada de decisões, agregando ao processo maior clareza e objetividade. O referencial teórico abordou a tomada de decisão, o planejamento financeiro baseado no orçamento empresarial, em um jogo de empresas como método experimental. A elaboração do orçamento foi feita conforme o esperado. Apesar da execução não ter sido realizada em sua plenitude, os resultados obtidos durante o jogo de empresas permitem afirmar que o uso do orçamento traria benefícios durante o processo de decisão, garantindo aos gestores maior foco e agilidade, além de melhores resultados. O orçamento exigiu conhecimento especializado dos gestores e, apesar de trabalhoso ao implantar e operar, poderia trazer agilidade à tomada de decisão, propiciando análises recorrentes mais ágeis e precisas, favorecendo um desempenho superior. O uso dessa ferramenta no laboratório de gestão parece ter promovido maior contato dos gestores com os conceitos associados, permitindo a prática da teoria sobre orçamento empresarial.

O estudo de planejamento e controle financeiro, com foco na elaboração e execução de uma peça orçamentária, é um tema de crescente importância para as empresas inseridas em ambientes dinâmicos. Com o aumento da competição, a chegada de entrantes internacionais e o rápido avanço da tecnologia cresceram as necessidades de acompanhamento para adaptação. Nesse sentido, tornou-se maior a importância de mecanismos formais de controle que permitam que as empresas se preparem melhor para enfrentar a mudança. Isso é válido para as diversas áreas de uma organização: a área de marketing segue atenta às mudanças no comportamento de seus consumidores; a área de produção preocupa-se com as variações inflacionárias e cambiais, que impactam o custo de suas matérias-primas; a área de recursos humanos acompanha as tendências e inquietações da sociedade, definindo políticas de RH e buscando em redes sociais os potenciais candidatos para as vagas disponíveis na empresa.

A área de finanças acompanha os efeitos externos e internos das decisões por meio das demonstrações contábil-financeiras (demonstração de resultados, variação do fluxo de caixa e balanço patrimonial). No processo de análise de dados para gerar as informações, comparam-se a cada período os resultados alcançados com os previstos e identificam-se os desvios, auxiliando o processo de melhoria contínua para aprimoramento da organização, que opera em busca de suas metas. À medida que o nível de atividade da empresa aumenta, tornam-se necessários processos gerenciais mais eficientes, proporcionando meios ágeis para a tomada de decisões. Dentro desses processos gerenciais, há um consenso entre vários autores (Gitman, 1997; Tung, 2001; Welsch, 1996) de que o gerenciamento eficiente das atividades de finanças está entre os mais importantes processos organizacionais.

ORÇAMENTO EMPRESARIAL

Tem crescido a importância dos processos de planejamento para as diversas atividades das empresas. A gestão financeira, mais do que uma simples atividade, tornou-se um fator crítico de sucesso, uma vez que empresas que não conseguem se organizar financeiramente estariam ameaçadas por falência (o mesmo pode acontecer com as pessoas físicas que não conseguem prever ou controlar os efeitos de seus gastos frente a seus ganhos). O processo de planejamento formal está diretamente relacionado ao papel da administração de "planejar, organizar, dirigir e controlar recursos, visando atingir determinado objetivo" (Perez Junior et al.,

1995, p.12). Welsch (1996, p.48), entre outros, também destacou que o planejamento e o controle de resultados são um "elemento essencial do processo de administração", atividades que afetam a tomada de decisão de toda a equipe gerencial.

Uma das peças fundamentais nessa busca pelo profissionalismo e produtividade é o sistema de orçamentos. Hoji (2004, p.387) definiu o sistema de orçamentos (ou sistema orçamentário) como "um modelo de mensuração que avalia e demonstra, por meio de projeções, os desempenhos econômicos e financeiros da empresa, bem como das unidades de negócios que a compõem". Nele são determinadas as ações financeiras da empresa para um período futuro, por meio da especificação quantitativa das três atividades típicas da área de finanças: captar os recursos necessários à operação, avaliando custos de capital em fontes alternativas; alocar os investimentos deliberados pela organização, selecionando os melhores projetos, aqueles que propiciem os maiores retornos; distribuir aos investidores os lucros na forma de dividendos, visando à satisfação dos acionistas e mantendo-os dispostos a realizarem novos investimentos. Tais atividades são expressas, quantitativamente, na forma de políticas de caixa (entradas e desembolsos), políticas de compras, de produção, de vendas e de qualidade, devendo reunir todas as atividades da empresa.

O orçamento é parte fundamental do planejamento da empresa, ferramenta essencial para a organização realizar sua missão e preparar-se para imprevistos. Halloran (1994, p.22) destacou que "embora as projeções financeiras sejam apenas uma estimativa, elas se tornam mais concretas à medida que o gestor reúne um número maior de dados e informações". Durante a implantação do planejamento e do controle financeiro as projeções não são muito precisas, mas devem ser elaboradas. Com o passar do tempo, os gestores amadurecem e buscam dados e informações mais relevantes sobre seu mercado, clientes e competidores, e, ao mesmo tempo, aprendem a estruturar melhor os processos internos de planejamento financeiro. A adoção de um bom orçamento pode tornar-se um diferencial competitivo, num cenário em que os detalhes discriminam o sucesso e o fracasso.

Um orçamento, segundo Anthony e Govindarajan (2001, p.45), é um plano da organização para um período específico, geralmente para um ano. Ele tem uma relação direta com o plano estratégico e dá suporte a uma ferramenta de gestão da estratégia, como o *Balanced Scorecard* (BSC). Nele deve-se usar dados sempre atualizados para apoiar as decisões de forma consistente. Permite um permanente realinhamento das receitas e despesas em cada centro de responsabilidade, ou seja, afeitas a uma área ou a determinado executivo. Salientaram, ainda, que a preparação do orçamento é um processo de negociação entre o gerente e seu superior hierárquico, que resultará num consenso sobre a previsão de entradas e saídas de recursos, ou seja, evolução do caixa (receitas – desembolsos), dos lucros (receitas – despesas) e do retorno sobre o investimento.

O sistema orçamentário, que é o conjunto de vários orçamentos interligados, utiliza-se de técnicas e procedimentos contábeis aplicados antecipadamente aos fatos decorrentes de planos, políticas e metas para a obtenção de um resultado desejado. Ao final do processo são obtidos os demonstrativos financeiros preparados com base nessas expectativas (Moreira, 1989, p.15). Segundo Sanvicente e Santos (1983, p.37), antes de se iniciar o processo orçamentário de um determinado período, a empresa deve elaborar um planejamento de longo prazo, incluindo objetivos e metas da administração, ou seja, o caminho vislumbrado pela empresa para um período superior ao plano orçamentário de apenas um ano.

O plano de curto prazo, ou orçamento empresarial, é desenvolvido com base no planejamento de longo prazo, sendo composto por relatórios de orçamento intimamente associados e interdependentes, podendo ser agrupados no orçamento operacional e no orçamento financeiro (Corr e Hill apud Wendell, 1998).

Relatórios do orçamento operacional e seus conteúdos:

- Orçamento de vendas (receita decorrente da previsão de vendas).
- Orçamento de despesas de marketing (políticas de comercialização).
- Orçamento de produção (custos indiretos e diretos – materiais e mão de obra).
- Orçamento de despesas de administração.

Relatórios do orçamento financeiro (incorporam o impacto das operações planejadas, das atividades financeiras e de outras ações gerenciais):

- Orçamento de despesas de capital.
- Orçamento de caixa.
- Balanço patrimonial projetado.

Apesar de inúmeros autores terem proposto modelos de sistemas orçamentários, todos eles apresentam estruturas bastante similares (Sanvicente e Santos, 1983, p.41; Welsch, 1996, p.92; Figueiredo e Caggiano, 2004, p.122).

Segundo Figueiredo e Caggiano (2004, p.121), o primeiro estágio do orçamento é a determinação dos fatores-chave, que denominaram restrições, ou seja, aspectos que impõem os limites gerais aos planos orçamentários (capacidade produtiva, recursos financeiros disponíveis, condições mercadológicas e inflacionárias etc.). O orçamento de vendas é o ponto de partida e dá suporte ao processo orçamentário. O estabelecimento dos níveis de vendas baseia-se na análise do mercado dos produtos da empresa, que oferece uma previsão de quantas unidades de produto o mercado estará disposto a absorver, a diferentes preços.

O orçamento de vendas indica também os níveis de despesas com vendas e distribuição. Ainda, com base na previsão de vendas e no nível de estoque desejado de produtos acabados, elabora-se o orçamento de produção, projetando as quantidades de materiais, mão de obra direta e gastos indiretos de fabricação. O orçamento de materiais identifica as quantidades de materiais a serem compradas, que serão descritas no orçamento de compras. A Figura 11.1 ilustra o fluxo de atividades de um processo orçamentário sugerido por Figueiredo e Caggiano (2004).

Elabora-se, também, o orçamento de capital (de investimentos), que indica as saídas de capital no período orçado para manutenção e aperfeiçoamento da capacidade produtiva existente. Também é feita uma previsão para gastos com pesquisa e desenvolvimento. Apesar de Figueiredo e Caggiano (2004) não as mencionarem, devem ser orçadas as despesas com administração e outras despesas/receitas extraordinárias (Sanvicente e Santos, 1983, p.41).

Com base nas informações reunidas nesses orçamentos, elabora-se o orçamento de caixa, que vai integrar todas as entradas e saídas de caixa, podendo ocorrer superávit ou déficit de caixa a ser ajustado às necessidades da empresa (Figueiredo e Caggiano, 2004, p.122). Finalmente, proje-

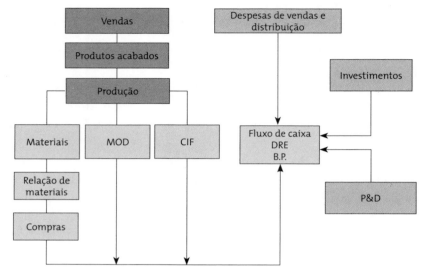

Fonte: adaptado de Figueiredo e Caggiano (2004, p.121).

FIGURA 11.1 Processo orçamentário: fluxo de atividades.

tam-se os resultados por meio da demonstração de resultados do exercício (lucros e perdas) e o ganho de valor da empresa no balanço patrimonial para o período orçado.

O processo de elaboração e execução de um orçamento não é tarefa simples e exige alocação de tempo na elaboração. Por vezes, é difícil para os gestores alcançarem consenso sobre sua utilidade, o que leva algumas empresas a banalizarem a gestão e não fazerem orçamentos financeiros periódicos, ou elaborá-los sem precisão nem envolvimento dos responsáveis. Em face da relevância dos dados envolvidos, a informação contida nos orçamentos é geralmente confidencial, acessível somente por alguns membros (presidente e diretores), uma vez que seu amplo conhecimento poderia afetar a execução das políticas e estratégias planejadas.

Por essa razão, não é simples a obtenção dos dados e das informações contidas nos orçamentos de empresas reais. Há organizações que possuem um processo estruturado de planejamento financeiro e conseguem estabelecer orçamentos realistas que se concretizam na prática. Outras, porém, não conseguem realizar um sistema orçamentário preciso e acabam tomando decisões financeiras de baixa qualidade (incorrendo em gastos excessivos ou insuficientes), o que impacta negativamente os lucros realizados.

ELETROSUL: UM CASO DE SUCESSO

A Eletrosul (Eletrosul Centrais Elétricas S.A.) é uma empresa de economia mista que atua no mercado de energia elétrica da região Sul do Brasil, além dos estados de MS, MT e RO. A empresa é uma subsidiária da Eletrobrás e se submete aos princípios orçamentários controlados pelo Departamento de Coordenação e Controle das Empresas Estatais (Dest). Suas contas são controladas pelo governo federal, por meio do Programa de Dispêndios Globais (PDG). Por isso, a empresa possui um sistema de gestão apoiado pelo orçamento, parte fundamental no gerenciamento dos recursos financeiros da Eletrobrás.

Anualmente, o Conselho de Administração da Eletrobrás (conforme disposto no artigo 16 do estatuto social) decide sobre as estimativas gerais de receitas, despesas e investimentos da empresa no exercício. Durante o ano são realizadas reuniões formais, nas quais são votadas revisões nos valores estipulados no orçamento. É comum que se aprovem mudanças no orçamento interno de investimento ou no operacional, por exemplo. As revisões do orçamento servem para adequar as previsões de receitas, despesas e investimento às constantes mudanças provenientes de Decretos-leis, além de garantir a execução dos objetivos traçados no plano de metas, como melhoria do resultado operacional e a gestão estratégica dos custos.

ORÇAMENTO EM PEQUENAS E MÉDIAS EMPRESAS DO VALE DO PARAÍBA: UM CASO DE FRACASSO

É comum as empresas enfrentarem dificuldades na utilização do orçamento empresarial. Ishisaki (2012) realizou uma pesquisa com pequenas e médias empresas da região do Vale do Paraíba e constatou que elas, por sua natureza e estrutura organizacional, além da própria forma como são gerenciadas, são muito vulneráveis às mudanças do ambiente, podendo apresentar forte crescimento ou queda na receita de vendas. Dessa maneira, as pequenas e médias empresas precisam de ferramentas que garantam rapidez de assimilação das mudanças, possibilitando que cresçam diante dos concorrentes menos estruturados. No estudo realizado, as empresas que não utilizavam o orçamento empresarial estavam mais sujeitas a desaparecer do mercado, pois não compreendiam as variações do ambiente econômico e, assim, não atendiam às demandas desse mercado. Algumas das empresas pesquisadas não davam muita importância à ferramenta de planejamento. Outras não viam a utilidade do orçamento empresarial, o que já era esperado, uma vez que o preparo de um orçamento é uma atividade complexa do ponto de vista da administração empresarial, exigindo um nível mínimo de conhecimento das técnicas de execução orçamentária.

SUSTENTABILIDADE, POLÍTICA E CIDADANIA

A questão da sustentabilidade é cada vez mais frequente nas empresas e na mente dos consumidores, e os impactos desta questão são cada vez mais presentes. Desde o século passado tem crescido a importância do tema e evoluído o conceito. A Conferência das Nações Unidas sobre o Meio Ambiente Humano, realizada em Estocolmo, em 1972; a Eco-92, realizada no Rio de Janeiro; a Cúpula da Terra sobre Desenvolvimento Sustentável de Joanesburgo, de 2002; a Rio+20, em 2012 – todos esses eventos levaram os países a discutir a questão e buscar soluções no sentido de promover o equilíbrio entre o desenvolvimento econômico, social e ambiental. Destaca-se o Relatório de Brundtland de 1987, elaborado pela Comissão Mundial sobre Meio Ambiente e Desenvolvimento, documento em que se afirma que o uso sustentável dos recursos naturais deve "suprir as necessidades da geração presente sem afetar a capacidade das gerações futuras de suprir suas próprias necessidades".

Esse conceito universal é válido para os países e para as empresas. Uma organização que busca o desenvolvimento sustentável deve alinhar as necessidades da geração presente (o lucro no curto prazo) com a capacidade de as gerações futuras suprirem suas próprias necessidades (a manutenção do crescimento em exercícios futuros). É fundamental a coordenação de esforços de todas as áreas funcionais para que se alcance o desenvolvimento sustentável. A área de finanças é a responsável pela determinação das melhores fontes de recursos que financiarão o desenvolvimento, das melhores oportunidades de investimento (considerando o retorno de curto, médio e longo prazo) e decisão sobre a distribuição dos lucros da empresa (se serão distribuídos aos acionistas ou retidos visando ao financiamento de projetos futuros).

O desenvolvimento sustentável deve alinhar-se a boas práticas nos campos da política e da cidadania. A palavra *política* teve origem na Grécia Antiga, onde existia a divisão em cidades-estado denominadas *polis*. Derivaram daí palavras como *politiká* (referente à política em geral) e *politikós* (relativa aos cidadãos). A palavra chegou às línguas europeias por intermédio do francês *politique* e, em 1265, já era definida pelos franceses como a "ciência do governo dos Estados" (Bobbio et al., 2002). O conceito foi ampliado modernamente e abrange, além do governo dos Estados, o "conjunto dos princípios e dos objetivos que servem de guia a tomadas de decisão e que fornecem a base da planificação de atividades em determinado domínio" (Infopédia).

O conceito de cidadania também foi ampliado ao longo da História e passou a considerar os deveres e direitos dos indivíduos. O artigo III da Declaração Universal dos Direitos Humanos, de 1948, estabelece: "toda pessoa tem direito à vida, à liberdade e à segurança pessoal". O historiador José Murilo de Carvalho (2002, p.9-10) define cidadania como "o exercício pleno dos direitos políticos, civis e sociais, uma liberdade completa que combina igualdade e participação numa sociedade ideal, talvez inatingível". Numa sociedade orientada ao bem-estar social, a cidadania torna-se um bem ou valor pessoal, individual e intransferível. Isso gera uma questão-chave à área de finanças: como equilibrar o lucro para o acionista com os gastos provenientes dos projetos de sustentabilidade, política e cidadania?

PROBLEMA DE PESQUISA E OBJETIVO DO ESTUDO

A pesquisa examinou a importância do planejamento e do controle financeiro para as organizações ao verificar sua aplicabilidade na empresa simulada. Usaram-se como base os orçamentos elaborados na empresa Tropical e os resultados obtidos por ela dentro de um jogo de empresas. Vale ressaltar que os orçamentos elaborados pelas empresas, sejam elas reais ou laboratoriais, nem sempre são colocados em prática, e sua execução, muitas vezes, não é acompanhada com o devido rigor pelos gestores responsáveis. Este é mais um desafio do estudo: ilustrar as vantagens que um processo de planejamento e controle formal pode trazer para uma empresa que persegue sua estratégica de maximização dos resultados.

MÉTODO DE PESQUISA

Os dados primários da empresa Tropical foram obtidos em cada uma das oito rodadas do jogo de empresas. Ela competia em um ambiente neoliberal com dez outras empresas concorrentes. Foi elaborado um orçamento no início de cada ano do jogo (antes do primeiro e do quinto trimestres). O primeiro orçamento foi mais difícil de ser elaborado, pois os gestores da empresa não tinham experiência nem conhecimento profundo da base de dados econômicos do simulador. Havia poucas informações sobre o jogo estratégico que se iniciava, pois não se conseguia prever como as decisões impactariam o mercado, e este, os resultados das empresas.

Os relatórios operacionais e financeiros (vide modelo em Sauaia, 2010 p.56-7) passaram a ser vendidos. Depois de a diretoria deliberar sobre a utilidade do gasto, decidiu-se adquiri-los a cada rodada. Eles demonstraram ser de grande valia, pois traziam os resultados operacionais e financeiros completos e permitiam comparação entre as situações previstas no início do trimestre e a situação real da empresa no final. A cada trimestre, os integrantes do grupo estudavam os resultados e os desvios, discutiam a natureza dos desvios e tomavam novas decisões para o trimestre seguinte, tentando gerenciar as fontes de incerteza.

Foram utilizados dados secundários e primários durante o jogo de empresas. O livro-texto *Laboratório de gestão empresarial: simulador organizacional, jogo de empresas e pesquisa aplicada* (Sauaia, 2010) foi amplamente utilizado. Foram revisitados os *slides* das aulas no portal Simulab e as informações oferecidas em cada aula pelo professor que ministrou a disciplina. Na elaboração da pesquisa, foram também consultados autores da área de finanças e amplo material de várias outras disciplinas do curso de Administração. Foi utilizada a estrutura metodológica da Monografia Racional Eletrônica (Sauaia, 2009), na versão revisada em 2012, para o desenvolvimento do relatório individual da pesquisa aplicada.

DESCRIÇÃO DO EXPERIMENTO, COLETA E ANÁLISE DESCRITIVA DOS DADOS

As análises basearam-se no jogo de empresas ocorrido no primeiro semestre de 2012, aplicado na disciplina Laboratório de Gestão Empresarial I, do curso de Administração da FEA-USP. Os estudantes foram separados em grupos, e cada grupo era uma empresa gerenciada pelos próprios estudantes. No início, todas as empresas tinham os mesmo recursos à disposição, com exceção do capital humano (gestores). A partir das decisões tomadas pelos gestores, as empresas seguiram rumo próprio e obtiveram resultados muito diferentes entre si.

O foco deste estudo foi a empresa Tropical, que atuou em um ambiente neoliberal. Todos os concorrentes produziam no início o mesmo modelo de produto: um bem tecnológico multitarefa (SET – sistema de execução de tarefas). Foram examinados os dados e os resultados de outras empresas. O jogo de empresas teve início com três rodadas-teste, em que os gestores puderam testar o impacto das decisões sobre o resultado da empresa, sem quaisquer ônus. No início o professor formou os grupos de competição com seis membros cada e convidou-os a negociar livremente e escolher seu papel gerencial (planejamento, marketing, produção, recursos humanos, finanças e presidente).

Ao fim das rodadas-teste, foi solicitado a cada grupo que desenvolvesse um plano de gestão para um exercício fiscal completo (trimestres de 1 a 4). Isso incluiu a missão, a visão e os valores da empresa e a elaboração de um orçamento de metas. O grupo tinha à sua disposição as informações do livro-texto da disciplina, além dos resultados das rodadas-teste. Logo no início foi definido o modelo de tomada das decisões da Tropical: de forma conjunta, por meio da exposição do ponto de vista de cada gestor sobre as decisões possíveis, seguida da discussão entre os diretores em busca de um consenso. Isso foi de extrema importância para o aprendizado individual e coletivo, pois os participantes não ficaram limitados às suas diretorias ao participarem também das discussões sobre as decisões de todas as áreas funcionais da empresa. O grupo desenvolveu o orçamento em conjunto, por meio da tentativa de um consenso sobre as decisões futuras. À época, já se imaginava que os dados do orçamento não seriam mantidos estáticos durante o jogo de empresas, pois havia grande incerteza sobre as previsões a serem realizadas e as premissas assumidas. Na Tabela 11.1 observa-se o orçamento de decisões elaborado antes da primeira rodada do jogo de empresas.

TABELA 11.1 Orçamento de gastos da Tropical para os quatro primeiros trimestres.

	TRIM. 1	TRIM. 2	TRIM. 3	TRIM. 4
Preço unitário	$6,25	$6,25	$6,25	$6,25
Volume de vendas	$420.000	$460.000	$500.000	$520.000
Gastos em marketing	$250.000	$350.000	$400.000	$400.000
Gastos em pesquisa & desenvolvimento	$150.000	$150.000	$150.000	$150.000
Gastos em manutenção	$75.000	$75.000	$75.000	$75.000
Investimentos em equipamentos	$1.000.000	$800.000	$600.000	$600.000
Compra de matéria-prima	$1.000.000	$1.000.000	$1.000.000	$1.000.000
Dividendos a distribuir	$0	$70.000	$100.000	$150.000

Fonte: dados desta pesquisa (www.simulab.com.br).

Na Tabela 11.2, temos as decisões da Tropical S/A em cada um dos quatro primeiros trimestres. Vale destacar que, durante as rodadas do jogo de empresas, o orçamento inicial não foi utilizado como base para a tomada de decisão em cada trimestre. As decisões eram feitas com base nos dados históricos da empresa (disponível nos relatórios), na comparação com as decisões e resultados dos concorrentes e nas estratégias futuras traçadas pelos gestores (como, por exemplo, a busca pelo aumento do volume de produção).

TABELA 11.2 Gastos efetivos da Tropical para os quatro primeiros trimestres.

	TRIM. 1	TRIM. 2	TRIM. 3	TRIM. 4
Preço unitário	$6,25	$6,25	$6,25	$6,35
Volume de vendas	$388.723	$500.000	$130.581	$681.633
Gastos em marketing	$150.000	$500.000	$200.000	$550.000
Gastos em pesquisa & desenvolvimento	$150.000	$150.000	$150.000	$150.000
Gastos em manutenção	$75.000	$75.000	$80.000	$80.000
Investimentos em equipamentos	$1.000.000	$227.312	$2.660.000	($2.000.000)
Compra de matéria-prima	$314.000	$0	$1.080.296	$1.000.000
Dividendos a distribuir	$0	$70.000	$100.000	$0

Fonte: dados desta pesquisa (www.simulab.com.br).

A comparação das Tabelas 11.1 e 11.2 mostra que a empresa executou parte de seu orçamento com baixa margem de desvio, ainda que isso não tenha ocorrido de forma consciente por parte dos gestores, que aprendiam durante o processo. Destaque-se a diferença entre o nível dos investimentos em equipamentos nos trimestres 3 e 4. Isso ocorreu em virtude de uma ação promocional do fornecedor de equipamentos, que ofereceu descontos no trimestre 3 para as empresas comprarem grandes lotes. A Tropical tratou a oferta como oportunidade e investiu, de uma só vez, $2.600.000 em equipamentos no trimestre 3. Os gestores, porém, perceberam que essa não foi uma decisão sábia, pois pressionou o caixa da empresa, que se tornou negativo e, após criativa negociação com o fornecedor, foi possível a devolução no trimestre 4 de parte dos equipamentos no valor de $2.000.000.

Após quatro trimestres do jogo de empresas, além das três rodadas-teste, os diretores já possuíam mais dados e informações para tomarem decisões mais fundamentadas e condizentes com as regras do simulador e as estratégias adotadas pelos concorrentes. Antes do quinto trimestre foi elaborado novo orçamento conjunto (Tabela 11.3) pelos diretores da Tropical. As previsões foram baseadas numa lógica linear, sem grandes alterações ao longo do tempo, uma vez que o jogo de empresas, assim como a vida real, apresenta situações inesperadas que exigem flexibilidade e capacidade de adaptação por parte da empresa.

TABELA 11.3 Orçamento da Tropical para os trimestres de 5 a 8.

	TRIM. 5	TRIM. 6	TRIM. 7	TRIM. 8
Preço unitário	$6,45	$6,45	$6,45	$6,45
Volume de vendas	$600.000	$600.000	$600.000	$600.000
Gastos em marketing	$450.000	$500.000	$500.000	$550.000
Gastos em pesquisa & desenvolvimento	$150.000	$150.000	$150.000	$150.000
Gastos em manutenção	$120.000	$120.000	$120.000	$120.000
Investimentos em equipamentos	–	–	–	–
Compra de matéria-prima	$1.000.000	$1.000.000	$1.000.000	$1.000.000
Dividendos a distribuir	–	–	–	–

Fonte: dados desta pesquisa (www.simulab.com.br).

Vale destacar três pontos deste orçamento (Tabela 11.4):

- os investimentos em equipamentos não foram calculados, pois havia incerteza sobre a devolução dos equipamentos para o fornecedor, acordo que aconteceu após a elaboração deste segundo orçamento;
- a compra de matéria-prima era de $1.000.000 por trimestre, por causa de um contrato com o fornecedor de matéria-prima que previa a isenção do custo de entrega (frete); e
- não foram calculados dividendos a distribuir, pois a empresa não possuía lucros acumulados positivos.

TABELA 11.4 Decisões da Tropical nos trimestres de 5 a 8.

	TRIM. 5	TRIM. 6	TRIM. 7	TRIM. 8
Preço unitário	$6,49	$6,52	$6,49	$6,46
Volume de vendas	$583.728	$745.934	$443.623	$475.818
Gastos em marketing	$350.000	$700.000	$525.346	$600.000
Gastos em pesquisa & desenvolvimento	$150.000	$150.000	$150.000	–
Gastos em manutenção	$120.000	$320.000	$320.000	$320.000
Investimentos em equipamentos	–	–	($500.000)	–
Compra de matéria-prima	$1.100.000	$1.000.000	$1.000.000	–
Dividendos a distribuir	- $1.500.000	–	–	$449.186

Fonte: dados desta pesquisa (www.simulab.com.br).

As decisões da empresa nos trimestre de 5 a 8 (Tabela 11.4) mostram a existência de fatores não previstos no orçamento. O governo do Brazol incentivou as empresas a aumentarem sua consciência ambiental e a apresentarem projetos de sustentabilidade. Os diretores da Tropical, engajados e conscientes sobre a importância do tema, desenvolveram um plano de sustentabilidade que, levado ao governo, significou um aporte de capital subsidiado de $1.500.000 no trimestre 5.

Ademais, a Tropical negociou com outras empresas participantes do jogo de empresas o repasse de equipamentos e de matéria-prima (trimestres 7 e 8). Outro ponto de dissonância entre o orçamento e as decisões foi uma determinação do governo que exigiu, por força de lei, a instalação de filtros antipoluentes, o que impactou os gastos em manutenção nos três últimos trimestres. Apesar do desembolso que representou o gasto ambiental, ele produziu melhoria na produtividade dos custos diretos que precisariam ser mais bem analisados.

No primeiro ano ficou evidente que não foi possível prever com exatidão os resultados da empresa. Um erro no preenchimento do formulário de decisão do primeiro trimestre imputou um prejuízo da ordem de $2 milhões. O dinheiro perdido por esse erro foi devolvido no segundo trimestre, porém, sobre ele incidiu cerca de 50% de impostos, o que significou para a empresa a entrada de apenas $1 milhão daquela quantia perdida no trimestre 1. Tal fato tornou negativo o saldo de caixa da empresa, implicando despesas financeiras no período seguinte que impactaram os resultados do terceiro e quarto trimestres.

Antes do trimestre 5 ocorreu uma reunião dos membros do grupo com o gerente do Banco do Brazol, na qual ficou clara a necessidade de se atacar o grave problema financeiro da empresa: o saldo de caixa altamente negativo. Nesse sentido, foi positiva a iniciativa do governo do Bra-

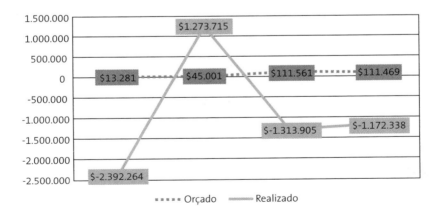

Fonte: dados desta pesquisa.

FIGURA 11.2 Comparação entre o lucro líquido orçado e o resultado real nos trimestres de 1 a 4

zol em oferecer capital subsidiado às empresas que apresentassem projetos sustentáveis. A Tropical desenvolveu um projeto sustentável com sucesso e conseguiu, com o aporte de capital, sanear suas dívidas financeiras. Observa-se, na Figura 11.2, que o aprendizado das regras do simulador e da dinâmica do jogo de empresas permitiu que a empresa obtivesse lucros muito mais próximos dos lucros esperados do que no primeiro ano. As Figuras 11.2 e 11.3 comparam os resultados previstos no orçamento e os alcançados no jogo de empresas pela Tropical (lucro líquido após imposto de renda).

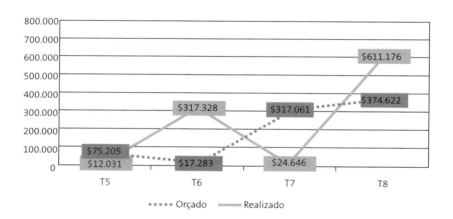

Fonte: dados desta pesquisa.

FIGURA 11.3 Comparação entre o lucro líquido orçado e o resultado real nos trimestres de 5 a 8.

DISCUSSÃO DOS RESULTADOS

Castanheira e Sauaia (2007) em estudo similar realizado anteriormente recomendaram preparar o orçamento seguindo as duas fases:

- Fase I: análise do ambiente.
- Fase II: elaboração do orçamento.

Fase I: análise do ambiente

Na etapa inicial do jogo de empresas foram identificadas as decisões que a empresa deveria analisar. As decisões eram requisitadas pelo moderador, em cada rodada, no "Formulário para Tomada de Decisões Empresariais". Diziam respeito a valores que iriam definir a posição da empresa no período (rodada seguinte), e a explicações sobre o resultado da rodada anterior, com a justificativa sobre a origem dos valores informados no período em questão.

Seguem os tipos de decisões financeiras solicitadas no formulário de decisão:

- Receita de Vendas: calculada por meio da previsão de vendas em unidades, multiplicada pelo preço de venda unitário.
1. Desembolsos – Formados pelos seguintes dados:
   a. Gastos em marketing: propaganda mais esforço de vendas.
   b. Gastos em pesquisa e desenvolvimento de produtos e processos.
   c. Gastos em manutenção da fábrica: proporcional ao volume de produção.
   d. Custo de mão de obra direta: composto pelo custo da produção em horário normal e também pelo custo da produção em hora extra.
   e. Investimentos na fábrica.
   f. Compra de matéria-prima.
   g. Distribuição de dividendos.
   h. Outras despesas: jornal, informações, multa, bônus, entre outros.

Fase II: elaboração do orçamento

O sistema sugerido por Castanheira e Sauaia (2007) apresenta duas etapas:

- Peças orçamentárias: tabelas, preparadas em planilha eletrônica, em que foram elaborados os orçamentos de vendas, de produção, de compras, de custos, de despesas e de investimentos.
- Relatórios de apoio à decisão: relatórios que consolidam as informações contidas nas peças orçamentárias e que servirão de apoio à toma-

da de decisão. São eles: demonstração do resultado, fluxo de caixa, margem de contribuição: objetivo gerencial; e a taxa interna de retorno: objetivo final.

Peças orçamentárias

As peças orçamentárias referem-se aos orçamentos propriamente ditos, elencados em etapas e vinculados entre si. No sistema sugerido, primeiramente, o jogador deve prever a demanda, ou seja, o volume a ser adquirido pelos compradores no decorrer dos trimestres (mercado potencial). A Tabela 11.5 (Orçamento de demanda) foi alimentada pelos dados de mercado potencial, que representam as quantidades previstas.

TABELA 11.5 Orçamento de demanda (mercado potencial da empresa).

PERÍODO	PREVISÃO DE DEMANDA (EM UNIDADES)
1º Trimestre	527.128
2º Trimestre	822.582
3º Trimestre	737.374
4º Trimestre	700.000
Total	2.787.084

Fonte: adaptado de Castanheira e Sauaia (2007).

Alimentado pelo orçamento do mercado potencial, preparou-se o orçamento de vendas (Tabela 11.6). O jogador deverá informar o preço de venda unitário a ser praticado em cada trimestre que, multiplicado pelo volume de vendas previsto, formará a receita de vendas. Essa informação é solicitada no formulário de decisão.

TABELA 11.6 Orçamento de vendas.

TRIMESTRES	T1	T2	T3	T4	TOTAL
Unidades de produto	527.128	822.582	737.374	700.000	2.787.084
Preço unitário	$6,00	$5,90	$6,00	$6,09	–
Total (valores)	$3.162.768	$4.321.219	$3.517.914	$4.263.000	$15.264.901

Fonte: adaptado de Castanheira e Sauaia (2007).

O orçamento de vendas (Tabela 11.6) alimenta o orçamento de produção (Tabela 11.7), que vai definir a quantidade de produtos a ser produzida para atender à demanda, informação também requerida no formulário de decisão. Nesta etapa o jogador informa o estoque inicial de produtos acabados e o nível de estoque final desejado para cada trimestre.

TABELA 11.7 Orçamento de produção.

TRIMESTRES	T1	T2	T3	T4	TOTAL
(-) Estoque inicial	10.000	10.000	10.000	10.000	40.000
(+) Vendas	527.128	732.410	586.319	700.000	2.545.857
Estoque final	10.000	10.000	10.000	10.000	40.000
Produção necessária	527.128	732.410	586.319	700.000	2.545.857

Fonte: adaptado de Castanheira e Sauaia (2007).

A próxima etapa é o orçamento de compras de matéria-prima (Tabela 11.8) que sinaliza a quantidade de matéria-prima a ser comprada (tabela em unidades) e também os valores a serem despendidos (tabela em valores). Deve-se informar o estoque inicial (unidades) de matéria-prima no primeiro trimestre. As informações sobre quantidades a serem consumidas (consumo) e o estoque final são extraídos do orçamento de produção. A fórmula utilizada para calcular a quantidade a ser comprada é: compras = consumo + estoque final – estoque inicial. A Tabela 11.8 reúne os valores a serem informados no formulário de decisão: compra de matéria-prima. Nessa tabela deverão ser informados, primeiramente, o valor do custo unitário previsto e o valor do estoque inicial de matéria-prima.

Vinculado aos orçamentos anteriores está o orçamento de mão de obra direta (Tabela 11.9), que parte da produção necessária, leva em conta a capacidade produtiva da fábrica e calcula a necessidade de mão de obra direta. Além disso, com base no custo unitário informado de mão de obra, calculam-se os custos totais com mão de obra. Caso a necessidade de produção ultrapasse a capacidade produtiva da fábrica em um turno, o jogador poderá acionar a produção em hora extra ou a produção em segundo ou terceiro turnos, dependendo do regime político que se encontra formalmente no governo e da legislação trabalhista em vigor. As informações geradas neste orçamento serão utilizadas no formulário de decisão.

TABELA 11.8 Orçamento de compra de matéria-prima.

UNIDADES FÍSICAS	T1	T2	T3	T4	TOTAL
(-) Estoque inicial	761.083	732.410	586.319	700.000	761.083
(+) Consumo	527.128	732.410	586.319	700.000	2.545.857
Estoque final	732.410	586.319	700.000	700.000	700.000
Compras (unidades)	498.455	586.319	700.000	700.000	2.484.774
VALORES MONETÁRIOS	**T1**	**T2**	**T3**	**T4**	**TOTAL**
(-) Estoque inicial	$1.200.000	$1.144.463	$901.524	$1.074.500	$1.200.000
(+) Consumo	$823.690	$1.126.153	$899.999	$1.117.480	$3.967.323
Estoque final	$1.144.463	$901.524	$1.074.500	$1.117.480	$1.117.480
Compras ($)	$768.154	$883.213	$1.072.975	$1.160.460	$3.884.803
Custo unitário ($)	$1,5626	$1,5376	$1,5350	$1,5964	$1,5579

Fonte: adaptado de Castanheira e Sauaia (2007).

TABELA 11.9 Orçamento de mão de obra direta.

TRIMESTRES	T1	T2	T3	T4	ANO
Produção programada (u)	527.128	732.410	586.319	700.000	2.545.857
Produção normal (u)	415.000	445.225	434.159	423.668	1.718.052
Custo unitário normal ($)	$1,4636	$1,4665	$1,4768	$1,5063	$1,4783
Custo da produção normal ($)	$607.393	$652.933	$641.161	$638.182	$2.539.813
Produção em hora extra (u)	0	287.185	152.160	276.332	715.677
Custo unitário hora extra ($)	$2,1954	$2,1998	$2,2152	$2,2595	$2,2175
Custo da produção extra ($)	$0	$631.746	$337.063	$624.369	$1.593.179
Custo total MOD ($)	$607.393	$1.284.679	$978.224	$1.262.551	$4.132.849

Fonte: adaptado de Castanheira e Sauaia (2007).

Outra peça útil é o orçamento de custos e despesas indiretos (Tabela 11.10). Inclui os custos de estocagem, de produtos acabados (PA) e de matéria-prima (MP), calculados com base nos dois estoques finais. Inclui gastos indiretos com manutenção, depreciação, custo de pedido e custo de mudança de turno, quando houver. O valor da depreciação é calculado com base no orçamento de investimentos, apresentado na sequência. Inclui o custo indireto unitário que irá compor o custo dos produtos vendidos e o relatório da margem de contribuição.

TABELA 11.10 Orçamento de custos e despesas indiretos.

TRIMESTRES	T1	T2	T3	T4	ANO
Custo variável indireto					
Custo de estocagem de PA	$5.000	$5.010	$5.035	$5.060	$20.105
Custo de estocagem de MP	$57.223	$45.076	$53.725	$55.874	$211.898
Total	$62.223	$50.086	$58.760	$60.934	$232.003
Custos/despesas fixos indiretos					
Manutenção	$112.500	$112.725	$113.514	$115.784	$454.523
Depreciação	$207.500	$222.312	$218.354	$232.895	$881.063
Pedido de compra MP	$50.000	$50.100	$50.350	$51.000	$201.450
Total	$370.000	$385.137	$382.218	$399.680	$1.537.036
Total custos/despesas indiretos	$432.223	$435.223	$440.978	$460.614	$1.769.039
Total unitário	$0,82	$0,59	$0,75	$0,66	$0,69

Fonte: adaptado de Castanheira e Sauaia (2007).

O modelo ilustrativo da Tabela 11.11 reúne os custos dos produtos vendidos. Essa informação, apesar de não solicitada no formulário de decisão, compõe a DRE (demonstração dos resultados do exercício – lucros e perdas). Depois de ter sido criada a planilha, o único dado digitado é o estoque inicial de produtos acabados.

TABELA 11.11 Orçamento de custos dos produtos vendidos (para completar)

TRIMESTRES	T1	T2	T3	T4	ANO
Estoque inicial de matéria-prima	$1.200.000	$	$	$	$
(-) Matéria-prima consumida	$823.690	$	$	$	$
(=) Matéria prima disponível	$	$	$	$	$
(+) Compras	$768.154	$	$	$	$
(=) Estoque final de matéria prima	$	$	$	$	$
(+) Custo da mão de obra direta	$607.393	$	$	$	$
(+) Despesa indireta de produção	$432.223	$	$	$	$
(=) Custo de produção orçado	$1.863.306	$	$	$	$
(+) Estoque inicial de PA	$153.000	$	$	$	$
(-) Estoque final de PA	$30.000	$	$	$	$
(=) Diminuição do estoque de PA	$123.000	$	$	$	$
Custo orçado do produto vendido	$1.986.306	$	$	$	$

Fonte: adaptado de Castanheira e Sauaia (2007).

Após a finalização dos orçamentos de vendas, produção, compras e custos, o próximo passo é fazer a previsão de gastos operacionais (Tabela 11.12). Ali serão informadas as despesas com marketing, pesquisa e desenvolvimento, administrativas, financeiras, entre outras, estando as duas primeiras no formulário de decisão. As despesas com investimento são calculadas automaticamente com base no orçamento de investimentos, apresentado adiante. Os totais obtidos nesse orçamento serão transferidos para a DRE.

A última peça é o orçamento de investimentos ou despesas de capital (Tabela 11.13). Reúne os valores que serão investidos na compra de máquinas para a fábrica. O tomador de decisões informa o investimento inicial do caso empresarial, e os valores orçados em cada trimestre.

TABELA 11.12 Orçamento de gastos operacionais.

TRIMESTRES	T1	T2	T3	T4	ANO
Marketing	$300.000	$408.000	$369.600	$520.000	$1.597.600
Pesquisa e Desenvolvimento	$187.500	$255.000	$330.000	$300.000	$1.072.500
Administração	$332.800	$324.513	$316.660	$308.933	$1.282.906
Despesas com investimentos	$64.000	$409	$64.000	$25.000	$153.409
Despesas financeiras	–	–	–	–	–
Despesas gerais	$88.145	$80.517	$80.975	$81.599	$331.238
Outras despesas	$0	$12.000	$35.000	$0	$47.000
Total dos gastos operacionais	$972.445	$1.068.440	$1.161.235	$1.235.532	$4.437.654

Fonte: adaptado de Castanheira e Sauaia (2007).

TABELA 11.13. Orçamento de investimentos (despesas de capital)

	INVESTIMENTOS NO TRIMESTRE ANTERIOR	INVESTIMENTOS NESTE TRIMESTRE	CAPACIDADE PRODUTIVA ATUAL	CAPACIDADE PROD. PX. TRIMESTRE
Acumulado	$8.300.000			
1º Trimestre	$500.000	$800.000	415.000u	445.225u
2º Trimestre	$800.000	$64.000	445.225u	434.159u
3º Trimestre	$64.000	$800.000	434.159u	423.668u
4º Trimestre	$800.000	$500.000	423.668u	413.351u
Total anual		$2.164.000		

FÁBRICA E EQUIPAMENTOS

	VALOR DE REPOSIÇÃO	VALOR CONTÁBIL APÓS INVESTIMENTOS	DEPRECIAÇÃO NO TRIMESTRE	VALOR LÍQUIDO
Acumulado	$8.300.000	$8.300.000	---	$8.300.000
1º Trimestre	$8.993.381	$9.100.000	$207.500	$8.892.500
2º Trimestre	$8.897.583	$9.164.000	$222.312	$8.734.187
3º Trimestre	$9.581.607	$9.964.000	$218.354	$9.315.832
4º Trimestre		$10.464.000	$232.895	$9.582.936
Total anual			$881.063	

Fonte: adaptado de Castanheira e Sauaia (2007).

Partindo-se dessas informações, e da capacidade produtiva inicial, a tabela calcula a capacidade produtiva prevista para o trimestre seguinte. Na segunda parte do relatório (fábrica e equipamentos), partindo-se dos níveis de investimentos informados, calculam-se os gastos com depreciação.

Relatórios de apoio à decisão

As informações geradas nas peças orçamentárias podem ser transferidas, automaticamente, para relatórios que auxiliam na tomada de decisão. São eles:

- Demonstração do resultado do exercício (DRE). Este relatório apresenta de forma resumida as operações realizadas pela empresa durante o período, demonstradas para destacar o resultado: lucro ou prejuízo. Essa informação vai auxiliar o jogador a verificar, antecipadamente, se suas decisões estão gerando o efeito esperado. Caso não estejam, fica fácil alterar valores nas peças orçamentárias, de forma a ajustar a previsão de resultado. Os valores despendidos para pagamento de dividendos devem ser informados no campo "dividendos distribuídos (Tabela 11.14).

TABELA 11.14 DRE – Demonstração do resultado do exercício projetada

	T1	T2	T3	T4	TOTAL
Receita de vendas	$3.162.768	$4.321.219	$3.517.914	$4.263.000	$15.264.901
(-) Custo do produto vendido	$1.986.306	$2.846.057	$2.319.203	$2.840.046	$9.991.613
Lucro Bruto (margem bruta)	$1.176.461	$1.475.161	$1.198.710	$1.422.953	$5.273.287
(-) Despesas operacionais	$972.445	$1.080.440	$1.196.235	$1.235.532	$4.484.654
Marketing	$300.000	$408.000	$369.600	$520.000	$1.597.600

(continua)

TABELA 11.14 DRE – Demonstração do resultado do exercício projetada (continuação)

Pesquisa e Desenvolvimento	$187.500	$255.000	$330.000	$300.000	$1.072.500
Administração	$332.800	$324.513	$316.660	$308.933	$1.282.906
Despesas com investimentos	$64.000	$409	$64.000	$25.000	$153.409
Despesas financeiras	$0	$0	$0	$0	$0
Despesas Gerais	$88.145	$80.517	$80.975	$81.599	$331.238
Outras despesas	$0	$12.000	$35.000	$0	$47.000
Lucro antes de IR (LAIR)	$204.015	$394.721	$2.474	$187.421	$788.632
(-) Imposto de Renda (30%)	$61.204	$118.416	$742	$56.226	$236.589
Lucro líquido após IR	$265.220	$513.137	$3.217	$243.647	$1.025.222
(-) Dividendos distribuídos	$100.000	$150.000	$200.000	$150.000	$600.000
Acréscimo patrimonial (PL)	$165.220	$363.137	($196.782)	$93.647	$425.222

Fonte: adaptado de Castanheira e Sauaia (2007).

- Fluxo de caixa. Este relatório (Tabela 11.15) permite prever a quantidade de recursos necessários para o nível de operações proposto. É importante, também, a análise desse saldo de caixa, pois, quando negativo, acarreta despesas financeiras, reduzindo o resultado no período. No campo "saldo inicial", o jogador deverá informar o saldo de caixa inicial fornecido no caso empresarial.

TABELA 11.15 Fluxo de caixa projetado

ITEM	T1	T2	T3	T4	TOTAL
Saldo inicial	$1.047.000	$675.847	$1.452.237	$535.833	$1.047.000
(+) Entradas	$3.162.768	$4.321.219	$3.517.914	$4.263.000	$15.264.901
Receita de vendas	$3.162.768	$4.321.219	$3.517.914	$4.263.000	$15.264.901
Receitas extraordinárias	---	---	---	---	---
Caixa disponível	$4.209.768	$4.997.066	$4.970.151	$4.798.833	$16.311.901
(-) Saídas	$3.533.920	$3.544.829	$4.434.317	$4.480.036	$15.993.104
Despesas de caixa	$1.804.561	$2.566.031	$2.362.084	$2.725.803	$9.458.481
Imposto de Renda	$61.204	$118.416	$742	$56.226	$236.589
Dividendos distribuídos	$100.000	$150.000	$200.000	$150.000	$600.000
Investimento (equipamentos)	$800.000	$64.000	$800.000	$500.000	$2.164.000
Compra de matéria-prima	$768.154	$883.213	$1.072.975	$1.160.460	$3.884.803
Saldo Final	$675.847	$1.452.237	$535.833	$318.796	$318.796

Fonte: adaptado de Castanheira e Sauaia, 2007.

- Margem de contribuição. O objetivo deste relatório (Tabela 11.16), alimentado pelas peças orçamentárias, é gerencial. Por meio dele, o jogador saberá qual a margem de contribuição de cada unidade vendida para cobrir os custos fixos e demais despesas fixas da empresa. É útil para a negociação de compra de matéria-prima ou remuneração da mão de obra direta. Indica o preço mínimo que se pode pagar por esses insumos.
- Taxa interna de retorno (TIR). Na Tabela 11.17, é calculada a TIR, que é o indicador de desempenho econômico no jogo de empresas. Seus índices são utilizados para classificar as empresas. A antecipação do seu cálculo dá ao jogador a possibilidade de, caso o índice projetado não seja satisfatório, alterar as decisões tomadas para tentar chegar ao re-

sultado esperado. A fórmula utilizada para o cálculo levou em conta a função TIR, disponível nas planilhas eletrônicas.

TABELA 11.16 Margem de contribuição (total e unitária)

ITEM	T1	T2	T3	T4	TOTAL
Receita de Vendas	$3.162.768	$4.321.219	$3.517.914	$4.263.000	$15.264.901
(-) Matéria-prima consumida	$823.690	$1.126.153	$899.999	$1.117.480	$3.967.323
(-) Mão de obra direta	$607.393	$1.284.679	$978.224	$1.262.551	$4.132.849
(-) Custos/Despesas Indiretos	$432.223	$435.223	$440.978	$460.614	$1.769.039
Margem de contribuição ($)	$1.299.461	$1.475.161	$1.198.710	$1.422.353	$5.395.687
Margem de contribuição (%)	41,09%	34,14%	34,07%	33,37%	35,35%
		MARGEM DE CONTRIBUIÇÃO UNITÁRIA			
ITEM	T1	T2	T3	T4	TOTAL
Receita de Vendas	$6,00	$5,90	$6,00	$6,09	
(-) Matéria-prima consumida	$1,5626	$1,5376	$1,5350	$1,5964	
(-) Mão de obra direta	$1,1523	$1,7540	$1,6684	$1,8036	
(-) Custos/Despesas Indiretos	$0,82	$0,5942	$0,7521	$0,6580	
Margem de contribuição ($)	$2,47	$2,01	$2,04	$2,03	
Margem de contribuição (%)	41,09%	34,14%	34,07%	33,37%	35,35%

Fonte: adaptado de Castanheira e Sauaia (2007).

TABELA 11.17 Taxa interna de retorno (TIR)

ITEM	T1	T2	T3	T4	TOTAL
Dividendos	$100.000	$150.000	$200.000	$150.000	$600.000
Investimentos	$8.800.000	$9.600.000	$9.664.000	$10.464.000	
TIR (%)	1,14	1,56	2,07	1,43	

Fonte: adaptado de Castanheira e Sauaia (2007).

Ao final do jogo de empresas o grupo de gestão da Tropical havia compreendido melhor a importância do orçamento empresarial, bem utilizado em alguns momentos e mal utilizado em outros. Como a Tropical não utilizou plenamente o orçamento elaborado no início de cada ano durante as decisões trimestrais do jogo de empresas, pode-se inferir que a empresa obteria resultados melhores caso houvesse maior rigidez na execução de seu orçamento. Entre as vantagens já citadas desse tipo de abordagem, haveria um maior foco das decisões tomadas, buscando-se uma sintonia com as estratégias estabelecidas. A empresa teria mais controle sobre as mudanças do ambiente externo, podendo identificar por antecipação a melhor forma de realocar os recursos para enfrentar as mudanças (na compra dos filtros antipoluentes, por exemplo, a empresa saberia de onde tirar os $600.000 para atender a essa exigência do governo, e não lançaria simplesmente esta despesa a mais sem nenhum controle preciso, como de fato ocorreu).

Apesar de o modelo político indicar que estava em vigor ser o neoliberalismo, a discussão do bem-estar social também poderia ter sido mais bem conduzida e observados seus efeitos no jogo de empresas. Quando, por exemplo, as empresas decidiram, por iniciativa individual, a ativação de turnos extras de trabalho, suas concorrentes não precisavam contratar novos trabalhadores. Ao contrário, a ativação de turnos estabeleceu uma relação ganha-ganha entre estas partes: os trabalhadores produziam e a empresa se comprometeu a não demiti-los, oferecendo como garantia a estabilidade no trabalho, já que estaria sujeita a despesas decorrentes da dispensa de funcionários (custos de rescisão contratual, férias e 13º salário). O compromisso assumido representou uma ação de elevada responsabilidade social, e a manutenção dos empregos estimulou as vendas, já que os trabalhadores assalariados puderam consumir o fruto de seu próprio trabalho com a renda que passaram a ganhar.

CONSIDERAÇÕES FINAIS E CONTRIBUIÇÕES

A análise dos dados obtidos mostra as dificuldades e incertezas que as empresas enfrentam durante a elaboração e execução de uma peça orçamentária. Uma das dificuldades é a necessidade de alinhamento entre as estratégias de cada área funcional, sempre com o objetivo de maximização dos resultados da empresa. Essa discussão acontece tanto nas empresas reais como nas simuladas e deve haver organização e planejamento para que as demandas de cada área sejam factíveis e condizentes com as necessidades e capacidades da organização.

Mesmo com a incerteza inerente a qualquer negócio, as empresas podem e devem prever seus resultados futuros. Como declarado por Peters (1987): "a falta de direcionamento pode levar a organização a tomar caminhos errados, colocando-a em grandes dificuldades". Ainda que as previsões não sejam precisas, o exercício de elaboração de um orçamento obriga os gestores a exercitarem seu raciocínio estratégico de prazo mais longo (no mínimo um ano, no jogo de empresas), além das decisões de curto prazo (o trimestre atual), o que representa uma vantagem em relação às empresas que não possuem esse tipo de planejamento formal.

A elaboração do orçamento pode colaborar com a antecipação de problemas na empresa (por exemplo, um aumento nos gastos com mão de obra), o que permite um melhor direcionamento dos esforços visando à melhoria dos resultados. Dependendo do problema, pode haver um aumento ou uma diminuição dos recursos destinados aos processos e/ou áreas em situação mais crítica, o que significa uma distribuição mais adequada dos recursos financeiros (que são limitados) conforme as necessidades únicas de cada organização.

Na execução do orçamento, durante o exercício de planejamento, é necessário, ainda, que sejam executados mecanismos paralelos de controle. À medida que as operações são realizadas, os resultados previstos durante o planejamento devem ser comparados com os resultados efetivamente alcançados. Este tipo de comparação tem dois objetivos principais:

- permite reafirmar se as medidas estão sendo executadas conforme o planejado, com o objetivo de que se mantenham esses valores;
- permite identificar os desvios entre o real e o planejado, o que indica uma necessidade de atenção e, em alguns casos, de mudanças nos processos e na execução desses pontos dissonantes.

Assim como a empresa simulada, as empresas reais também estão inseridas em ambientes competitivos e estão sujeitas a mudanças não esperadas. Na busca pela diferenciação e ampliação de resultados, é evidente a necessidade de mecanismos de planejamento e controle que sejam adequados à realidade de cada organização e que permitam às empresas verificar as fontes de erros e acertos na execução de sua estratégia.

Limitações e proposições para novos estudos

Como as decisões eram tomadas pelos participantes do jogo de empresas durante as aulas presenciais, um dos maiores problemas enfrentados foi o tempo para discussão e definição das decisões de cada trimestre, que nem sempre era suficiente. Todo esse processo de análise dos resultados anteriores e escolha das decisões adequadas ao trimestre vigente, especificamente na Tropical, não utilizou, na maior parte do tempo, os orçamentos previamente produzidos pelo grupo.

Tal fato limitou a análise em relação ao real benefício que a adoção do orçamento traria aos resultados da empresa. Porém, a não adoção do orçamento por parte da empresa não significou resultados mais positivos, o que permite inferir que o orçamento poderia ajudar a empresa na busca por melhores resultados.

Para novos estudos, recomenda-se acompanhar toda a elaboração do orçamento, monitorando as dificuldades dos gestores, além do processo de execução e controle dos números orçados. Essa análise completa permitiria a determinação dos custos e benefícios de um processo formal de planejamento e controle financeiro e possibilitaria maior clareza dos benefícios oriundos da adoção desta ferramenta de gestão pelas empresas, sejam elas laboratoriais ou reais. Ainda, poderiam ser criadas peças orçamentárias específicas abordando projetos sociais e ambientais, cuja presença se torna cada vez mais urgente para o desenvolvimento sustentável ora perseguido pela sociedade.

REFERÊNCIAS

ANTHONY, R.N.; GOVINDARAJAN, V. *Sistemas de controle gerencial.* São Paulo: Atlas, 2001.

BOBBIO, N. et al. *Dicionário de Política.* 12.ed. Brasília: UnB, 2002.

CARVALHO, J. M. de. *Cidadania no Brasil – o longo caminho.* 3.ed. Rio de Janeiro: Civilização Brasileira, 2002, p.9-10.

CASTANHEIRA, D. R. F.; SAUAIA, A. C. A. *A prática do orçamento empresarial: uma ferramenta de apoio à decisão.* In: I Encontro de Administração da Informação, da Anpad, Florianópolis, SC, 2007. p.1-17.

FIGUEIREDO, S.; CAGGIANO, P.C. *Controladoria: teoria e prática.* 3.ed. São Paulo: Atlas, 2004.

GITMAN, L.J. *Princípios de administração financeira.* 7.ed. São Paulo: Harbra, 1997.

HALLORAN, J. W. *Porque os empreendedores falham.* Trad. Kátia Aparecida Roque. São Paulo: Makron Books, 1994.

HOJI, M. *Administração financeira: uma abordagem prática*. 5.ed. São Paulo: Atlas, 2004.

INFOPÉDIA. Enciclopédia e Dicionários Porto Editora. Política. Disponível em: http://www.infopedia.pt/lingua-portuguesa/política. Acessado em: 5 jun. 2012.

ISHISAKI, N. *Vantagens e dificuldades da utilização do orçamento empresarial nas pequenas e médias empresas da região do Vale do Paraíba baseado no cadastro do Ciesp da região*. Disponível em: http://www.ufrgs.br/agronomia/manualcap1.htm. Acessado em: 20 maio 2012.

MOREIRA, J. C. *Orçamento Empresarial – Manual de Elaboração*. 4.ed. São Paulo: Atlas, 1989

PEREZ JR, J.H.; PESTANA, A.O.; FRANCO, S.P.C. *Controladoria de gestão: teoria e prática*. 2. ed. São Paulo: Atlas, 1995.

PETERS, T. *Prosperando no caos*. São Paulo: Harbra, 1987

SANTINI, M.F. *Planejamento e orçamento empresarial nas empresas estatais: um estudo de caso da Eletrosul*. Florianópolis, 2004, 75p. Monografia. (Bacharelado em Ciências Econômicas). Universidade Federal de Santa Catarina.

SANVICENTE, A.Z.; SANTOS, C.C. *Orçamento na administração de empresas: planejamento e controle*. São Paulo: Atlas, 1983.

SAUAIA, A.C.A. *Monografia racional*. Anais do 1º Semead – Seminários em Administração. Vol. 1, Setembro, 1996, p.276-94. PPGA/FEA/USP/SP.

_____. *Monografia racional: uma versão eletrônica*. Reges/UFPI. v.2, n.1, jan/abr., 2009. Disponível em: http://www.ufpi.br/reges/edicao_jan_2009.php. Acessado em: 10 mar. 2012.

_____. *Laboratório de gestão: simulador organizacional, jogo de empresas e pesquisa aplicada*. 2.ed. Barueri, S. Paulo: Manole: 2010.

TUNG, N.H. *Controladoria financeira das empresas: uma abordagem prática*. 9.ed. São Paulo: Edições Universidade-Empresa, 2001.

WELSCH, G.A. *Orçamento empresarial*. Tradução e adaptação à terminologia contábil brasileira de Antônio Zoratto Sanvicente. 4.ed. São Paulo: Atlas, 1996.

WENDELL, P. J. Editor. *Corporate Controller's Manual*. 2. ed. Warren, Gorham & Lamont, 1998.

12

Criação de valor sustentável

Renato Kazuo Nishikawa Tanaka
Antonio Carlos Aidar Sauaia

INTRODUÇÃO

Cresce a consciência de que as futuras gerações podem estar sendo ameaçadas pelas decisões não sustentáveis tomadas hoje nas organizações, contrapondo lucros econômicos e prejuízos socioambientais. No presente capítulo examinou-se a relação entre criação de valor (taxa interna de retorno – TIR) e sustentabilidade no laboratório de gestão. O referencial teórico apoiou-se nos caminhos para o desenvolvimento sustentável (Sachs, 2008), no modelo de criação de valor sustentável (Hart e Milstein, 2003) e em casos reais de empresas que ilustraram como o consumo pode ser gerenciado na democracia, à luz da sustentabilidade. A pesquisa bibliográfica evoluiu para uma pesquisa-ação no ambiente semipresencial Simulab, no qual um simulador organizacional produziu os dados primários em um jogo de empresas competitivo. Com base nas variáveis de decisão presentes no modelo do simulador, foi proposto um índice de sustentabilidade para o jogo de empresas, a fim de analisar o problema nas 25 empresas de dois setores industriais e medir o valor sustentável criado ao longo de dois anos de operações, sob diferentes regimes políticos. Apesar dos resultados conflitantes e não conclusivos, o estudo contribuiu para iluminar de maneira objetiva a relação entre a TIR e a sustentabilidade socioambiental que precisa ser fortalecida na perspectiva gerencial.

EVOLUÇÃO DO CONCEITO DE DESENVOLVIMENTO SUSTENTÁVEL

Desenvolvimento sustentável é um conceito normativo que surgiu como ecodesenvolvimento no início da década de 1970 sem autoria bem definida, supostamente atribuída a Ignacy Sachs. Ocorreu como proposição conciliadora num contexto de controvérsia sobre as relações entre crescimento econômico e meio ambiente, reconhecendo-se que o progresso tecnológico relativiza, mas não elimina, os limites dos recursos ambientais e que o crescimento econômico é condição necessária, mas não suficiente, para eliminação da pobreza e das disparidades sociais. Pelo fato do conceito ser normativo, não foi capaz de eliminar divergências quanto à sua interpretação, tendo sua definição mais difundida elaborada pelo Relatório Brundtland (CMMAD, 1988): "aquele que satisfaz as necessidades atuais sem sacrificar a habilidade do futuro de satisfazer as suas". No debate acadêmico sobre economia do meio ambiente, a definição traduzida em políticas públicas se divide entre duas correntes principais: a economia ambiental e a economia ecológica.

A economia ambiental (o *mainstream* neoclássico) inclui os recursos naturais na função de produção juntamente ao capital e trabalho, significando uma capacidade perfeita e ilimitada de substituição, junto aos fatores de produção e a possibilidade de se superar a escassez dos recursos naturais através do progresso tecnológico do capital ou trabalho. Essa concepção ficou conhecida como "sustentabilidade fraca". A escassez de recursos naturais poderia ser resolvida pelo mecanismo de mercado, de oferta e demanda, o que elevaria os preços dos recursos escassos e induziria inovações para poupá-los ou substituí-los. As críticas argumentam a impossibilidade da substituição dos recursos naturais por capital ou trabalho e a complexidade de valoração (apreçamento) dos recursos naturais – muitos deles, bens públicos.

A economia ecológica vê o sistema econômico como um subsistema restrito de um todo maior e considera complementares o capital (construído) e o capital natural (recursos naturais). Essa visão é referida como "sustentabilidade forte". Essa corrente alinha-se à economia ambiental na possibilidade de instituir uma estrutura regulatória de incentivos econômicos para aumentar a eficiência na utilização de recursos naturais por meio do progresso científico e tecnológico. A sustentabilidade da economia não seria possível sem a estabilização dos níveis de consumo de acordo com a capacidade de carga do planeta, o que impõe à sociedade a decisão sobre o uso dos recursos. O capital natural seria avaliado pelo trabalho científico interdisciplinar, levando em conta aspectos ecológicos e socioeconômicos. O mecanismo de ajuste para os recursos naturais limitados adota uma escala sustentável, que toma a quantidade de bens e serviços ambientais como parâmetros para ajustar a tecnologia e as preferências a um ponto de equilíbrio. Essa escala envolve valores distintos na busca individual de maximização do ganho, tais como a solidariedade inter e intragerações, o que faz emergir um processo coletivo de tomada de decisão (Romeiro, 2003, p.5-14).

CAMINHOS PARA O DESENVOLVIMENTO SUSTENTÁVEL DE IGNACY SACHS

No desenvolvimento sustentável defendido por Ignacy Sachs buscou-se superar simultaneamente o ambientalismo ingênuo que desconsiderava pobreza e desigualdade e o desenvolvimento anacrônico sem preocupações com as gerações futuras (Veiga, 2008, p.171). Teve origem no conceito de "paradigma do caminho do meio", que emergiu de Founex e do encontro de Estocolmo. Trata-se de um desenvolvimento endógeno, autossuficiente, orientado para as necessidades (e não para o mercado), em harmonia com a natureza e aberto às mudanças institucionais. Fundamenta-se na harmonização de objetivos sociais, ambientais e econômicos. O "paradigma do caminho do meio" é uma alternativa média entre extremos: o crescimento zero, inviável porque "deteriora a situação da maioria pobre" e impede distribuição diferente de propriedade e renda; e o crescimento selvagem, em virtude dos seus custos sociais e ambientais (Sachs, 2008, p.52-4).

Sachs (2008, p.85-8) mencionou que o desenvolvimento sustentável permanece válido na recomendação de objetivos específicos (Quadro 12.1) dados pelos oito critérios de sustentabilidade: social, territorial, cultural, política nacional e internacional, ecológico, econômico e ambiental. Citou ainda Jollivet et al., segundo os quais o êxito da política "está na necessária transformação dos resultados da negociação em um contrato entre os *stakeholders*. Pode-se falar em uma *gestão negociada e contratual dos recursos*, pedra fundamental para qualquer desenvolvimento sustentável", fundamentada no consenso, diálogo, compromisso e repúdio ao autoritarismo do poder político, que levam a um desenvolvimento negociado (Jollivet et al., apud Sachs, 2008, p.76-9).

QUADRO 12.1 Os oito critérios de sustentabilidade de Ignacy Sachs

SOCIAL	TERRITORIAL
Alcance de um patamar razoável de homogeneidade social	Configurações urbanas e rurais balanceadas (eliminação das inclinações urbanas nas alocações do investimento público)
Distribuição de renda justa	Melhoria do ambiente urbano
Igualdade no acesso aos recursos e serviços sociais	Superação das disparidades inter-regionais
Emprego pleno e/ou autônomo com qualidade de vida decente	Estratégias de desenvolvimento ambientalmente seguras para áreas ecologicamente frágeis (conservação da biodiversidade pelo ecodesenvolvimento)
CULTURAL	**POLÍTICA (NACIONAL)**
Mudanças no interior da continuidade (equilíbrio entre respeito à tradição e inovação)	Democracia definida em termos de apropriação universal dos direitos humanos
Capacidade de autonomia para elaboração de um projeto nacional integrado e endógeno (em oposição às cópias servis dos modelos alienígenas)	Desenvolvimento da capacidade do Estado para implementar o projeto nacional, em parceria com todos os empreeendedores
Autoconfiança aliada a abertura para o mundo	Um nível razoável de coesão social
ECOLÓGICO	**ECONÔMICO**
Preservação do potencial do capital natureza na produção de recursos renováveis	Inserção soberana na economia internacional
Limitar o uso dos recursos não renováveis	Segurança alimentar
AMBIENTAL	Desenvolvimento econômico intersetorial equilibrado
Respeitar e realçar a capacidade de autodepuração dos ecossistemas naturais	Capacidade de modernização contínua dos instrumentos de produção com razoável nível de autonomia na pesquisa científica e tecnológica

(continua)

QUADRO 12.1 Os oito critérios de sustentabilidade de Ignacy Sachs *(continuação)*

POLÍTICA (INTERNACIONAL)
Eficácia do sistema de prevenção de guerras da ONU, na garantia da paz e na promoção da cooperação internacional
Um pacote Norte-Sul de codesenvolvimento baseado no princípio da igualdade (regras do jogo e compartilhamento da responsabilidade de favorecimento do parceiro mais fraco)
Controle institucional efetivo do sistema internacional financeiro e de negócios
Controle institucional efetivo da aplicação do Princípio da Precaução na gestão do meio ambiente e dos recursos naturais, prevenção das mudanças globais negativas, proteção da diversidade biológica e cultural, e gestão do patrimônio global, como herança comum da humanidade
Sistema efetivo de cooperação científica e tecnológica internacional e eliminação parcial do caráter de *commodity* da ciência e tecnologia, também como propriedade da herança comum da humanidade

Fonte: adaptado de Sachs (2008, p.85-88).

SEGUNDA CONTRADIÇÃO FUNDAMENTAL DO CAPITALISMO

Para Montibeller Filho (2004, p.183-206), ecomarxista é a vertente que entende ser necessário reconceituar categorias analíticas do marxismo, de modo a dar conta da questão ambiental que elabora o conceito da segunda contradição fundamental do capitalismo. Fundamenta-se nas teorias de James O'Connor que surgem da relação entre a economia e suas condições externas de produção, entendidas como custos externos ou sociais. Os tipos mais frequentes de custos sociais são econômicos, trabalhistas e ecológicos, sendo estes decorrentes de matérias-primas e poluentes (Beckenbach, apud Montibeller Filho, 2004, p.184). Custos sociais são custos de processos produtivos não assumidos pelo capital, que toda a sociedade tem de suportar. No afã de produzir mais a custos menores, o capital explora individualmente e de forma degenerativa suas fontes de lucro, solapando as bases de sua própria sustentação. Da segunda contradição surge um conflito moral entre a sociedade capitalista e a natureza cada vez mais antagônico nos sucessivos estágios do capitalismo, que tem como ética interna a dominação da natureza em nome da necessidade do desenvolvimento (melhor definida como crescimento econômico) pelo aumento da produção. A destruição ecológica, desse modo, seria uma externalidade essencial ao funcionamento do capitalismo, assim como a exploração de classes e a competição.

Na produção de quantidades crescentes de mercadorias, os capitalistas individuais são incentivados a reduzir os custos de produção para aumentar a margem de lucratividade. Uma das maneiras é se apropriarem "gratuitamente" de recursos naturais de livre exploração. Quando se generaliza a propriedade privada sobre os recursos naturais, estes são convertidos em mercadorias pelo próprio mecanismo de mercado, em que a lei da oferta e demanda aumenta seus preços. Forma-se, assim, uma barreira econômica aos recursos da natureza. Ainda, a incorporação dos custos ambientais na forma de preço ecológico diminui os lucros das empresas, pela impossibilidade de repasse dos custos ao preço de venda ou pela retração do mercado, o que leva à eliminação de capital por meio da redução do montante de empregos e salários. O mecanismo caracteriza a barreira ecológica ao capital. Tal relação entre capital e meio ambiente pode ser considerada mutuamente restritiva, com empecilhos ao crescimento econômico baseado na exploração dos recursos da natureza e dificuldades de preservação ambiental no sistema de livre mercado.

Rudy (apud Montibeller Filho, 2004, p.199) investigou a segunda contradição do capitalismo para a dialética da relação natureza e capital. Na ótica estrutural ou de tendência (horizonte temporal de longuíssimo prazo, secular), concluiu-se restar somente a condição restritiva da relação capital e natureza. E mais, o desenvolvimento social e ambiental é incompatível com o crescimento econômico dentro do sistema capitalista de mercado.

CRIANDO VALOR SUSTENTÁVEL: O MODELO DE HART E MILSTEIN

O modelo de Hart e Milstein (2003) de criação de valor sustentável associa dimensões importantes da sustentabilidade a condutores de valor para acionistas e desempenho financeiro. O modelo se baseia na estrutura 2x2, que agrupou os parâmetros importantes ao desempenho da empresa e à criação de valor aos acionistas. O eixo vertical reflete a necessidade de as empresas administrarem os negócios hoje (abaixo) para geração de resultados de curto prazo simultaneamente com ações de longo prazo, como criação de tecnologia e mercados, visando ao crescimento futuro (acima). O eixo horizontal reflete a necessidade de alimentar e proteger as habilidades organizacionais internas (esquerda), as tecnologias e as aptidões, concomitantemente à infusão na empresa de novas perspectivas e conhecimento de partes externas (direita). A justaposição dessas dimensões produz os quatro quadrantes de desempenho, a serem aprimorados simultaneamente para gerar valor consistente no tempo. A sustentabilidade geral é um conceito complexo e multidimensional que não pode ser abordado por ação corporativa única. A criação de valor sustentável exige que empresas integrem os quatro quadrantes, explicitando como as estratégias associadas a cada um ajudarão a construir valor sustentável (Hart e Milstein, 2003, p.59-64).

São quatro os quadrantes do modelo de Hart e Milstein (2003, p.78-90) da Figura 12.1:

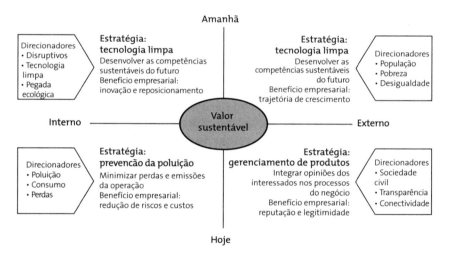

FIGURA 12.1. Modelo de Hart e Milstein: diretrizes para o valor sustentável.

Fonte: Adaptada de Hart e Milstein (2003, p.59-90).

- Quadrante inferior esquerdo (curto prazo, capacidades internas): orienta-se para a redução de custos e de riscos. Nele se agrupam estratégias de sustentabilidade empresarial ligadas ao uso eficiente de recursos (*consumption*), prevenção de poluição (*pollution*) e redução de geração de resíduos (*waste*). Menos resíduos significa melhor utilização de materiais, resultando em menores custos para consumo de matéria-prima e descarte de resíduos. Prevenir a poluição exige amplo envolvimento de funcionários, melhoria contínua e capacidade de administração da qualidade.

- Quadrante inferior direito (curto prazo, capacidades externas): focaliza a melhoria da reputação e o estabelecimento de legitimidade às ações corporativas frente aos interessados externos. Relaciona-se à administração de *stakeholders*, ao ciclo de vida do produto, à transparência e à abertura para maior envolvimento dos atores da rede de valor na qual a empresa se insere. Propõe a redução dos impactos ambientais por meio do gerenciamento da cadeia de valor, com responsabilidade pelos produtos desde a matéria-prima até o descarte.
- Quadrante superior esquerdo (longo prazo, capacidades internas): focaliza a inovação interna e a destruição criativa de aptidões atuais, com desenvolvimento de novos produtos, serviços, tecnologia e competências que garantam a prosperidade futura. Esse quadrante fundamenta o desenvolvimento de tecnologias limpas e eficientes, consumidoras de menos energia e material, menos poluidoras.
- Quadrante superior direito (longo prazo, capacidades externas): examina a direção da trajetória futura de desenvolvimento da empresa por intermédio de novos produtos, serviços, tecnologia ou exploração de mercados ainda não atendidos. Tem relação mais forte com o desenvolvimento sustentável que a sustentabilidade empresarial, pois aborda o aumento da população, a pobreza, as distorções originadas da globalização e desigualdades causadas pelo capitalismo. São fundamentos do quadrante o desenvolvimento social e a criação de riqueza aos mais pobres do mundo, o foco na base da pirâmide, a reinvenção do capitalismo numa forma mais inclusiva.

ÍNDICES DE DESENVOLVIMENTO SUSTENTÁVEL

Os estudos de Wilson et al. (2007, p.299-300, 311-13) compararam e contrastaram seis metodologias de indicadores de desenvolvimento sustentável (IDS):

1. Pegada ecológica (*ecological footprint*);
2. Excedente da biocapacidade (*surplus biocapacity*);
3. Índice de sustentabilidade ambiental (*environmental sustainability index*);
4. Índice de bem-estar (*wellbeing index*);
5. Índice de desenvolvimento humano (*human development index*);
6. Produto interno bruto (*Gross domestic product*).

Não há consenso sobre a melhor abordagem para a utilização dos modelos. Diferentes métricas geram diferentes resultados sobre a sustentabilidade das nações, o que pode obscurecer o objetivo geral dos IDS de auxiliar na tomada de melhores decisões, mensurar o progresso e garantir um desenvolvimento sustentável. Isso decorre da complexidade dos sistemas naturais, das dificuldades de compreensão da relação entre ecossistemas e sociedades humanas e porque não há consenso sobre o que constitui a sustentabilidade. Cada metodologia enfatiza uma das dimensões-padrão da sustentabilidade: econômica, ambiental ou social. As discussões criaram um consenso de que os significados do desenvolvimento sustentável dependem das necessidades, prioridades e valores em cada sociedade.

A solução, para os autores, é saber em que se fundamenta cada metodologia e como isso influencia os resultados. Cada método oferece informações potencialmente valiosas, se interpretadas de forma apropriada e usadas em contexto correto. Os usuários não precisam, necessariamente, dominar todos os detalhes da metodologia, mas sim a teoria, a filosofia e as limitações que a fundamentam.

CRIAÇÃO DE VALOR POR MEIO DA SUSTENTABILIDADE: KOREA OMYANG

A Korea Omyang (KO), empresa criada em 1996 como uma *joint venture*, opera de forma totalmente independente. Tem 197 funcionários e volume de vendas próximo de 200 bilhões de wons coreanos (KRW). Os produtos principais incluem alto-falantes e sistemas automotivos de áudio. Os clientes-chave são Hyundai Motors, GM Daewoo Motors, GM, Toshiba, Sharp e Sony. É responsável por 48% dos alto-falantes utilizados pela Hyundai e supre uma proporção significativa de outros fabricantes automobilísticos e da indústria eletrônica.

A KO provou que é possível alcançar desempenhos ambientais e econômicos superiores por meio de estrutura organizacional eficiente, inovação tecnológica e recursos humanos. A Tabela 12.1 ilustra os ganhos oriundos da "gestão verde". A empresa considera que a qualidade dos produtos, na perspectiva ambiental e econômica, é a chave do sucesso para negócios futuros. A demanda dos clientes é um dos principais fatores de mudança de paradigma da gestão, que incorporou valores de sustentabilidade. Os principais compradores, como a Hyundai e a GM, exigiram manufaturas e produtos mais "verdes" para contratar futuros fornecedores. Entre outros fatores impulsionadores do "esverdeamento" dos negócios estão: reduzir o índice de rotatividade de empregados por causa do ambiente de trabalho desagradável; atender à legislação ambiental; reduzir custos ambientais e aumentar a competitividade "verde" em mercados externos (Lee, 2009, p.1108-12).

TABELA 12.1 Investimentos e ganhos na adoção de gestão mais verde.

ASPECTOS AMBIENTAIS	INVESTIMENTOS (KRW)	REDUÇÃO DE CUSTO (KRW/ANO)	INCREMENTO NAS VENDAS (KRW/ANO)
Implantar novo facilitador de cone de papel, que reduz 22% o consumo de água e aumenta 20% a produtividade	1.848 milhão	4.135.000	
Melhorar aspectos ambientais do processo, com redução de 38% do desperdício de cola e 30% do consumo de solventes orgânicos	36,5 milhões	4.395.982	
Melhorias dos processos com novos equipamentos e instalações	475 milhões	49.500.000	
TOTAL	2.359,5 milhões	58.030.982	34 bilhões

Fonte: adaptado de Lee (2009, p.1111).

SUSTENTABILIDADE E EMPREENDEDORISMO: *THE GREEN PLANET*

Annabelle Ship abriu o seu microempreendimento varejista de produtos ambientalmente sustentáveis, *The Green Planet*, em 9 de julho de 1990 em Newton, Massachusetts, Estados Unidos, sendo pioneira no ramo. Em 2010, comemorou os 20 anos de existência do empreendimento. Seu modelo de negócio mudou drasticamente desde a inauguração. No início Annabelle vendia "produtos verdes" de uso doméstico para jardinagem, mas hoje a loja está repleta de produtos voltados para crianças. Dos 223 empreendimentos verdes prospectados em 1991, 43% simplesmente desapareceram sem nenhuma evidência dos motivos. Algumas empresas da amostra foram adquiridas ou fundidas como parte da estratégia de outras que desejavam ter acesso aos "produtos verdes".

A ideia do negócio surgiu com a cobertura massiva da mídia sobre o vigésimo aniversário do *Earth Day*. Jornais, revistas, programas televisivos e radiofônicos diziam algo sobre produtos *ecofriendly*. Entretanto, a dificuldade de se encontrar os tais produtos verdes foi a oportunidade visualizada por Annabelle para empreender no ramo. No início, pela escassez de produtos verdes, as gôndolas de *The Green Planet* eram preenchidas por vasos com plantas. Em 1995, Annabelle estimava que houvesse mais de 250 lojas de varejo com "verde" em seu nome fantasia. Os negócios de Annabelle começaram a se alavancar quando uma rede de mercearias procurou-a para que ela fosse a fornecedora atacadista de produtos verdes da rede, prospectando fabricantes de tais produtos, comprando em grande quantidade e revendendo à rede. Em 2001, ela estava fornecendo para um grande número de lojas na região de Boston.

Quando a rede foi vendida a uma grande empresa, esta obrigou Annabelle a fazer pedido por intermédio de um distribuidor. As margens despencaram, o que fez Annabelle se focar no seu negócio de varejo. A crescente demanda por produtos verdes atraiu concorrentes de peso, grandes redes varejistas especializadas, supermercados e outros negócios menores, fazendo com que consumidores encontrassem facilmente os produtos verdes. Além disso, muitos dos fornecedores do *The Green Planet* eram microempreendimentos que desapareceram por falta de acesso a recursos, a financiamentos ou a mercados. A guerra de preços causada pela concorrência e os custos relativamente altos dos insumos sustentáveis dos produtos verdes minavam cada vez mais os lucros, e Annabelle não tinha condições de disputar em preço ou em variedade com os grandes varejistas. Para sobreviver, *The Green Planet* se reinventou no ramo de brinquedos, com o cuidado de vender mercadorias com alguma sustentabilidade, resquício da missão e visão do negócio anterior de Annabelle. Ela questionava o modelo de negócio focado no crescimento e na ambição: "Eu não quero ganhar milhões de dólares, eu estou simplesmente tentando construir uma vida mais agradável". Entretanto, o mercado de livre iniciativa parecia resistir ao estilo diferente de Annabelle (Holt, 2012, p.90-7).

CIDADANIA E SUSTENTABILIDADE EMPRESARIAL: OS PADRÕES DE CONSUMO

Cidadania pode ser entendida como o conjunto de direitos e deveres ao qual um indivíduo está sujeito em relação à sociedade em que vive. Um dos direitos do cidadão é a manutenção do seu bem-estar mediante o consumo de bens e serviços, mas há também o dever de consumir de forma consciente, sustentável, sem prejudicar os recursos necessários às gerações futuras (Jacobi, 2003, p.192-200).

Padrão de consumo pode ser definido pelas influências que os consumidores sofrem em suas escolhas e a maneira como estas se expressam. O valor do bem consumido está ligado à questão da escassez do bem. O homem economicamente racional, maximizador de seu bem-estar, escolheria consumir bens escassos e de maior valor. Entretanto, para Veblon (1934, apud Cohen, 2003, p.248), os padrões de consumo seriam menos o resultado de cálculos racionais dos ganhos e perdas marginais e mais o resultado de costumes. O estímulo ao desenvolvimento de tecnologias na sociedade viria do desejo de imitar os hábitos de consumo de outras sociedades mais ricas e ociosas que, ao consumir, esbanjam e ostentam. A criação de novas necessidades é essencial à sobrevivência e ao crescimento da moderna sociedade, e este fato faz com que a penetração do progresso técnico em sociedades menos desenvolvidas, desejosas de imitar o Norte, se circunscreva aos padrões de consumo importado (Cohen, 2003, p.246-51).

Deve-se questionar a afirmação de que um maior consumo conduz o homem a uma felicidade maior, pois, se as necessidades não são substituíveis, os meios de satisfazê-las o são. A moderna sociedade parece caminhar para a autodestruição, fruto da inclinação natural dos indivíduos e organizações ao otimizarem continuamente seus ganhos, apesar das externalidades negativas, como os custos sociais, ambientais e a depredação do bem comum. A elaboração de um modelo de desenvolvimento deve considerar o uso menos intensivo de energia, o que implica mudança de estilo de consumo e de vida, principalmente dos países do Hemisfério Norte. O hiperconsumismo do Hemisfério Norte, imposto pela mídia ao Hemisfério Sul e perverso elemento restritivo da tecnologia emergente, é insustentável. Tal nível de consumo é mantido pela exclusão dos demais das oportunidades de usufruto dos recursos limitados, apesar dos custos serem socializados pelo mundo. Os paradigmas do desenvolvimento sustentável equitativo e das necessidades de gerações futuras não focalizam a desigualdade presente. O consumismo pode salvar renda e emprego movimentando o livre mercado, a despeito da perfeita convivência com pobreza, desemprego, poluição e esgotamento de recursos (Cohen, 2003, p.258-67).

Para Wilson et al. (2007, p.312), a escala de avaliação da sustentabilidade levanta questões sobre o julgamento de valores:

- Como a população se encaixa na equação da sustentabilidade?
- A sustentabilidade é uma questão da população, do consumo, ou de ambos?
- Países menos populosos têm direito de consumir mais que países mais populosos?

POLÍTICA E SUSTENTABILIDADE: ABORDAGEM PLURALISTA E TRANSDISCIPLINAR DO DESENVOLVIMENTO SUSTENTÁVEL E DA DEMOCRACIA DELIBERATIVA

Sneddon et al. (2006, p.263-5) defendem que a forma proeminente de se enfrentar os desafios para se alcançar o desenvolvimento sustentável (DS) é adotar, para a análise dos dilemas da sustentabilidade, abordagens pluralistas e transdisciplinares (o exemplo dos autores integra a economia ecológica, a ecologia política e o desenvolvimento como liberdade). Para eles, a revitalização do DS, reconstruído pela concepção pluralista e transdisciplinar, ajudaria a dissolver cismas criadas pelos "reformistas" e "radicais", que causaram percepções de impotência e paralisia aos estudiosos da sustentabilidade social. Ações para concretização desse objetivo e fortalecimento do DS como um movimento social apoiam-se em mudanças sociais e políticas, dependentes das noções de cidadania, participação e democracia.

Noções de democracia deliberativa (DD) são cruciais para discussões acerca de políticas de sustentabilidade ou de DS. Esse conceito enfatiza o processo de tomada de decisão democrático, discursivo ou deliberativo, no lugar das normas institucionalizadas como o sistema eleitoral. Segundo os economistas ecológicos, o processo decisório não se limita a partilhas e ajustes de objetivos. Deve-se enxergar os diferentes aspectos sociais e ambientais da realidade, de posições distintas da sociedade, por meio de lentes dos mais diversos especialistas. A DD capta as compreensões fragmentadas da realidade e conduz a um conhecimento coletivo mais rico.

As ideias e práticas associadas à DD (discussões abertas, transparência nas decisões, pressão por prestação de contas dos formuladores de política, debates com respeito e significado) podem ser um tanto idealizadas, mas são fundamentais para a criação de um espaço em que diversas ideias sobre DS possam ser debatidas e apuradas, fortalecendo o DS como um movimento social. Um movimento baseado na transnacionalidade e na democracia discursiva representa um caminho crucial para avançar o projeto de um DS preocupado, simultaneamente, com bem-estar, equidade e integridade ecológica.

Os avanços nesse tema continuam a desafiar continuamente a sociedade, havendo autores que advogam uma atitude que se estenda para muito além da economia verde. Abramovay (2012, p.181-4) reitera as críticas de Ban Ki-moon, secretário-geral da ONU, em Davos, que alegou em janeiro de 2011: "o atual modelo econômico mundial é um pacto de suicídio global". Deveriam ser reduzidas as desigualdades entre a base e o topo da pirâmide econômica. Deveria também ser questionada a atitude da sociedade voltada para uma produção sempre crescente, em busca de um melhor entendimento sobre a vida econômica. Se no século passado essa questão parecia irrelevante, hoje ela ameaça a existência humana.

PROBLEMA DE PESQUISA

O problema de pesquisa consistiu em reconhecer que as organizações tratam como ônus suas responsabilidades sociais e ambientais, priorizando as decisões de cunho econômico em detrimento das decisões que afetam o bem comum. Para lidar com o conflito buscou-se responder à seguinte pergunta-problema: empresas mais sustentáveis conseguem criar mais valor que empresas menos sustentáveis? Em virtude de a pesquisa ser conduzida com o suporte do laboratório de gestão (LG) de Sauaia (2010, p.3-11), as empresas estudadas atuavam em um ambiente simulado, regido por regras econômicas próprias; o valor criado referiu-se ao valor econômico medido pela taxa interna de retorno (TIR), fosse ele advindo de projetos econômicos, projetos sociais ou projetos ambientais.

Foi proposto e testado um modelo de medição de valor sustentável baseado em Hart e Milstein, (2003, p.59-64), doravante modelo de Hart, adaptado às regras econômicas do simulador organizacional Simulab (Sauaia, 2010, p.3-4, 47-62). Monitorou-se sua evolução inicialmente em uma das empresas que operou no primeiro semestre de 2012 para responder à questão do problema de pesquisa. Por meio da elaboração do índice de sustentabilidade empresarial no laboratório de gestão (ISE-LG), agregaram-se os efeitos de todas as decisões sobre as variáveis quantitativas do simulador, confrontando-se com o indicador econômico geral TIR, para avaliar a relação entre a sustentabilidade socioambiental e a criação de valor nas empresas estudadas.

O estudo justifica-se pela importância de pesquisas sobre sustentabilidade empresarial e criação de valor em ambiente organizacional simulado e pela necessidade de debate e construção de conhecimento em fóruns acadêmicos e organizacionais acerca do papel das empresas dentro do paradigma do desenvolvimento sustentável.

OBJETIVO DO ESTUDO

Nesta pesquisa examinou-se a relação existente entre sustentabilidade em empresas e a criação de valor nas condições determinadas pelo simulador Simulab para, com isso, gerar conhecimento aplicável a empresas reais. Como objetivo secundário, buscaram-se esclarecimentos adicionais sobre o mecanismo de funcionamento do simulador organizacional e do jogo de empresas para potencializar o aproveitamento das oportunidades de aprendizagem e de pesquisas empíricas apoiadas no laboratório de gestão aos futuros gestores das empresas simuladas.

MÉTODO DE PESQUISA E INSTRUMENTOS DE COLETA DE DADOS

O método de pesquisa utilizado foi a pesquisa-ação, "um tipo de pesquisa com base empírica concebida e realizada em associação com uma ação ou com a resolução de problema no qual pesquisadores e participantes representativos da situação ou do problema estão envolvidos de modo cooperativo ou participativo" (Gil, 2002, p.55). Nesta pesquisa, um dos autores atuou no grupo de gestão da empresa simulada iLab, interagindo com seus pares, com representantes dos demais grupos, com os monitores e com o docente responsável, dedicando-se à criação de valor para sua empresa por meio da estratégia baseada no modelo de Hart e Milstein (2003). Gil (2002, p.55) cita como limitação do método o risco da falta de objetividade originada pelo envolvimento ativo do pesquisador.

Para a coleta de dados secundários foi realizada pesquisa bibliográfica na base de dados SciVerse Scopus por meio das palavras-chave *sustainability* ou *sustainable development*, com filtragem para exibir resultados catalogados nas áreas de conhecimento *business, management and accounting* e/ou *economics, econometrics and finance*. Buscaram-se, preferencialmente, estudos produzidos nos últimos cinco anos (2008 a 2012). O critério de escolha dos resultados de buscas foi o maior número de citações. Para a coleta de dados primários foram adotados dois métodos e seus respectivos instrumentos:

- Dados quantitativos: análise dos dados contidos nos formulários de decisão e nos relatórios gerenciais gerados em cada rodada do jogo de empresas, que apresentavam deliberações quantitativas sobre variáveis do simulador e seus resultados (Simulab).
- Dados qualitativos: descrição e interpretação das aulas expositivas presenciais da disciplina Laboratório de Gestão Empresarial I quando informações sobre mudanças na conjuntura econômica simulada eram apresentadas em sala de aula, observando-se o comportamento dos gestores integrantes das empresas simuladas.

DESCRIÇÃO DO EXPERIMENTO E COLETA DE DADOS

O experimento foi conduzido durante o primeiro semestre de 2012, durante as aulas da disciplina Laboratório de Gestão Empresarial I do programa de graduação em Administração de Empresas da FEA/USP/SP. Participaram do experimento nas turmas do período matutino 25 grupos formados majoritariamente por estudantes de Administração, estudantes de outros cursos, como Contabilidade e Engenharia, e estudantes estrangeiros em período de intercâmbio, cada grupo contendo entre cinco e seis gestores. A amostra foi dividida em duas indústrias, operando uma às 07h30 (assim chamada Setemeia) e outra às 09h20 (Novevinte). Os grupos escolhidos pelo professor iniciariam o jogo de empresas em situação operacional e financeira idêntica, todos produzindo e vendendo um bem tecnológico multitarefa (SET, similar a um *smartphone*). Homogêneo ao início, o produto poderia ser diferenciado mediante investimentos em marketing, isto é, serviços no canal de comercialização antes da venda, durante a venda e após a venda (MKT) e em pesquisa e desenvolvimento, ou seja, novos atributos na forma de tecnologia embarcada (P&D).

A coleta de dados primários ocorreu durante dois anos de operações (oito rodadas de decisão do jogo de empresas, cada uma representando um trimestre no decorrer de uma aula), quando os estudantes, gestores de empresas simuladas, efetivamente tomavam decisões sobre variáveis do simulador que influenciariam o equilíbrio geral do mercado e o desempenho de suas empresas. Havia a possibilidade de aquisição de relatórios gerenciais da rodada anterior (demonstrativos operacionais e financeiros ilustrados em Sauaia, 2010, p.56-7) durante cada reunião presencial, o que auxiliava a coleta e análise de dados e o controle da estratégia. Terminadas as oito rodadas do jogo de empresas, todas as decisões e resultados foram publicados para a conclusão das pesquisas.

Um dos autores deste estudo atuou como presidente da empresa iLab, dividindo o tempo entre tarefas diversas: estudo e decisões sobre variáveis do simulador; liderança do grupo de gestão, responsabilidade do cargo de executivo-chefe; elaboração da estratégia fundamentada na sustentabilidade empresarial; e a pesquisa aplicada.

Adaptação e operacionalização do modelo de Hart ao jogo de empresas

Tendo em vista a adoção do LG como plataforma de pesquisa, o modelo de Hart foi adaptado às regras econômicas do simulador para se conformar os dados quantitativos das variáveis do modelo geral à criação de valor sustentável.

- Estratégia: prevenção de poluição.
- Variáveis de decisão: (1) gastos em manutenção da fábrica e equipamentos, (2) compra de matéria prima.

Para se reduzir a emissão de poluentes e os desperdícios das operações no jogo de empresas, deverão ser realizados investimentos em manutenção de equipamentos, que estabilizam os custos de produção (custo de consumo de matéria-prima e custo de mão de obra) e tornam os processos produtivos mais eficientes. Espera-se que, com o aumento da ecoeficiência, a necessidade de compra de matéria-prima diminua.

- Estratégia: tecnologia limpa.
- Variável de decisão: (1) gastos em pesquisa e desenvolvimento (P&D).

Para gerar inovações que, além de reduzir os impactos negativos das operações, melhorem a qualidade do produto e processos, as empresas deverão priorizar investimentos em P&D, buscando a criação de tecnologia disruptiva. A empresa cria valor econômico por meio de maiores vendas de produtos de qualidade superior e valor ambiental, utilizando tecnologias menos poluentes.

- Estratégia: manejo de produtos.
- Variáveis de decisão: (1) gastos em marketing, (2) distribuição de dividendos, (3) compra de matéria-prima.

A reputação e legitimidade são obtidas no simulador por meio de investimentos em marketing e distribuição de dividendos, que garantem a comunicação externa da empresa com clientes e acionistas, respectivamente. A importância do marketing está ligada também ao alcance das camadas da população negligenciadas pelas empresas, porém, apenas publicidade não garante a venda, se o produto não tiver qualidade. Partindo da premissa de que investidores de fato comprometidos com a prosperidade da empresa tendem a preferir retornos consistentes de longo prazo, a distribuição de dividendos não deve ser prioridade sobre investimentos internos. A variável compra de matéria-prima abrange o relacionamento com o fornecedor de insumos. Portanto, são necessárias ações além da lógica econômica para se desenvolver valor sustentável baseado na gestão dos *stakeholders*, em que se incluem os consumidores e investidores.

- Estratégia: visão de sustentabilidade.
- Variáveis de decisão: (1) preço unitário, (2) volume de produção, (3) investimentos em equipamentos e (4) ativação de turnos.

O desenvolvimento social e a criação de riqueza maciça dentro do jogo de empresas podem ser atingidos pela geração de empregos, o que é possibilitado pela ativação de turnos extras de trabalho. Deverão ser empregados mais trabalhadores em vez de investir em novos equipamentos produtivos. De acordo com interpretação do modelo de Hart, o desenvolvimento sustentável conduzido por empresas deve focar em atender às necessidades negligenciadas das camadas mais pobres da população (base da pirâmide socioeconômica), fornecendo produtos de qualidade a preços acessíveis, promovendo o aumento do bem-estar por meio do consumo. Para tanto, as empresas simuladas deverão praticar políticas de preços baixos, apesar da alta qualidade do produto, o que obriga as empresas a gerarem valor mediante altos volumes de venda e redução contínua de custos.

Implantação das estratégias do modelo de Hart e Milstein na empresa iLab

Durante as primeiras aulas, sem clareza a respeito da melhor estratégia a ser seguida pela iLab ao longo do semestre, os diretores da empresa decidiram democraticamente adotar a estratégia de diferenciação, entre as estratégias genéricas apresentadas por Sauaia (2010, p.6). Definiram-se desde o início altos volumes de investimento em P&D e em marketing para viabilizar, no médio prazo, a cobrança de elevados preços pelo produto de qualidade superior.

A presidência adotou a estratégia geral baseada na sustentabilidade, fazendo com que outras variáveis de decisão fossem alinhadas aos vetores da sustentabilidade. Priorizaram-se: investimentos em manutenção para reduzir os custos de produção e os impactos ambientais; os volumes de produção e as compras de matéria-prima foram programados para operar apenas com o estritamente necessário, reduzindo desperdícios de estoque e minimizando impactos ambientais (poluição dos processos produtivos e exploração excessiva de recursos naturais); foram pagos apenas os dividendos legais obrigatórios segundo a lei das S.A., dando-se ênfase ao desenvolvimento organizacional com capital próprio. Com a expectativa de permissão de abertura de turnos extras, decidiu-se investir em equipamentos somente a quantia que cobrisse a depreciação, o que gerou liquidez para a contratação de novos trabalhadores.

A despeito dos vetores da estratégia de visão sustentável do modelo de Hart, que recomendam o atendimento da população mais pobre, a empresa iLab optou por manter preços acima da média, volume de produção mediano e ativação do segundo turno. Segundo Hart e Milstein (2003), para se criar valor sustentável de longo prazo voltado aos interessados externos à empresa, esta deveria inundar o mercado com seus produtos vendidos a margens baixas. Cohen (2003) argumentou que a elevação do padrão de consumo (afluência) pode não contribuir para a sustentabilidade, pois maior consumo necessita de maior exploração do meio ambiente, e este possui limites de regeneração. Por questões de responsabilidade social corporativa, o terceiro turno não foi ativado. Entendeu-se que turnos noturnos (provável horário de trabalho no terceiro turno) são mais prejudiciais aos trabalhadores que benéficos. Assim, a iLab decidiu vender quantidades suficientes de produtos de qualidade superior a preços elevados, que garantissem a continuidade dos negócios, gerassem recursos para alimentar os vetores de investimentos e permitissem desenvolvimento paralelo de projetos de sustentabilidade.

Análise setorial da criação de valor sustentável

Para Wilson et al. (2007, p.313), não há consenso quanto à efetividade e confiabilidade dos diversos índices de desenvolvimento sustentável existentes. Cada metodologia traz um resultado diferente, dependendo das prioridades, valores e contexto. Fundamentado nesse argumento, propôs-se um índice de sustentabilidade para uso específico no laboratório de gestão, contexto desta pesquisa.

Elaborou-se um gabarito que descreve as variáveis de decisão e a forma como podem criar valor sustentável, adaptando-se o modelo de Hart ao simulador. Das variáveis de decisão listadas por Sauaia (2006, p.167), foi excluída apenas a variável de decisão "outras despesas", por seu caráter extraordinário de impacto no desempenho organizacional. Considerando praticamente todas as variáveis de decisão, pretendeu-se garantir que o problema de pesquisa fosse avaliado em todas as dimensões do jogo de empresas.

QUADRO 12.2 Valor sustentável das variáveis de decisão no laboratório de gestão.

VARIÁVEIS DE DECISÃO	DIRETRIZES	VALOR SUSTENTÁVEL CRIADO
Preço unitário do produto	Quanto menor	Maior acessibilidade aos produtos pela população
Gastos em marketing	Quanto maior	Alcance de segmentos negligenciados da sociedade
Gastos pesquisa e desenvolvimento	Quanto maior	Criação de tecnologia limpa
Gastos em manutenção	Quanto maior	Redução de custos e de desperdícios operacionais
Volume de produção programada	Quanto maior	Maior disponibilidade de produtos à população
Investimentos em equipamentos	Quanto menor	Maior chance de geração de empregos
Compra de matéria-prima	Quanto menor	Menor depredação das fontes naturais de recursos
Distribuição de dividendos	Quanto maior	Maior criação de valor para acionistas

Fonte: elaborado pelos autores com base em Hart e Milstein (2003).

O índice de sustentabilidade empresarial do laboratório de gestão (ISE-LG) foi calculado para cada uma das 25 empresas (11 + 14) por meio da seguinte fórmula:

$$\text{ISE-LG} = \frac{\Sigma \text{ (pontos de sustentabilidade da empresa em cada variável)}}{\Sigma \text{ (máximo ponto de sustentabilidade em cada variável)}} \quad (1)$$

A fórmula (1) foi construída de acordo com as etapas descritas a seguir:

- Calculou-se a média das decisões quantitativas de cada variável do Quadro 12.2 para as oito rodadas de decisões.
- Com base nos vetores do modelo de Hart e Milstein do Quadro 12.2, classificaram-se as empresas em cada variável de decisão, avaliando-se as médias calculadas. Exemplificando: empresas que praticaram os menores preços médios receberam melhores classificações, assim como empresas que tiveram os maiores investimentos médios em pesquisa e desenvolvimento.

- Para cada variável de decisão, as empresas mais bem classificadas receberam maior pontuação de sustentabilidade para compor o ISE-LG, assim como as empresas nas últimas colocações receberam menor pontuação de sustentabilidade.
- A pontuação de sustentabilidade atribuiu o valor máximo igual ao número total de empresas da amostra avaliada, para cada variável de decisão, à empresa mais bem classificada (25 pontos). A pontuação decrescia até o valor mínimo (1 ponto).
- O total de pontos de sustentabilidade (200 pontos) resultou da multiplicação do número total de variáveis de decisão (oito variáveis) pela pontuação máxima de sustentabilidade para cada uma delas (25 empresas);
- Somando-se os pontos de sustentabilidade de cada empresa e dividindo-se pelo total de pontos de sustentabilidade possíveis, chegou-se ao ISE-LG de cada empresa.

TABELA 12.2 Critério de pontuação de sustentabilidade para o ISE-LG.

AMOSTRA		PONTUAÇÃO DE SUSTENTABILIDADE	
Indústria 1	11 empresas	Máxima (total de empresas da amostra)	25 pontos
Indústria 2	14 empresas	Quantidade de variáveis de decisão avaliadas	8 variáveis
Total	25 empresas	Máximo total de pontos de sustentabilidade	200 pontos

ANÁLISE DOS DADOS E DISCUSSÃO DOS RESULTADOS

Partindo-se do cálculo do ISE-LG, as empresas simuladas das duas indústrias tiveram a sustentabilidade medida e comparada com a TIR. Optou-se por examinar empresas das duas indústrias (Setemeia e Novevinte) para aumentar a base de dados e melhorar a qualidade do estudo comparativo, visto que ações em uma indústria poderiam influenciar os parâmetros comuns e, consequentemente, os resultados econômicos da outra.

Sustentabilidade e criação de valor econômico no jogo de empresas

A relação no trimestre T8 entre a ISE-LG e a TIR nas indústrias avaliadas foi ilustrada nas Tabelas 12.3 e 12.4. Os resultados contraditórios entre criação de valor econômico e sustentabilidade empresarial são mais bem visualizados entre as três empresas empatadas na 4ª colocação, outras três empatadas na 15ª colocação e as duas empatadas nas últimas colocações. Essas empresas, apesar de obterem o mesmo valor em ISE-LG, tiveram desempenhos medidos pela TIR consideravelmente distintos.

TABELA 12.3 Indústria Setemeia: classificações para a TIR8 e o ISE8-LG.

CÓD.	NOME DA EMPRESA	TIR ACUMULADA	RANKING TIR	ISE-LG	RANKING ISE-LG
1.01	Lion	1,568	16	0,470	19
1.02	Comunica	3,323	14	0,570	10
1.03	Metta	3,397	10	0,550	11
1.04	Tropical	-3,921	25	0,420	20
1.05	Apple Strudel	-2,778	24	0,380	22
1.06	Potato es	1,449	17	0,310	24
1.07	Somy	3,423	8	0,515	14
1.08	Sohodas	0,656	19	0,505	15
1.09	3G	1,095	18	0,360	23
1.10	Yogo	2,367	13	0,500	18
1.11	Será	3,421	9	0,545	12

A empresa com maior ISE-LG da indústria Setemeia encontra-se na décima colocação entre as empresas das duas indústrias. Entre as empresas com o mesmo ISE-LG na 15ª colocação, operou nesta indústria a empresa Sohodas, com a pior TIR (19ª) entre as três empresas empatadas em índice de sustentabilidade. Em termos gerais, essa indústria terminou o jogo de empresas em situação menos favorável, tanto em TIR quanto em ISE-LG.

TABELA 12.4 Indústria Novevinte: classificações para a TIR8 e ISE8-LG.

CÓD.	NOME DA EMPRESA	TIR ACUMULADA	RANKING TIR	ISE-LG	RANKING ISE-LG
2.01	Macrosoft	5,974	1	0,600	7
2.02	Techsol	2,941	12	0,605	4
2.03	CranBerry	4,176	5	0,655	3
2.04	iLAB	5,759	2	0,710	1
2.05	HiTech	1,701	15	0,390	21
2.06	Water Melon	-0,260	23	0,310	24
2.07	Inova	4,228	4	0,605	4
2.08	Manzana	0,392	21	0,605	4
2.09	Pineapple	3,665	7	0,505	15
2.10	Carambola	4,559	3	0,575	9
2.11	Yellow Turtle	3,114	11	0,505	15
2.12	Umbrella	-0,214	22	0,670	12
2.13	Laranja Mecânica	0,565	20	0,530	13
2.14	Bloo	3,885	6	0,595	8

Encontram-se na indústria Novevinte as três empresas empatadas em ISE-LG na quarta posição, sendo suas TIR 4,23, 2,94 e 0,39, o que demonstra incontestável contradição na relação entre sustentabilidade e criação de valor econômico. Nessa indústria, em que houve mudança de ambiente político, do neoliberal para o misto, as empresas encerraram o segundo ano de operações com melhores desempenhos em TIR e ISE-LG em comparação com outra indústria, Setemeia, que operou os dois anos fiscais em ambiente neoliberal.

Foram utilizadas 25 observações (Tabela 12.5) no cálculo dos coeficientes do modelo de regressão, o total de empresas operantes nas duas indústrias. O nível de confiança adotado foi de 95%. A Figura 12.2 ilustra graficamente uma fraca relação linear positiva existente entre TIR acumulada e ISE-LG.

O modelo estatístico utilizado para análise foi regressão linear simples. Para calcular os coeficientes, foram empregadas as ferramentas de análise de dados do MS Excel® 2007. O coeficiente de determinação (R^2) indicou que apenas 32,2% da variabilidade da variável TIR acumulada foi explica-

TABELA 12.5 Análise de variância (ANOVA).

ESTATÍSTICA DE REGRESSÃO	
R múltiplo	0,567500615
R- quadrado	0,322056948
R- quadrado ajustado	0,292581164
Eno- padrão	1,993095518
Observações	25

ANOVA

	GL	SQ.	MQ.	F	F DE SIGINIFICAÇÃO
Regressão	1	43,403377	43,40337697	10,926153	0,003089233
Resíduo	23	91,3658841	3,972429745		
Total	24	134,769261			

	COEFICIENTES	ERRO PADRÃO	STATT	VALOR-P
Interseção	-4,316471502	1,99122943	-2,167741916	0,00407747
ISE-LG	12,41571271	3,75610745	3,305473257	0,0030892
95% INFERIORES	**95% SUPERIORES**	**INFERIOR 95,0%**	**SUPERIOR 95,0%**	
-8,435643396	-0,197299608	-8,4356434	-0,1972299608	
4,645612503	20,18581292	4,645612503	20,18581292	

da pela variável ISE-LG. O coeficiente de correlação linear de Pearson, medida descritiva da força da associação linear entre duas variáveis, nesse modelo, resultou no valor de 0,5675, caracterizando a existência de uma fraca correlação entre as variáveis TIR e ISE-LG (Anderson et al., 2002, p.440-4). Sendo assim, pode-se considerar contributivo o modelo de sustentabilidade construído que, ao divergir da TIR, seria representativo da criação de valor econômico sustentável no laboratório de gestão. Pode-se afirmar que o ISE-LG tem potencial para medir alguma forma distinta de valor econômico sustentável, podendo ser usado em complementação à TIR.

Para verificar o comprometimento das equipes com a sustentabilidade, foi elaborado e aplicado um questionário eletrônico sobre o tema ao final do jogo de empresas. O questionário foi composto de nove questões de múltipla escolha, com quatro alternativas. Havia dois tipos de questões de natureza diferente, sendo um de priorização de fatores e outro com a pos-

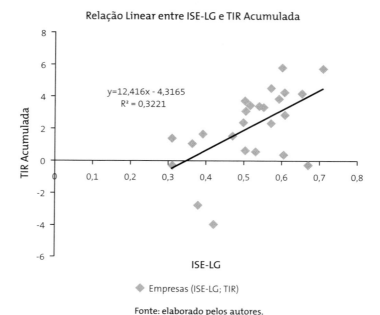

FIGURA 12.2 Relação linear entre TIR e ISE-LG.

sibilidade de assinalar mais de uma resposta. O questionário foi liberado no portal Simulab, que permitia submissão de respostas *on-line*. O público foi formado pelos estudantes do período matutino, em que 25 empresas com cinco a seis membros poderiam visualizá-lo e respondê-lo em caráter facultativo. A população estimada reunia em torno de 135 estudantes, dos quais foram obtidos 24 questionários respondidos (22%).

As principais observações retiradas do questionário estão descritas a seguir:

- A maioria dos respondentes se sentiu estimulada a competir dentro do jogo de empresas e, quando partiu para ações de cooperação, procurou com mais frequência o governo que outras empresas concorrentes. Para alcançar seus objetivos, os estudantes preferiram recorrer ao docente, administrador do jogo de empresas, que a seus colegas de classe.
- Dos 24 respondentes, treze efetivamente submeteram um projeto de sustentabilidade, o que sugere elevada sensibilização dos respondentes (55%) em relação ao tema da sustentabilidade.

- Entre os benefícios percebidos como os mais significativos do ambiente misto figuraram a redução dos dividendos mínimos obrigatórios e os empréstimos subsidiados, enquanto os benefícios que pareceram menos atraentes foram a melhor distribuição de renda, a maior criação de emprego e o atendimento aos mercados de bens populares. No ambiente neoliberal, os gestores visualizaram mais vantagens inclinadas aos ganhos financeiros individuais que à criação de valor social.

- Mais da metade das respostas válidas sobre dificuldades na elaboração de projetos de sustentabilidade apontaram a falta de tempo, por motivos profissionais e acadêmicos. A terceira dificuldade apontada foi o pouco conhecimento sobre sustentabilidade. Embora os respondentes parecessem mais interessados no tema sustentabilidade, os questionários analisados mostraram que mesmo eles não denotavam comportamento ou pensamento realmente sustentável. Seu perfil competitivo e excessivamente individualista parece ter feito com que se isolassem em suas rotinas.

As variáveis de decisão e os resultados nos relatórios do simulador fazem leve referência ao critério de sustentabilidade econômica de Sachs. Há dados sobre distribuição de renda e crescimento econômico (IAE–índice de atividade econômica), mas não há informações explícitas e mensuráveis sobre desenvolvimento territorial urbano e rural ou coesão social. O caminho para o desenvolvimento sustentável deveria ser desbravado desde o princípio pelas empresas simuladas, apoiado no crescimento econômico, em iniciativas individuais ou coletivas.

A matéria-prima utilizada na manufatura das empresas simuladas não sofreu escassez durante o jogo de empresas, e não foram fornecidos dados sobre índices de poluição e outros tipos de impactos ambientais causados no processo produtivo. O meio ambiente, no simulador, foi inicialmente projetado como uma fonte infinita de riqueza natural e um depósito com capacidade sem fim de resíduos. Parecia não ser possível incentivar a criação de valor sustentável e atenuar o impacto sobre a natureza, até surgir a lei ambiental, a partir da qual foi implementada uma regulamentação oficial. Dados sobre salário e emprego também não foram publicados nos relatórios do simulador organizacional, o que limitou mas não impediu a análise da exploração da mão de obra direta. Colaboradores das empresas não explicitaram sua satisfação com a remuneração ou com as condições de trabalho. Não havia informações quantitativas sobre custos sociais ou ambientais dos processos produtivos, o que restringiu a análise da exploração degenerativa das fontes naturais geradoras de lucro pelo capital.

Valor sustentável dos projetos

A despeito da lógica econômica do simulador não dispor de indicadores sobre a criação de valor sustentável, foi possível a algumas empresas gerar e medir valor sustentável por meio do raciocínio estratégico e da evolução organizacional, oriundos de iniciativas dos gestores (descrição a seguir) e do governo, este representado de forma dinâmica pelo docente.

Logística reversa – empresa Pineapple

A empresa Pineapple vislumbrou a oportunidade de operacionalizar um projeto de logística reversa, por meio do qual recolhia no ponto de venda e reciclava os produtos vendidos por todas as empresas, auferindo receitas extraordinárias (despesas negativas de administração) com a venda dos componentes originados do processo de reciclagem. Foi trabalhosa e paciente a elaboração desse projeto, baseado em casos reais de logística reversa. A empresa investiu, inicialmente, parte de seus recursos (desembolso), gerou um fluxo de caixa positivo e reverteu seu déficit de caixa ao longo do ano 2. Ao final, alcançou a sétima colocação em TIR e apenas a 15ª em ISE-LG, apesar de criar valor ambiental ao contribuir para a reutilização de recursos e preservação do meio ambiente com seu projeto de sustentabilidade.

Tecnologia e desenvolvimento sustentável – empresa iLab

O projeto da iLab foi elaborado no decorrer de quatro trimestres. Após pesquisas de casos reais e várias rodadas de negociação interna e com o governo foi possível desenvolver tecnologia para diminuição do tamanho dos produtos, que passaram a ocupar menos espaço físico e reduziram custos de estocagem e de transporte. Preocupada com a postura predominantemente competitiva, a diretoria da iLab decidiu doar a nova tecnologia ao governo para que este socializasse o conhecimento, o que se deu por intermédio do fornecedor de matéria-prima, estatal e monopolista, beneficiando todas as empresas das duas indústrias. Com isso, a iLab almejou demonstrar uma atitude cooperativa, convergente com o caminho para o desenvolvimento sustentável de Sachs e Abramovay, em um sistema de livre concorrência capitalista regido pelo modelo misto. Os benefícios da tecnologia sustentável e seu valor potencializaram as duas indústrias ao serem distribuídos para as 25 empresas.

Valor sustentável criado pelo governo

O experimento deixou clara a importância do poder público no estímulo às empresas para tomarem atitudes sustentáveis. Durante o jogo de empresas, o governo aprovou uma lei obrigando as empresas a adquirirem três filtros antipoluentes. As empresas que rapidamente aderiram à proposta foram beneficiadas com descontos no valor da compra dos filtros e receberam certificação ambiental que impactou na publicidade do produto. A instalação dos filtros antipoluentes, apesar de ser uma exigência legal, reduziu significativamente os efluentes e, com eles, os custos de fabricação, o que pode ter conscientizado as empresas sobre a possibilidade de criação de valor por meio de atitudes sustentáveis.

Outra ação pública relevante e em harmonia com o desenvolvimento sustentável foi o exercício da democracia pelo voto. Ocorreram eleições municipais para escolha do modelo político do segundo ano fiscal simulado, o que implicou mudança das variáveis do ambiente econômico institucional. A escolha dos eleitores da indústria Novevinte, de um ambiente com maior estímulo à criação de empregos e melhor distribuição de renda, apesar da maior regulamentação pelo Estado e maiores alíquotas de tributos, levou o município ao maior desenvolvimento econômico e social da indústria. A indústria Novevinte, que elegeu o ambiente misto, obteve maior valor médio da TIR e menor desvio padrão em relação à indústria Setemeia, neoliberal do início ao fim do jogo de empresas.

Armadilhas da "economia verde"

A Macrosoft, empresa que obteve ao final a maior TIR entre as 25 empresas (Tabela 12.4) foi a 7ª colocada em sustentabilidade, segundo o ISE-LG, tendo implementado somente um pequeno projeto de marketing verde. Os dados indicaram que ela investiu grandes somas em marketing para promover em seu produto uma imagem "verde", aumentou rapidamente os preços e obteve elevadas receitas vindas de inundação do mercado com seus produtos nas últimas rodadas do ano 2. Apesar de apresentar-se entre as menores médias de investimento em P&D, atingiu um público que buscava bens populares sustentáveis. O maciço esforço no marketing verde e na distribuição persuadiu os consumidores de bens populares (com menos tecnologia) a preços acima da média por produtos verdes, ativados pelas campanhas publicitárias, o que criou à empresa valor econômico às custas de provável destruição de valor socioambiental. Por essa razão, Abramovay (2012) preconiza uma atitude sustentável que vai muito além da "economia verde", em busca de entender e reverter a simples razão de se produzir cada vez mais.

CONSIDERAÇÕES FINAIS

A empresa mais sustentável do experimento, segundo o índice proposto para o contexto desta pesquisa (145 pontos) não foi das 25 empresas das duas indústrias a que mais valor econômico criou, terminando na segunda colocação em relação à TIR. A empresa que mais criou valor econômico foi diagnosticada por meio da análise das suas decisões sobre as variáveis do simulador, cuja lógica pode ter explorado os consumidores sustentáveis, viabilizando a venda de produtos de qualidade abaixo da média a preços acima da média, por meio de agressivo marketing. Entre as três empresas da quarta colocação em sustentabilidade, uma obteve também a mesma posição em TIR, mas outra teve desempenho econômico mediano (12°) e a última amargou a 21ª posição em termos de retorno. A segunda empresa mais sustentável encerrou em 22° na criação de valor econômico. Por fim, a empresa com o projeto de sustentabilidade mais rentável e, talvez, a maior criadora de valor ambiental obteve performance razoável em TIR (sétima colocação), mas medíocre em sustentabilidade (15ª) (Tabelas 12.3 e 12.4). Diante desses resultados, observou-se a possibilidade de estabelecer no laboratório de gestão uma relação entre a sustentabilidade e a criação de valor econômico.

A complexidade dos assuntos tratados no estudo (sustentabilidade em empresas, criação de valor e desenvolvimento sustentável) pode ir muito além dos limites do jogo de empresas e da plataforma de pesquisa do laboratório de gestão Simulab, sob a ótica da arquitetura fechada. Segundo

Sauaia (2006, p.163-74, 232-54), algumas simplificações da realidade no modelo do simulador puderam ser superadas pela criatividade dos gestores. Se num primeiro olhar tais simplificações pareceriam restritivas e limitantes, num segundo olhar elas se tornariam o fator crítico de diferenciação dos grupos de competição e a distinção entre os velhos jogos de empresas e o laboratório de gestão, sob a ótica da nova arquitetura aberta. Com o tempo, as limitações iniciais se tornaram estímulos à superação pela criatividade e ao aprendizado dos gestores para elegerem ferramentas de gestão, selecionarem e gerenciarem suas estratégias e adotarem variadas inovações de processo em direção à criação de valor.

Os principais obstáculos para uma análise mais profunda da sustentabilidade no ambiente laboratorial foram notados neste estudo quando se evidenciaram as seguintes características:

- As matérias-primas aparentaram ser de exploração ilimitada para produção de SETs.
- Não foram identificados dados quantitativos mensuráveis sobre impactos ambientais ou sociais decorrentes das operações das empresas.
- Não havia clara segmentação do mercado ou da sociedade para observar seu desenvolvimento.

Ainda, neste estudo não foi possível aprofundar a relação restritiva entre a natureza e o capital. A ilusão do otimismo fundamentado no crescimento continuado se fez presente logo ao início. A economia parecia crescer indefinidamente, permitindo que as empresas continuassem a produzir e a vender cada vez mais, empregando mais trabalhadores que, remunerados, comprariam cada vez mais. A demanda aquecida incentivaria o aumento da produção pelas empresas maximizadoras da TIR, e o ciclo do crescimento prosseguiria. O desenvolvimento socioeconômico do ambiente simulado esteve, em alguns momentos do jogo, apoiado em um padrão discutível de produção e consumo, sem respeito aos limites da natureza e da sociedade e sem reciclar os resíduos. Isso induziu o governo a se fazer presente, aprovando leis e políticas que corrigissem, em parte, algumas externalidades negativas. Entretanto, não caberia exclusivamente ao governo assegurar um comportamento sustentável dos agentes, senão aos gestores transformarem os ideais da sustentabilidade em uma atitude gerencial permanente.

Uma vez que parte do desempenho acadêmico esteve vinculada ao desempenho econômico no jogo de empresas e não foram exibidos dados sobre desempenho ambiental ou social pelo simulador, os estudantes priorizaram o crescimento econômico de suas empresas, assim como ocorre na realidade, no capitalismo não simulado. O paradigma do crescimento sem limites tem sido combatido por defensores do desenvolvimento sustentável como Sachs e Abramovay, apesar das críticas paralisantes, como as de Montibeller Filho. Emergiram no jogo de empresas algumas mudanças atitudinais importantes, parcerias entre concorrentes que representaram evoluções organizacionais, aprendizados e inovações, todas medidas por meio de indicadores de valor econômico. Mediante a introdução do índice de sustentabilidade baseado no modelo de Hart e Milstein (2003) foi possível observar que outros valores foram criados, de forma sustentada, com escopo de assegurar a perpetuidade humana. Os futuros gestores de organizações, dessa forma, provavelmente estarão aptos a colaborar com a reprodução da acumulação de capital; entretanto, enfrentarão dificuldades similares para gerenciar pressões dos *stakeholders* em prol da sustentabilidade (bem-estar, equidade e integridade ecológica), objetivando a preservação das gerações atuais e futuras.

Contribuições

O presente estudo reuniu diversos conceitos relacionados à sustentabilidade, que, apesar de amplamente debatida, ainda reúne muitas ideias abstratas em discussões idealistas. Visando esclarecer o seu significado e avançar o debate, foram geradas algumas contribuições:

- Diretrizes para se alcançar o desenvolvimento sustentável.
- Críticas ao conceito mediante o estudo da segunda contradição do capitalismo, que expande os horizontes e questiona a viabilidade da convivência entre o desenvolvimento sustentável e o sistema capitalista.
- Modelo organizacional de criação de valor sustentável, baseado na prospecção de mercados negligenciados por grandes empresas na base da pirâmide socioeconômica.
- Inconsistência de alguns índices de desenvolvimento sustentável, os quais produzem classificações distintas de acordo com valores, necessidades e conceitos que os fundamentam.

- Padrão de consumo como forma dos indivíduos praticarem cidadania sustentável e proposta de revitalização do desenvolvimento sustentável como um movimento social de democracia deliberativa, um modo de realizar política em favor da sustentabilidade.

Por fim, foram selecionados dois estudos de casos de empresas reais, uma relatando retorno financeiro positivo decorrente de investimentos em redução de consumo e desperdício e outra ilustrando o processo de desconstrução pelo capitalismo de um empreendedor ideal, que se tentou sustentar com produtos ecologicamente corretos. Outras teorias, como o capitalismo natural, a ecologia do comércio, o metabolismo social e o efeito bumerangue da economia da energia não puderam ser examinadas, a despeito de suas contribuições aos fundamentos da sustentabilidade.

Para empresas reais, as contribuições se resumem às descrições do processo de interpretação e à implantação de um modelo conceitual de gestão focada na criação de valor sustentável em uma empresa de transformação. Descreveram-se as dificuldades e os aprendizados gerados no processo, que podem auxiliar administradores a converterem teorias de sustentabilidade em práticas efetivas de gerenciamento sustentável.

Aos estudantes que utilizam o Simulab como plataforma de estudo e pesquisa, recomenda-se leitura atenta deste e dos demais estudos que esclarecem o funcionamento do simulador organizacional sobre aspectos intangíveis do jogo de empresas e sobre metodologias de pesquisa que completam o livro-texto da disciplina. Espera-se que a leitura deste estudo estimule os futuros gestores a aproveitarem de forma mais racional, criativa e até ousada as oportunidades de aprendizado e pesquisa do Simulab.

Limitações e proposições para novos estudos

Algumas contradições aqui observadas poderão ser objeto de esclarecimento em novos estudos. A aparente correlação linear entre o ISE-LG e a TIR pode ter sido causada pela presença inadequada de aspectos econômicos na escala adotada para o ISE-LG, ou a interpretação dos impactos das variáveis de decisão do simulador organizacional, cuja relação pode ser não linear para a criação de valor sustentável do modelo de Hart e Milstein (2003). Recomendam-se novas tentativas de operacionalização do modelo citado para o ambiente simulado do laboratório de gestão, para ampliar os resultados que propiciem avanços.

Outra limitação desta pesquisa encontra-se na ausência de fundamentação teórica aprofundada sobre as diversas metodologias de mensuração dos índices de sustentabilidade existentes, o que tornou o método de elaboração do ISE-LG mais intuitivo que científico, questionável do ponto de vista técnico. Assim, recomendam-se pesquisas sobre outros índices de sustentabilidade focados na mensuração dos benefícios das empresas para a sociedade.

REFERÊNCIAS

ABRAMOVAY, R. *Muito além da economia verde*. São Paulo: Planeta sustentável, 2012.

ANDERSON, D. R.; SWEENEY, D. J.; WILLIAMS, T. A. *Estatística aplicada a administração e economia*. 2.ed. São Paulo: Pioneira-Thomson Learning, 2002.

[CMMAD] COMISSÃO MUNDIAL SOBRE MEIO AMBIENTE E DESENVOLVIMENTO. *Nosso Futuro Comum*. Rio de Janeiro:FGV, 1988.

COHEN, C. Padrões de consumo e energia: efeitos sobre o meio ambiente e o desenvolvimento. In: MAY, P. H.; LUSTOSA, M. C.; VINHA, V. da (orgs.). *Economia do meio ambiente: teoria e prática*. Rio de Janeiro: EcoEco/Campus, 2003.

GIL, A.C. *Como elaborar projetos de pesquisa*. 4.ed. São Paulo: Atlas, 2002.

HART, S. L.; MILSTEIN, M. B. Creating sustainable value. *Academy of Management Executive*, v.17, n.2, p.56-69, 2003.

_____. *O capitalismo na encruzilhada: as inúmeras oportunidades de negócios na solução dos problemas mais difíceis do mundo*. Porto Alegre: Bookman, 2006.

HOLT, D. The Journey of a 'Green' Micro-Enterprise – The Green Planet. *Corporate Social Responsibility and Environmental Management*. 19, p.90-101. 2012

JACOBI, P. Educação ambiental, cidadania e sustentabilidade. *Cadernos de Pesquisa*, n.118, março de 2003.

LEE, K. H. Why and how to adopt Green management into business organizations? The case study of Korean SMEs in manufacturing industry. *Management Decision*, v.47. 2009.

MONTIBELLER FILHO, G. *O mito do desenvolvimento sustentável. Meio ambiente e custos sociais no moderno sistema produtor de mercadorias*. 2.ed. Florianópolis: UFSC, 2004.

ROMEIRO, A. R. *Economia ou economia política da sustentabilidade*. In: MAY, P. H.; LUSTOSA, M. C.; VINHA, V. da (Orgs.). *Economia do meio ambiente: teoria e prática*. Rio de Janeiro: EcoEco/Campus, 2003.

SACHS, I. *Caminhos para o desenvolvimento sustentável*. 3.ed. Rio de Janeiro: Garamond, 2008.

SAUAIA, A. C. A. *Lógica econômica, raciocínio estratégico e evolução organizacional: além das regras do jogo de empresas*. São Paulo, 2006. Tese (Livre-docência). FEA-USP.

_____. *Monografia Racional: uma versão eletrônica*. Reges/UFPI. v.2 n.1, jan/abr 2009.

_____. *Laboratório de gestão: simulador organizacional, jogo de empresas e pesquisa aplicada*. 2.ed. Barueri, São Paulo: Manole, 2010.

SNEDDON, C.; HOWARTH, R.B.; NORGAARD, R.B. Sustainable development in a post-Brundtland world. *Ecological Economics*, 57, p.253-68, 2006.

VEIGA, J. E. da *Desenvolvimento sustentável: o desafio do século XXI*. 3.ed. Rio de Janeiro: Garamond, 2008.

WILSON, J.; TYEDMERS, P.; PELOT, R. Contrasting and comparing sustainable development indicator metrics. *Ecological Indicators*, 7, p.299-314, 2007.

Índice remissivo

13º salário 177

A

Abordagem
  dedutiva 9
  indutiva 9
Ambiente 71
  setorial 20
  vivencial 107
Análise 69
  custo-volume-lucro 137
  de séries temporais 41
  econômica sob certeza 5
Aplicação 74
Apostas estratégicas sob
  incerteza 5
Aprender fazendo 10
Aprender investigando 11
Aprendizagem 9
Aprendizagem vivencial 9
Áreas funcionais 18, 107
Artefato 138
Atitudes sustentáveis 259
Aulas expositivas 9

Avaliação 72
Avaliando 201

B

Baixa renda 128
Balanced Scorecard (BSC) 25, 74, 77

C

Cadeia de valor 22
Capital de giro 72
Capitalismo 235
Caso empresarial 5
Cidadania 87, 207, 242
Colaboradores 19
Competências 238
Comportamento 19
Compreendendo 89
Compreensão 169
Comprometimento 19
Concorrência monopolística 115
Consolidação das Leis do Trabalho 176

Criação 127
Criação de valor
  sustentável 231, 236
Custo de capital 72

D

Demanda 72
Desemprego 75
Desenvolvimento
  sustentável 207, 232-3

E

Ecomarxista 235
Economia ambiental 232
Economia ecológica 232
EGS 32, 33
Empreendedorismo 240
Enfoque na aprendizagem 9
Enfoque no ensino 9
Ensino 9
Equipe 10
Estratégia competitiva 78
Estrutura
  organizacional 18, 205

Evolução
  organizacional 258
Excelência operacional 30
Expositor 9

F

Férias 177
FGTS 177
Finanças 72, 75
Fracasso 79

G

Gargalos 83
Gestão de pessoas 74, 86
Gestão sustentável de
  pessoas 173
Governo 119
Governo misto 134
Governo neoliberal 134
Grupo 10

H

Habilidades 236

I

Incerteza 75
Indicadores de
  desempenho 5
INSS 177

J

Jogo de empresas 4, 77, 63
Jogos e vivências 9

L

Laboratório de gestão 90
Legislação trabalhista 176

Liquidez 249
Lote econômico 31

M

Macroambiente 20
Manutenção 249
Mão de obra 153, 176, 258
Mapa estratégico 82
Margem de contribuição 153
Marketing 74, 153
Matéria-prima 155
Metas da organização 13, 86

O

Oferta 32
Oligopólio 115
Orçamento 123
Orçamento
  empresarial 199, 200
Organização 19

P

Padrão de consumo 242
Participante 9
Pensamento crítico 71
Pesquisa aplicada 69, 135
Pesquisa e desenvolvimento
  (P&D) 84
Planejamento 74
Planejamento
  estratégico 77, 86
Plano de gestão 93
Política 87, 94, 119, 120
Políticas internas 150
Ponto de equilíbrio 31, 138
Posicionamento 153
Preço 153
Presidência 75, 169

Problema de pesquisa 244
Processo produtivo 257
Produção 74, 261
Produto 260

R

Raciocínio estratégico 24
Receita 93
Rentabilidade 129
Restrições 30, 195

S

Saber 239
Senso de identidade 19
Simulador geral 181
Simulador industrial 174
Simulador
  organizacional 138, 176
Sinergia 10
Stakeholders 196
Sucesso 200
Sustentabilidade 87, 119,
  144, 180, 206, 231, 234,
  235, 240, 242

T

Talentos 74
Teoria dos jogos 113
Taxa interna de retorno 75
Tomada de decisão 92

V

Valor ambiental 248
Valor econômico 248
Valor social 257
Valor sustentável 236, 257
Vivência 137, 138
Volume de vendas 96